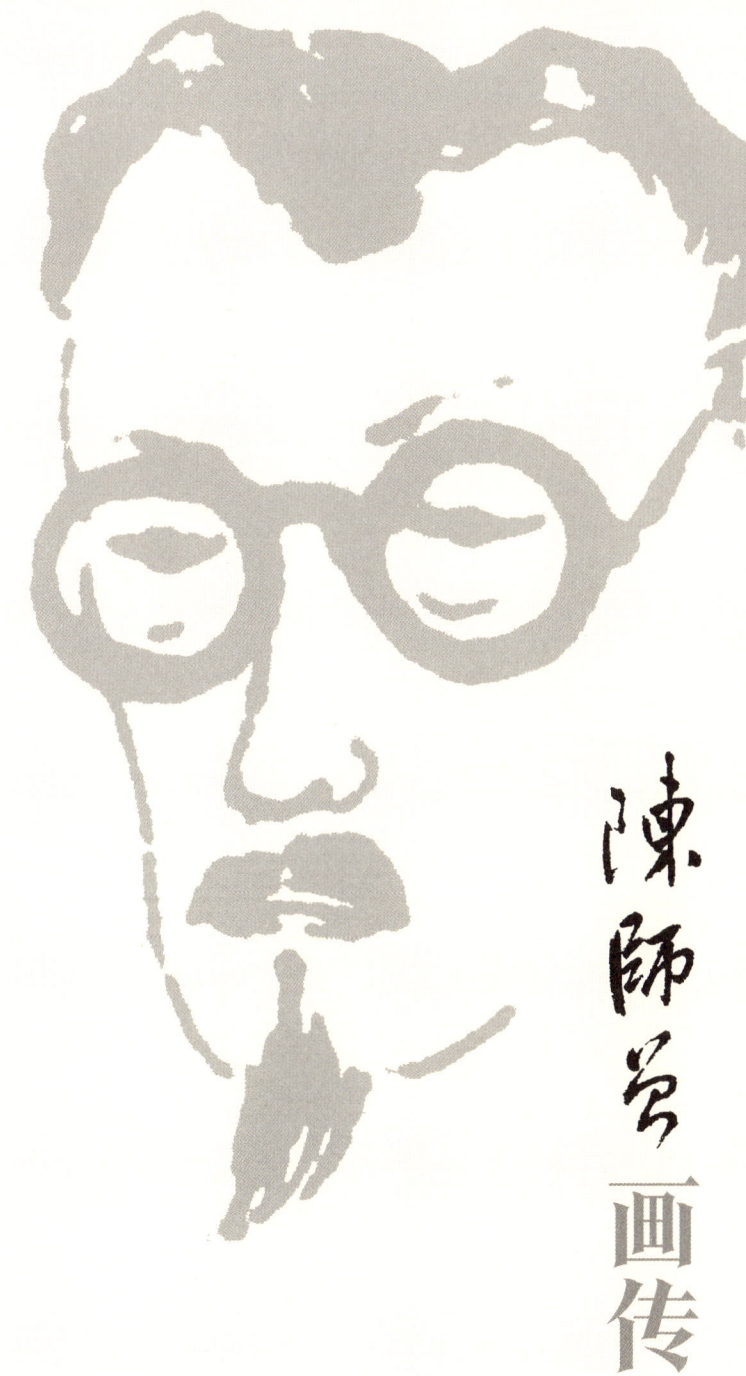

陈师曾画传

李国葆 著

江苏凤凰美术出版社

图书在版编目（CIP）数据

陈师曾画传 / 李国葆著. -- 南京：江苏凤凰美术出版社，2022.6
ISBN 978-7-5580-9729-4

Ⅰ.①陈… Ⅱ.①李… Ⅲ.①陈师曾（1876-1923）-传记-画册 Ⅳ.①K825.72-64

中国版本图书馆CIP数据核字（2022）第044816号

责任编辑　王　煦
特邀审订　刘仁军
责任校对　吕猛进
责任监印　生　嫄

书　　名	陈师曾画传	
著　　者	李国葆	
出版发行	江苏凤凰美术出版社（南京市湖南路1号　邮编：210009）	
制　　版	南京新华丰制版有限公司	
印　　刷	合肥精艺印刷有限公司	
开　　本	718mm×1000mm　1/16	
印　　张	17.5	
版　　次	2022年6月第1版　2022年6月第1次印刷	
标准书号	ISBN 978-7-5580-9729-4	
定　　价	128.00元	

营销部电话　025-68155675　营销部地址　南京市湖南路1号
江苏凤凰美术出版社图书凡印装错误可向承印厂调换

李国葆，1935年生，江西省南昌市人，先后毕业于江西省南昌师范学校艺术科和江西师范学院中文科，长期从事科教工作，已发表陈师曾研究论文数篇。

目录

第一章 嬗变

"生于澧兰沅芷之乡"	3
义宁人氏怀远人家	8
"长为无母儿"	14
继母俞明诗	18
西子湖画莲	20
与"龙阳才子"媲美的"奇童"	22
良师范钟	28
"伏儿迺为花写真"	34
"双星朗照鹊巢枝"——初娶范孝嫦	41
初识西学	48
《白梅图》与《桐院感旧图》	55
归隐赣鄱	57
交青年才俊	60
江宁丧妻	63
祖父"以微疾卒"	65

第二章 升华

入"圣塞威学堂"	70
以诗论画第一篇	75
矿路学堂的"官亲"与"文案"	77
乘"神户丸"轮留日	80
官费入弘文学院	82
断发剪辫	86
"芳讯续坠欢"——续娶汪春绮	88
参译《地文学》	91
就读东京高师	93
"作画勤而不苟"	96
《铅笔习画帖》面世	99
"东海方归休"	101
执教南通州	104
文艺沙龙"翰墨林"	108
缶翁弟子	112
《太平洋报》上的"朽道人"	114
"文美会"上	122
"清贫梁孟成真隐"	126
执教"湖南一师"	128

第三章 辉煌

对任江西教育司长说：不！	132
春绮"遽卒"	135

槐堂纳新妇——三娶黄国巽	136
虔心美术教育	140
倾心美术活动	153
高张文人画旗帜	169
慧眼识英才	180
京城画坛领袖	193
自树旗帜	199
逼近"人事"的人物画	200
去弊立新的山水画	212
形神并美的花卉画	222
"笔简意饶"的画铜、画笺、画筵边	230
底蕴醇厚的书卷气	235
"衷中鉴西"	245
"最怜玉树中年折"	246
"中国文化界的地震"	249

第四章 永生

长眠西子湖畔	254
"朽者不朽"	256
魂兮归来	260
附录	262
陈师曾未任江西教育司长考	
后记	271

第一章 嬗变

"生于澧兰沅芷之乡"

清光绪元年（1875）初的一天，一位早已擢升为补用道员并赏加盐运使、布政使衔的官员，带着一家老小，从湖南省治长沙府出发，水陆兼程，风尘仆仆，赶往千里之遥的湘西凤凰直隶厅所在地镇筸（今凤凰县），受命署理辰沅永靖兵备道。他就是近代著名的维新改革家、诗文家，陈师曾的祖父陈宝箴。

坐落在湘西万山环绕之中的凤凰古城，青石铺就的市街里巷，澄澈碧透的沱江急流，韵味独具的江上虹桥，错落有致的吊脚小楼，以及那古朴淳厚的苗寨风情，将这座小城装点成镶嵌在重峦叠嶂间的一颗璀璨的明珠。而城西始建于明代的苗疆长城和黄丝桥石头城，则记录着苗族人民与封建统治者长期抗争的苦难遭际。

小城的灵气，造就了享有"乡土文学之父"美誉的现代文学大家沈从文。他以清丽的笔致，在《边城》《凤子》等作品中，抒写了湘西故乡的山川秀色，赞美了湘西故乡的乡风民俗，讴歌了湘西故乡年轻一代的纯情美德，把凤凰古城推向了全国和世界。

小城的灵气，也孕育了比沈从文晚一辈的著名美术家和散文名家黄永玉。他同他的表叔沈从文一样，对于凤凰古城有着一种难以割舍的故乡情结。他的那些风格独具的关于故乡的画作和对于童年生活的深情回忆，同样把凤凰古城推向了全国和世界。

早些时候，清末，还有一位被人们呼之为"熊凤凰"的熊希龄，曾经协助陈宝箴在湖南推行新政，任过北洋政府"第一流人才内阁"的国务总理兼财政总长，晚年又为我国的慈善事业做出过杰出的贡献，也为凤凰古城留下了深深的印记。

民国三十二年六修宗谱

第一章 嬗变

镇筸地处苗疆。《凤凰厅志》载:"东北有坪曰筸子,西北有所曰镇溪,故统称镇筸。"民国二年(1913)更名为"凤凰县"。镇筸镇也于1942年更名"沱江镇",沿用至今。

辰沅永靖道属军政合一的地方组织,统辖湘西辰州、沅州、永顺三府,凤凰、乾州、永绥、晃州四直隶厅,靖州一直隶州。是全国四大道署之一和八大兵备道之一,镇筸因而成为湘西政治、军事、经济、文化的中心和扼西南苗疆之咽喉的边陲重镇。

但因为那里地瘠民贫,人们仍然视之为"蛮荒之地"。近代学者陈瀣一在《睇向斋逞臆谈》中说:"凤凰地洼湿,面积小,人口稀,瘴气弥漫,不宜久居。清设同知一官治理,相传罕有生还者。政署内后院陈椁累累,皆官之死于任者,于是人皆莫敢往。"

虽说,"署理"只是代理之职,但却是陈宝箴"候补"长达16年之后首次执掌地方军政大权,他又谙熟湘西民情,精于岐黄之术,因而义无反顾地走马上任。

其时,轰轰烈烈的太平天国农民革命运动和与之相呼应的苗民起义已相继平息。安顺民心,发展经济,成为治理镇筸乃至湘西的头等大事。

"凤凰古城博物馆"外景(陈小从提供)

陈宝箴于光绪元年二月十九日接事,他教苗民植茶、种竹、种树、授苗民以保存红薯的方法,并大力治理沱江。

就在陈宝箴励精图治、政绩斐然的时候,光绪二年(1876年)丙子二月十七日(3月12日)子时,一个天资聪睿、自幼便对人世间的艺术美有着独特感悟的小生命,在辰沅永靖道衙署的宅院诞生了[1]。

生于澧兰沅芷之乡

小生命的降生,使陈宝箴全家上下沉浸在无尽的喜悦之中。陈三立说:"无何子出腹,随官在边城。家人大欢喜,庆者填门墙。"[2]道署的热闹是可想而知的。

小生命的降生,为陈氏家族燃起了新的希望。陈宝箴为长孙取乳名"师曾"。据陈师曾留日同学黄际遇回忆:"师曾生月即湘乡(曾国藩)薨月,师曾大父右铭先生为锡此名云。"后来,取名"衡恪","师曾"便成为他的字了。"恪",是根据同治二年(1863)陈宝箴与乡人陈文凤主修完成的聚奎堂本《陈氏合修宗谱》(三修谱)所制定"三恪封虞后,良家重海邦……"的行辈派号确定的;"衡",则是陈师曾生于南岳衡山之麓,"指岳麓以立名"[3]。

数十年后,陈师曾刻了一方朱文篆印:"生于澧兰沅芷之乡"。"澧兰沅芷",源出爱国诗人屈原的名篇《九歌·湘夫人》:"沅有芷兮澧有兰。"沅芷、澧兰均异于众草,屈原喜采撷岸芷汀兰为佩饰,后因以比喻高洁的人品。沅、澧二水都在湘西,屈原被放逐后,披发行吟于沅湘流域,怀石投汨罗江而死。屈原的一生,正道直行,志洁行廉。陈师曾的这一方印章,标志着他选择了伟大的浪漫主义爱国诗人屈原作为他的人生坐标,同时,也镌刻下了他对生于斯、长于斯的三湘四水的深深情结。

陈宝箴于光绪二年四月十五日卸事。他署理辰沅永靖道只有一年两个月时间。但是,一个多世纪以后,凤凰人仍然没有忘记他的功德。那里至今还盛传着陈宝箴严明吏治、打击豪强、保护古城一砖一瓦的佳话,称他是凤凰"历史上提出古城保护的第一人"[4]。黄永玉在他的散文名篇《伤感的意外》中深情地说:"怪不得我小时候凤凰沿河两岸、坡上、苗寨里连绵不断浓密的竹林,出鲜笋,出手工精美的竹编用具,这

第一章 嬗变

"凤凰古城博物馆 陈宝箴世家"开馆纪念照,右三为陈小従,右二为陈云君,右四为陈星照(陈小従提供)

都是得力于陈老先生的提倡。"

辰沅永靖道署位于凤凰古城的中心。2001年,这儿的一方巨大石碑上,镌刻着由黄永玉撰文和书写的《华彩世家》,娓娓2000余字,道出了陈宝箴在凤凰古城的历史建树和他一家三代与凤凰古城的深厚渊源。

2007年9月16日,在中共凤凰县委、县人民政府的支持下,在凤凰游子、画家及藏家雷炳翔(雨田)和中国台湾收藏家周德仁、腾兴杰的努力下,设在据说是原道台衙署内的"中国凤凰古城博物馆陈宝箴世家"开馆,"陈师曾故居"也赫然在目。在"陈宝箴世家"展区,先贤们的遗照、遗墨、遗物,无言地彰显着"爱国主义、民族气节、人文思想、治学精神"的主题。陈师曾的侄女陈小従、侄儿陈星照、陈云君等[5]应邀参加了开馆仪式。小従先生对展品予以大力支持。她有七律《丁亥秋赴湖南凤凰参加古城博物馆陈宝箴世家开馆盛典》四首惠寄笔者,其一有句:"沱江江水逝悠悠,中有文翁惠泽留""在羹在墙铭遗爱,毋剪毋伐保故丘"[6]。

还是在那篇《伤感的意外》中,黄永玉描述了他在阅读中得知陈宝箴一家与凤凰的渊源以后,无限欣喜地说:"陈宝箴、陈散原(三立)、陈师曾三代人都在凤凰县留下了重要的印迹,真令我想象不到的高兴,这简直是哪儿说起的事!"

有着"文化贵族"之称的陈氏家族,永远铭刻在凤凰人民的心中。

注释:

[1]按陈师曾长子陈封可所撰《陈衡恪传略》称陈师曾生于光绪二年二月二十七日,误。该文原载开明书店1934年版《第一次中国教育年鉴·戊编》,转自强英良《关于陈师曾之死——〈鲁迅与陈师曾〉补叙》一文所录,《鲁迅研究资料》第15辑,天津人民出版社,1986年,第439页。

[2]《哭亡室罗孺人诗》,刘经富主编,潘益民、李开军辑注《义宁陈氏文献史料丛书》(第一辑),《散原精舍诗文集补编》,江西人民出版社,2007年,第209页。

[3]姚华《朽画赋》,邓见宽编《姚茫父画论》,贵州人民出版社,1996年,第33页。

[4]中共凤凰县委有关负责同志《"中国凤凰古城博物馆陈宝箴世家"隆重开馆致词》,陈小従先生提供。

[5]陈小従(1923—2017),陈师曾大弟(大排行第五),陈隆恪之女,谱名封玖,诗人。著有《吟雨轩诗文集》《图说义宁陈氏》《松门别墅与大师名流》等。

陈星照(1936—),陈师曾四弟(大排行第八),陈登恪之子,原北京市节能环保技术研究中心主任兼总工程师,教授级高工。

陈云君(1946—),陈师曾堂侄,陈三畏之孙,陈覃恪幼子,书法家、诗人。著有《书法美学纲要》《陈云君诗书画选集》等。

[6]此诗后收入陈小従著《吟雨轩诗文集》(中华书局,2015年出版),小有修改。

第一章　嬗变

义宁人氏怀远人家

趁着陈师曾还在襁褓之中，我们一叙他的家世。

陈师曾是江西省义宁州（今修水县）人。故里在泰乡七都竹塅里（因系客家人，又编为怀远都四都二图十甲），今为修水县义宁镇桃里片区竹塅村。村中外有围墙的"陈家大屋"，是陈师曾先祖和祖父、父亲居住的宅院，至今基本完好。门前"陈宝箴陈三立故居"石碑，为修水县人民政府所立，现为全国重点文物保护单位。

清初袭明制，义宁称宁州，是省治南昌府唯一领属的州。嘉庆六年（1801）更名为义宁州，至清末仍属南昌府治。民国元年（1912）改州为县，民国三年（1914）更名为修水县，县治设义宁镇。

义宁地处赣西北山区，与湘、鄂两省相邻，有"吴头楚尾"之称。境内幕阜山和九岭山隔修水而对峙，虽群峰竞立、土地硗薄，但七百里修河蜿蜒其间，却也地灵人杰，文风鼎盛，素有"文章奥府"之誉。北宋大诗人黄庭坚（字鲁直，号山谷道人），便诞生在距竹塅仅30公里之遥的双井村。他是苏轼的得意门生，"苏门四学士"之一。其诗歌创作，开创新路，形成了宋代影响最大的"江西诗派"，与苏轼齐名，世称"苏黄"。黄庭坚又是著名的书法家，与苏轼、米芾、蔡襄合称"宋四家"。

清康熙中叶，客家人有过一次从福建、广东、赣南等地向宁州移民的热潮，其中又以上杭等地为多，史称"棚民"，至雍正三年（1725）被另设"怀远都"作为"附籍"，成为宁

陈家大屋及修水县人民政府所立"全国重点文物保护单位陈宝箴陈三立故居"石刻

州（义宁州）人氏。当地人称他们为"怀远人"。

陈师曾的远祖出自我国著名的大家族江西江州义门陈氏（地在今九江市德安县境）。宋仁宗时，先世在闽为官，便为闽人。后长期定居于福建省汀州府上杭县来苏里中都林坊。到了雍正十一年，陈师曾的六世祖陈公元（1711—1795），字腾远，号鲲池，也奉母从上杭长途跋涉来到宁州，落脚在义宁州东南眉毛山西的余脉护仙塬（又称护仙坑），成为义宁陈氏的始迁祖。他们结棚栖身，种蓝为业，经过三四十年的努力，已渐有积蓄，购置了扫墓田和租田，建起了宅第"崇福堂"。

陈公元生四子。长子陈克绳（1760—1841），字显梓，号绍亭，是陈师曾的五世祖。经过父辈和他在护仙塬60年的不懈努力，从原始积累逐渐走向富裕，于乾隆五十七年（1792），向山外转移，在一个盛产楠竹名叫"竹塅"的地方，盖起了一栋砖瓦结构的大屋——"凤竹堂"，完成了从客家棚民到耕读之家的转变，陈克绳四兄弟也很快进入了义宁州名人士绅的圈子，陈克绳更在修谱、建祠等公益事业上发挥了重大作用，在怀远陈姓中地位迅速提升。

陈克绳生四子。第四子陈伟琳（1789—1854），字琢如，号子润，是陈师曾的曾祖父。他早年因母病弃举业而自学岐黄之术，时为乡人疗疾。又由于他的学养和能力，接替了父亲在怀远陈姓的尊长地位，管理总祠事务，且最早在义宁州创办团练，抵御太平军，受到曾国藩的赞赏，义宁陈氏开始成为当地客家人的中心。

陈氏家族三代人在义宁的迅速壮大，最根本的原因是其连绵不断的文化传承。陈氏的先世，是一个有过科甲显荣的家族，读书的脉息始终未断。陈公元父亲陈文光在上杭是一位塾师，著有《寡过录》《敦孝格言》《小窗语林》。陈公元自幼跟随父亲在教馆读书，后循例入太学，被授八品职衔。陈克绳亦援例入太学，肆力诗古文辞，著有《溪上吟》《仙塬春晓》《小斋录》，与诗友唱和，被称为"绍亭先生"。他先在护仙塬创建了《仙塬书屋》，延师课诸弟和子侄；后又在竹塅办起了家塾，由其长子、次子任教。陈伟琳自幼就外傅读书，诰赠光禄大夫，例赠文林郎、候选分县，著有《北游吟草》。他创办了怀远人自己的书院——"梯云书院"，为客家人教育人才。他们的共同特点是躬耕中坚持苦读，世习举业，代重育人，为后辈的崛起做了坚实的铺垫。

果然，在他们的下一代中，出现了第一位举人——陈宝箴。自此，

第一章 嬗变

陈宝箴像

义宁陈氏一发而不可收,迅速完成了从耕读之家到文化世家的巨变。

陈伟琳生三子。第三子便是陈师曾的祖父陈宝箴,后来官至湖南巡抚,成为封疆大吏。

陈宝箴(1831—1900),字相真,改字右铭,谱名观善,又号四觉山民、四觉老人。从他这一代起,始入州学。道光三十年(1850)20岁时获岁试州学第一,21岁(咸丰元年)获科试成绩特等,当年又由附生中式咸丰辛亥恩科本省乡试举人,拣选知县。两年三试,旗开得胜,凤竹堂前屋场右侧,竖起了陈宝箴乡试中举的旗杆石。陈宝箴中举,是义宁陈氏崛起的重要标志。是他开启了义宁陈氏文化世家的先河。

陈宝箴学宗"为天地立心,为生民立命,为往圣开绝学,为万世开太平"的张载和理学家朱熹,兼治永嘉叶适,姚江王阳明氏说,又夙得湘学之传,爱国救世成为他的人生抱负。他酷爱乡先贤黄庭坚的诗文,文学造诣很深。诗虽不多作,但所作皆精粹有法。此外,父亲的岐黄之术,也传授给了子孙。因此,陈宝箴父子也都通医术,为人治病,医学成为义宁陈氏的"家学"[1]。

陈宝箴中举这一年(1851年),正是洪秀全领导农民革命军金田起义的一年。他先是在义宁协助父兄办团练,因守土卫乡有功,"上谕着以知县尽先选用",继之先后加入湘军易佩绅、罗亨奎部和席宝田部。同治八年(1869)起又任职湖南抚院劳务处和善后局,因屡立战功和平定苗疆、督剿土匪,从候补知县、知州,晋升到候补知府、候补道员并赏加盐运使衔、布政使衔,留湖南补用。

同治十一年(1872),他将母亲李太夫人和家人从义宁迁来长沙,赁居于市内局关祠右的"闲园",直至光绪元年出任辰沅永靖道。

陈宝箴一生最"服膺"曾国藩,在学术、思想和诗文上都深受曾国藩的影响。他曾两入曾国藩戎幕,被曾国藩"引为上客",称陈宝箴为"海内奇士""信为有用之才"。离开曾幕后,他把自己的文著寄请曾国藩批阅，曾在《复陈右铭太守》中称赞说："大著粗读一过，骏快激昂，有陈同甫（亮）、叶水心（适）诸人之风。"

比之曾国藩，被世人目为通中外之略的郭嵩焘，对陈宝箴及其一家产生了更为深远的影响。郭嵩焘，字伯琛，号筠仙，晚号玉池老人，湖南湘阴人，与魏源、曾纪泽有"湖南时务三先生"之誉。陈宝箴是在湘候补期间与从署理广东巡抚解职归来的郭嵩焘相知相交的。他们与志同道合的友人或放议朝政，或纵谈文史，或诗酒流连，相处甚得。郭在其日记中对陈宝箴多有赞赏，誉陈"于事务最为谙练，所言多中肯綮"，"见解高出时流万万"。同治十年冬，郭阅过陈宝箴的文卷后，评价曰"其才气诚不可一世，而论事理曲折，心平气夷，虑之周而见之深，又足见其所学与养邃也"。而陈宝箴对郭也很敬服，他们的情谊在师友之间。待后，我们将可以看到他们之间更多的交往。

陈三立像

陈宝箴生二子。长子即陈师曾的父亲陈三立，晚清"同光体"诗魁，也是古文大师。

陈三立（1853—1937），字伯严，晚号散原。他和陈师曾的母亲罗氏都是在战乱中诞生的。罗氏是义宁邻县武宁洋井里人，生于咸丰五年（1855），比陈三立小2岁。

陈三立和罗氏的结合颇有渊源。原来，罗氏是罗亨奎的长女。罗亨奎在战乱中从武宁避走义宁时，曾经敬陈三立的祖父陈伟琳为师。他与陈宝箴又同为咸丰元年乡试举人。办团练时相呼应。入湘军后为战友。罗亨奎、易佩绅率军入蜀，先任隆川知县，继为酉阳知州。因此，罗、陈两家堪称世交。

陈三立少时颇好读书。同治十年（1871）19岁，以附生入州学，20岁中秀才。同治十一年，他随祖母和家人从义宁移居长沙。而先居成都、后寓酉阳的罗氏，也受到良好的家庭教育，赋性端淑，明晓大义。两家既是世交，儿女又如此般配，共结秦晋之好自是情理中事。

第一章 嬗变

修水"五杰广场"

同治十二年（1873）春，21岁的陈三立应岳父罗亨奎之招，从长沙冒着风雪前往酉阳与19岁的罗氏女成婚。罗亨奎选定七月初七日这个神话传说中牛郎织女相会的美好日子，为他们举行了婚礼。那时行婚礼有新娘以扇遮面的风俗，夫妻交拜后拿去扇儿，谓之"却扇"。三立有诗题扇赠罗氏，罗氏有"深宵瞥见无多语，各自低头看烛花"的答句，生动地描述了他们羞涩、腼腆而又喜悦的心情。

次年4月，他们告别亲人，回到长沙。罗氏性情温厚，待人谦恭、沉笃寡言，侍奉翁姑、对待家人婢妇，都深得其心，又尤与小姑相处无间，因而陈三立说："祖母爱她超过爱诸孙女，母亲爱她超过爱其女"。

陈师曾一生没有回过义宁，但他却始终怀有浓浓的乡情。当地老人回忆，竹塅陈家大屋堂前神龛后的板壁上，曾张挂陈师曾绘制的《钟馗打鬼图》，他为乡亲所绘绢本水墨画《梅花立轴》《兰花立轴》至今仍被收藏，他为亲戚赋秋大伯所撰书的《作画感成诗》，是我们今天研究陈师曾创作思想的重要文献。他讲话是湖南口音，但也会讲家乡话。这一切都使我们时时感受到他对故土的挚爱和眷恋。

修水人民也以"义宁陈氏文化世家"为荣。那里所建的"五杰广场"，介绍了陈宝箴、陈三立、陈衡恪、陈寅恪以及衡恪次子陈封怀的事迹，已成为修水县的标志性建筑和县城名片。

注释：

［1］《寒柳堂记梦未定稿》，《陈寅恪集》《寒柳堂集》，三联书店，2009年，第89页。

第一章 嬗变

"长为无母儿"

现在，我们可以把笔触转向陈师曾一家从湘西凤凰回到省城长沙府以后的事情了。

襁褓中的陈师曾是在充满书香的家庭环境中成长的。

光绪二年（1876）四月，祖父陈宝箴"受代还长沙"，全家仍然居住在长沙局关祠右的"闲园"。

陈宝箴回到省城以后仍主营务。这年九月初七日，陈师曾的曾祖母李太夫人因病去世，享年78岁。陈宝箴迅即辞去戎政，回籍为母亲守制。光绪三年（1877）初，陈宝箴聘请湘中宿儒廖树蘅司文牍，兼教读，在"闲园"设馆，教授次子三畏，侄儿三恪和侄女婿黄黼丞。他从义宁致廖树蘅的一封信中说：

"尚乞先生日将《四书》、经史等书与为讲解，即示以作人立志之方。此外，古文、时文随时讲解，使义理浸渍，志趣有卓然向上之机，则生意悠然，庶几渐有长进。高识以为何如？"[1]

这封信，陈宝箴把"志"与"趣"连在一起，是希冀通过教育，使子弟既有自觉向上之志，又有乐于向上之趣。他对于学习中"趣"的重视是极为可贵的。

陈师曾的父亲陈三立也在苦读。他在光绪五年（1879）秋第三次乡试不中后，附入长沙府署后的"校经堂"读书，同时，还遵父命"从湘阴郭筠仙侍郎游"，成为郭嵩焘的弟子。

郭嵩焘在陈宝箴署理辰沅靖道的前一年，即居湘8年后，被朝廷重新启用，诏命郭嵩焘出使首任英国钦差大臣。行前他遭到朝野保守势力的攻击；据赴英沿路对所见、所闻、所感撰成的《使英纪程》（又名《英轺纪程》），遭到清廷废版。使英期间（1878年又兼任出使法国钦差大臣），郭嵩焘留心考察西方社会制度，亲赴英国议院旁听，形成了他高于世人的洋务思想。他认为只知学习西方坚船利炮，专注于富强之术，是治末而忘本，穷委而昧源，而其本其源就是先进的西方政治制度，必须首先学习西方的政治经济制度和思想，对中国的政治法令、人心风俗有所改造，社会才能进步。郭嵩焘不愧是我国近代史上走在康有为、梁启超前面的启蒙思想家。光绪五年（1879）三月，他因受到副使刘锡鸿的构陷而被迫辞职；回国以后，又再次遭到朝野谤议讪讥，甚至被目为汉奸国贼，欲得而杀之。但这位先知先觉者不顾这一切，不久就将他此前撰写的所有关于洋务的文论、书说、奏议、通信，辑成《罪言存略》一书，自费刊行于世，以开启人心。陈宝箴与那些"谤议讪讥"者截然不同，他对郭嵩焘洞悉世界的睿智"极相倾服，许为孤忠闳识""殆无其比"，[2]并令陈三立师从郭嵩焘。

陈三立崇尚经世致用的实学，与其父和郭嵩焘一脉相承，经常与友人在郭处纵论国内外政经大事。光绪六年（1880）四月，郭嵩焘评说弟子们的文论，在日记中两次称赞陈三立"根底深厚""非徒以文士见长而已"。

而陈师曾的母亲罗氏，又堪称陈三立的净友。外柔内坚的她，在体贴丈夫之余，总是"曲规"陈三立之过失于"无形"。罗氏更是一位良母。全家回到长沙以后，尚在襁褓中的陈师曾显然给"闲园"平添了几分欢愉和喧闹。就在陈师曾3岁的时候，母亲生子不育；光绪六年（1880）元月，又生子同亮。两小兄弟在父母和全家人的呵护下成长。虽然全家对师曾兄弟疼爱有加，但是陈三立说，罗氏仅"心存焉而已，不为煦煦之爱"[3]。他对师曾兄弟的爱，炽热而理智，是寓爱于教的。陈师曾就是在这样一种不娇不宠的母爱中度过了他5岁的幸福时光。

光绪六年（1880）四月十七日，上海《申报》刊载了简命（即选拔任用）陈宝箴任河北道道员的消息。他在正月度过了他的50寿辰以后，到四月十七日，就奉旨补授河北道了。

启程在即，陈师曾母亲的病情却让陈宝箴父子颇为踌躇。罗氏夙有咯血症，咳嗽发热不断，是肺结核的典型症状，在那个时代，是一种不治之症。陈宝箴不得不让儿媳留在长沙养病，但罗氏没有同意，她说：岂有公婆远行而儿媳不随从侍奉的？

七月底，陈宝箴带着家人怀着对湖湘大地的眷恋之情，离开长沙，登舟启行，奔赴河北道治地武陟。一路迁延，罗氏的病情迅速加剧，而5岁的师曾似乎还不懂得什么。舟行之初，师曾每日击着小鼓，跳跃于母亲的床前。看见母亲卧床，也知道是生病了，但看见母亲稍稍坐起，就高兴地告诉祖母；看见母亲久卧不起，又问母亲：为什么您总是躺着呢？罗氏无法面对天真无邪而又盼望母病快快好起来的师曾。

罗氏病重时，让女佣把两个儿子抱到床前，"抚之曰：'长为无母儿矣。'"[4]师曾听了哇哇大哭，同亮也频频哭泣。他们似乎知道母亲将要死去，但终究不知道什么是"死"。

罗氏病危时，祖母抱着师曾问罗氏的病况，罗氏对师曾说："师儿，妈妈生病，哪一天会走啊？"师曾不懂这"走"的意思，不经意地说："明日。"罗氏说："当在后天啊。"

舐犊情深的罗氏，诀别时对丈夫说："两儿太稚，长大不识母，可痛也。"[5]

就在船行至淮颍之滨的颍上溜犊湾时，病入膏肓的罗氏，终于在万分悲苦中，在她所预言的"后天"，告别了人世，得年二十有六。

顿时，全家陷入了撕心裂肺的悲痛之中。师曾却不止一次地问父亲："妈妈是不是睡着了？"

这一天，是光绪六年（1880）十月初五日，船行已两个多月了。

深秋。霜露繁凝。十月十一日即"头七"日黄昏时候，船停靠在一个四面环水的小洲上，才得以将罗氏入殓于棺。祖父陈宝箴不忍悉从礼制，只让师曾兄弟穿素布而不披麻孝，以减轻儿媳泉下之悲和老人触目之痛。陈三立在祭文中则告慰罗氏：日后师曾兄弟如能成才显达，夫人就可以无憾了。

可惜的是：同亮3岁时早殇。培养师曾成了陈三立和陈宝箴一份沉甸甸的责任。

罗氏入殓以后，他们逆汴水而上，继续前行。到了黄河边，陈三立一行先行北渡，去武陟安排一切。十二月初一日这一天，灵柩到了武陟，早有仪仗和宾朋在郊外迎灵，然后，送往法云寺，安放于"殡宫"。十二月十五日，陈三立又在殡宫供上祭品，再度祭奠亡妻。至此，罗氏得以安息。但陈三立仍然深深地沉浸在丧妻的痛苦之中。他将自己的居室取名为"寓无竟室"（语出《庄子·齐物论》："忘年忘义，振于无竟，故寓诸无竟。"），又将自己所写的诗文联语及友人所撰，结集为《寓无竟室悼亡草》，以大梁刻本刊行。

清末的"河北道"，隶属河南省，地在河南省黄河以北广大地区，领彰德、卫辉、怀庆三府，治所设武陟县。武陟南濒黄河，地处沁河入黄河处。因此，"河北道"的全称是"河南分守河北彰卫怀三府兵备道"。

"长为无母儿"

陈宝箴于十一月二十二日到任。料理完儿媳罗氏的后事,他全身心地投入了对河北道的治理。在治理水患、除暴安良、创办"致用精舍"培养三州学子等方面都取得了显著的成绩。政务之余,陈宝箴刊刻了当地宿儒李棠阶所撰的《李文清公遗书》。和古文家王拯所撰《龙壁山房文集》,又汇刊了《河北致用精舍课士录》,留下了一份珍贵的教育史料。

走出丧妻之痛的陈三立仍在苦读,刊刻了自己所著《老子道德经注》,并将此书和所著诗文寄郭嵩焘。郭在正月十五日的日记中说:"伯严年甫及冠,而所诣如此,真可畏。"

在如此浓烈的书香氤氲中,陈师曾开始识字。养育长孙陈师曾的责任,由陈宝箴和夫人黄氏担当起来。陈三立说:

"罗淑人病卒,于是衡恪夕依余母寝,朝就余父识字说训诂,两老人顾视笑语,争寄于衡恪。"[6]

又说:

"(黄)夫人躬抱持,夜取卧衾侧,时其寒燠溲溺,辄至三四起,及将娶妇始别寝。"[7]

陈宝箴还请了一位开封籍的孙姓老妇照顾师曾。到陈宝箴离任时,这位对师曾有"拥树之恩"的保姆,才由与陈宝箴有通家之好的河南学政瞿鸿禨的夫人带去她家,照顾他们的幼子瞿兑之,直到年届七十才离去。从陈家将孙媪推荐给瞿家看,她对师曾的照顾应是很周到的。

注释:

[1]《陈宝箴集》(下),中华书局,2005年,第1631页。
[2]《读吴其昌撰梁启超传书后》,《陈寅恪集》《寒柳堂集》,第167页。
[3]《祭亡室罗孺人文》,《散原精舍诗文集补编》,第207页。
[4]杜俞:《罗孺人墓志铭》,《散原精舍诗文集补编》,第212页。
[5]《祭亡室罗孺人文》,《散原精舍诗文集补编》,第207页。
[6]《长男衡恪状》,《散原精舍诗文集》(下),上海古籍出版社,2003年,第1026页。
[7]《诰封一品夫人先妣黄夫人行状》,《散原精舍诗文集》(下),第839页。

第一章 嬗变

继母俞明诗

光绪八年（1882），又是乡试之年。按五服，夫守妻丧"齐衰杖期"一年的规制，陈三立已免罗氏之丧。这年年初，他第四次前往南昌府赶考，一路赋诗抒怀，于四月中旬先抵长沙。

在长沙，他不止一次谒见了郭嵩焘；旧友相会，也分外高兴。父执李有棻（字芛垣），曾任内阁中书，光绪初以知府发湖南候补，被委理督审局，后又任厘金局提调，与陈宝箴是抚院的同僚。陈宝箴以为他才智高出常人，湖南吏治，以李有棻为最。

李有棻的继妻俞镜秋，贤淑秀雅，工为诗，与李有棻伉俪情深。他们与陈三立相见后，便要为陈三立作冰人。"李传其妻之言曰：'公子诚图续者无如吾妹贤。'"[1]

"吾妹"，指的是俞镜秋的堂妹俞明诗。他们都出身于山阴俞氏。因俞明诗的曾祖早年在京为幕僚，寄籍顺天府宛平县，父亲俞文葆以宛平籍乡试中举，又为宛平（此县已撤销，今北京西部地域）人。俞文葆与陈宝箴同为咸丰辛亥恩科举人，先后任湖南省兴宁（今资兴市）、东安（今属永州市）知县，定居长沙府。此时，已因病瘫痪在床。俞文葆有三子一女，长子明震、次子明观、三子明颐，女明诗。他们自幼都受到良好的家庭教育。从俞文葆起，他们这一支就逐渐成为山阴的名门望族。

俞明诗，字麟州，生于同治四年（1865），年方十八，工诗、擅琴，堪称才貌双全。其时，她的两兄一弟手足相依，正在读书向学，博取功名。她助母梁夫人日夜照护瘫痪的父亲，减轻母亲的劳累，很是孝顺。陈、俞两家，门当户对；俞、陈两人，天作之合，有了李有棻夫妇的极力撮合，陈三立自然答应了这门亲事。

长沙逗留之后，陈三立赶赴南昌秋试。这次乡试，由以直谏闻名的侍讲学士陈宝琛为主考，他是主张选拔气节遒劲之士的，因而以《岁寒然后知松柏之后凋》命题。陈三立仍然以其擅长的桐城派古文作答，未被初录，但陈宝琛恐有遗才见弃，亲自从落第卷中，检出陈三立一卷，读后击节赞赏。果然，陈三立以江西壬午科第二十一名举人中式。他的

继母俞明诗

1916年9月21日陈三立64岁寿辰摄于俞明震宅竹园，左坐者为俞明诗

另一篇题为《夫苟好善则四海之内皆将轻千里而来告之以善》的试卷，评语为"浅深离合，深得古文家数，非养气读书者不办"，也可证陈三立是以古文作答，而得考官青睐。从此，陈三立与座师陈宝琛结下了深厚的师生情谊，晚年尤为深挚。

刚届而立之年的陈三立乡试中举，喜上眉梢。十月，他带着这个喜讯回到长沙，在俞府就赘，喜上加喜的热闹景况自不待言。

双喜临门的消息传到武陟，陈宝箴夫妇和全家上下都喜不自胜。陈三立中举的匾额至今还保存在义宁故里。

后来的事实证明，俞明诗是陈师曾的一位好继母。

陈三立和俞明诗新婚以后，并没有回到武陟，而是暂留长沙。因为，恰好在这年秋天，父亲陈宝箴也有一喜：他擢升浙江按察使了。

注释：

［1］《继妻俞淑人墓志铭》，《散原精舍诗文集》（下），第1024页。

第一章 嬗变

西子湖画莲

陈宝箴是在陈三立南昌乡试期间，"奉旨补授浙江按察使"的，于光绪九年（1883）四月初三日举家抵杭州府到任。

清代按察使是隶属于各省总督、巡抚，主管司法刑狱的官员，简称臬司、臬台。陈宝箴为臬署撰写悬挂了这样一副楹联："执法在持平，只权衡轻重低昂，无所谓用宽用猛；问心期自慊，不计较毁誉得失，乃能求公是公非。"他言行一致，到官三月，日不暇给，亲自审理定案四十余起，受到同僚和士民的赞誉。

但是，天有不测风云。陈宝箴到任不足百日，便因在河北道任上参与复审王树汶冒名顶罪案而受到牵连。由于朝廷言官信口诋毁而被降三级调用，不准抵消。

陈宝箴是七月二十一日收到免官邸钞的，二十二日即交卸篆务，并以"一官进退轻如毫毛比，岂足道哉"的无畏精神，上折抗疏申辩，要求还以清白，而朝廷仍维持原议。

但是，祸兮福所倚。西子湖的莲荷却唤起了幼年陈师曾对艺术美的追求。正是美丽的西子湖孕育他日后成为我国近现代美术史上一位不朽的文人画家。

陈宝箴对于仕途上的这一次意外打击，处之泰然。他带着夫人和师曾在杭州寻幽探胜，在致友人的信中说："西湖佳处，从前几至抹杀者，至此时始省识真面目矣。"

西湖巧夺天工的自然之美和丰厚深秀的人文之美，历来令人神往。漫步在湖景中，陈宝箴也许会对师曾细细述说白居易与"白公堤"和苏轼与"苏堤春晓""三潭印月"的故事；也许，他会鼓励爱孙吟诵那些欢快晓畅而又朗朗上口的关于西湖的名篇。

果然，西子湖上盛开的十里荷花深深地吸引着陈师曾。他"随祖母乘轿游西湖，见荷花盛开，就在轿板上用手指画荷花，归家后给以纸笔，即开始学画"[1]。

西湖之美，竟然如此强烈地震撼了陈师曾幼小的心灵，如果不是祖父擢升浙江按察使，如果不是陈师曾有西湖之游，他钟情于绘画艺术的爱好何时得以激发呢？随着年龄的增长，这种灵感还能不能被激发呢？即使被激发，他又能不能成为一位出色的文人画家呢？——我们真要感谢西子湖诱人的神奇力量。

我们更要感谢陈宝箴。兴趣爱好，是开启人们成才之路的金钥匙。《论语》说："知之者不如好之者，好之者不如乐之者。"陈宝箴是深知个中真谛的。他在对子弟的教育中，强调培育志趣，以使他们"生意悠然"，所以，他能"给以纸笔"，支持陈师曾学画。这就意味着陈宝箴已经把立学画之志，育爱画之趣，作为培育陈师曾成才的一个重要选项了。

从这里起步，陈师曾开始了他对文人画的长途跋涉和不懈追求。后来，他在他的诗篇中追忆了这个不能忘怀的人生开篇："昔余八岁时，学画西湖莲。既长未辍事，心眼犹追妍。"[2]40年后，他有幸再次来到杭州，为游杭的岳母姚倚云贺寿。在赠诗中仍然不能忘怀："儿时游处犹堪忆，四十年前旧武林。"

荷，后来也成为他寄托情思的一个重要题材。与西湖相关的设色《荷花》立轴，画了一株盛开的荷花，另一株则亭亭玉立、含苞待放，相衬以参差的荷叶水草，清新秀美，题写了明代万历三大布衣诗人之一沈明臣（记室）所作的一首《夏夜曲》，以画写荷，以诗写月，有荷塘月色之妙。陈师曾又有题跋一段，说的是后蜀后主孟昶寄调《洞仙歌》，填写"冰肌玉骨，自清凉无许"一阕的史事。莲花丛中，西泠桥畔，读着这样一幅绘画，听着这样一段故事，读者仿佛也能一解盛夏带来的"烦渴"吧！

注释：

[1]俞剑华：《中国画家丛书·陈师曾》，上海人民美术出版社，1981年，第1页。

[2]《作画感成诗》，江西省政协、修水县政协文史委合编《一门四杰》，手迹，第95页。

第一章 嬗变

与"龙阳才子"媲美的"奇童"

光绪九年八月十二日,陈宝箴带着家人从杭州出发,大约在九月中下旬,回到长沙,仍然寓居于"闲园"。

陈宝箴忠而见谤,友朋相见,多有劝慰。郭嵩焘在和友人诗《喜陈右铭来湘》中,喻陈宝箴为"还山松菊",慰勉陈宝箴"毁誉纷纷何足论",颇有同病相怜,惺惺相惜之意。

回到长沙,陈宝箴夫妇第一次见到了儿媳俞明诗,陈师曾第一次见到了继母。这位名门淑女,性情温和,贤雅朴实,从无疾言厉色,公公称赞她解文识字,懂礼义,婆婆喜欢她像自己一样淡素无华饰。她与夫君相处甚欢,时有吟诵唱和。又有嫁妆唐宋琴两具,潞王琴三具,常居于静室,檀香一炷,琴音泠泠。神话传说中列仙有琴名"神雪",她自号"神雪馆主"。俞氏对师曾关爱有加,悠扬的琴声,低回的诗韵,也在潜移默化地丰润着陈师曾的审美情趣。

俞夫人婚后6年尚未开怀,到光绪十四年(1888)正月初四才生下了第一个儿子隆恪(大排行第五),此时师曾已经13岁了。因此,受到了继母多年良好的教督,而师曾的恭聆教诲和善解人意,也为继母所深爱。俞夫人生了四男三女,她总是以师曾为榜样教育自己的孩子,对师曾亲如己出。这无疑填补了陈师曾对母爱的渴求。

这一时期,陈宝箴多次婉拒差委,自放山水间达3年之久;陈三立也仍然在为功名努力,但是,他们都没有忘记悉心培养陈师曾。

他们请了陈三立校经堂九友之一的何璞元[1]任陈师曾塾师。何承道高才能文,工于诗。光绪九年仲冬,陈三立有平江金坪里扫墓和义宁之行,作诗《行平江道上六首》,返长沙后,由何承道录付陈锐,款识为"伯涛先生吟正。伯严初稿。璞元手录"。可见,陈宝箴携家回长沙不久,何璞元已是陈家西席。陈三立在为何承道之妹承徽所作《白华草堂诗序》中说"璞元馆余家,授衡儿,历数年",又说"兄妹则规抚六朝初唐,纷披古藻,雅丽铿锵",至光绪十四年(1888),何璞元始为优贡,入国子监为生员。此前,陈师曾一直跟随何璞元读经史,习辞章,学书法。文学史上,人们称南朝梁武帝太子萧统《昭明文选》所选诗歌的风格、体制为"选体";因为所选诗多为五古,又有人认为五言诗就是"选体"。塾师的诗既"规抚六朝初唐",陈师曾诗初学选体,与何璞元的引导是分不开的。

陈师曾的成长,令陈宝箴喜不自禁。陈三立描述说:

"(师曾)七岁至十岁能作擘窠书,间弄丹青,缀小文断句,余父辄举以夸示宾客,忘其为溺爱也。"[2]

至于"间弄丹青",则已可:

"涂抹赭墨,作云水烟峦状"了[3]。

据说,这一时期,陈宝箴还曾聘请陈三立湘潭四友之一的饱学之士罗正钧(字顺循,官至山东提学使)"教其孙师曾"[4],尚待佐证。

祖父陈宝箴在宾客面前对陈师曾的夸示,并非出于偏爱。光绪十三年(1887)秋,被誉为"方外诗人之魁"的释敬安(八指头陀),从南岳衡山来到长沙,年仅12岁的陈师曾已经能够与之诗歌唱和了。

释敬安,字寄禅,俗姓黄,名读山,湖南湘潭人。他是一位烧两指并剜臂肉燃灯供佛;口吃字拙,十字九误,却诗名满海内;身在佛门,却心萦家国的奇人,是清末有全国影响的高僧,也是中国近代文学史上影响巨大的爱国诗僧。

八指头陀与义宁陈氏一家三代交往甚密,尤以陈三立为多。光绪十一年(1885),八指头陀避暑长沙碧浪湖。六月十三日,他们与友人雅集碧湖上林寺,从此订交。此时,八指头陀的第一本诗集《嚼梅吟》,已于光绪七年在宁波刊刻。

八指头陀与陈师曾的这次唱酬,先是八指头陀有《赠陈童子师曾》:"童龄具耆德,头角方峥嵘。频伽发妙响,玉树敷新荣。道由聚沙植,义以分梨成。好古兴不浅,鉴物智自明。善葆青云器,相期黄阁名。""好古兴不浅,鉴物智自明"一联,使我们窥视到陈师曾对自己喜好的经史诗文和绘画的钻研精神。

陈师曾读了这首诗以后,立即回赠一首:"天下多奇士,山冈出兰芝。高禅志修己,不为世俗移。甘心守寂寞,袈裟良足披。苟非鸿与鸢,焉能奋翅飞。闲居非吾愿,岳游为子宜。灵境绝妄念,妙悟发新诗。感情亦何报,援笔赓此辞。"他用"灵境绝妄念,妙悟发新诗"的佳句,道出了禅与诗在这位诗僧身上的完美统一。

同一年,父执陈锐,字伯弢,号袌碧,道经长沙去益阳,陈师曾为他写了一首赠别诗。这首诗并没有存留下来,但是,我们从陈锐的勉诗《陈郎歌》中,却看到了陈师曾少年时代的风采,读到了他所作赠别诗的某些内容。这是一首七言古体长诗。序为:"予友义宁陈三立有子名曰衡恪,年未成童,而有父风。会予将去益阳,留止长沙,嘉其赠行有诗,以此勉之云尔。"开首说:"陈郎十二称奇童,双眸点漆莹秋瞳。学诗学画有笔意,力虽未到气已雄。昔见陈郎才过膝,于今容貌映朝日。"诗中说:"陈郎笑我年三十,书记尤应县官辟。"又说:"大儿文举小德祖,今有公(指陈宝箴)孙与实甫。"最后勉励师曾:"勖哉陈郎甚勿疏,应作吾家千里驹。"[5]

陈锐是校经堂高才生,"湖湘诗派"后起之秀,与易顺鼎、王梦湘有"湘西三才子"之目,也是陈三立长沙校经堂九友之一,两人相交数十年,友情深厚。

诗中将少年陈师曾与幼有"神童"之目、世称"龙阳才子"的易顺鼎相媲美,将他们譬作曹魏时期"建安七子"之一的孔融(字文举)和同时期的文学大家杨修(字德祖),这是因为他们两家是三代世交,陈三立与易实甫相交于"总角"之时,易对陈宝箴父子情同父兄。

易顺鼎,字实甫,别号哭庵,湖南龙阳(今汉寿)人,易佩绅之子。他在自撰的《哭庵传》中说:"幼奇慧""初为神童,为才子""十五岁为诸生,有名。十七岁举于乡。所为诗歌文辞,天下见之,称曰'才子'。"他5岁会作文,8岁能写诗,15岁刊刻诗词集《眉心悔存集》,名动一时,一生作诗近万首,与著名诗人樊增祥齐名。

陈锐在诗中说:"陈郎笑我年三十,书记应由县官辟。"看来,陈师曾因为少不更事,在赠别诗中居然笑话了这位诗名满湖湘,却只能在小小州县应召做一些文案工作的长者。陈锐在诗中对这位"后生""倾倒"了自己的感叹、不平和自许。同时,我们也从中看到了少年陈师曾在长辈赞扬声中的几分自信、几许得意。也许是陈师曾不能忘怀于年幼时的唐突吧,陈锐为官江苏以后,青年陈师曾在南京有七律《和陈伯弢丈》一首,以"垂天云翼息衡门"的诗句将陈锐喻为翱翔的大鹏。"莫笑乾坤一官冷"又对童年时代的"笑"做了自我否定。

第二年,即光绪十四年(1888)三月,师曾又有词作《调寄唐多令》,向兼擅书画诗词又颇具郑板桥风骨的父执索画。这首词从暮春三月的景色描写入手,塑造了人在画中,画尤胜景的意境,凸显了少年陈师曾的风神文采。看来"奇童"之誉,应是实至名归[6]。

光绪十五年(1889)二月二十七日,郭嵩焘为他的第三个儿子、12岁的立瑛(英儿)行加冠礼。这次加冠礼,郭嵩焘请了陈宝箴等人作陪。陈宝箴虽身患感冒,但还是高兴地接受了邀请,并且,带上了年已十四的爱孙师曾前往观礼。郭在日记中说:礼毕,"陈右铭以伤风不入席,其孙师曾来此观礼,因留酌"。陈师曾在观礼中一定潜移默化地感受到即将成年的喜悦和责任。

这一时期,陈宝箴父子还请了湘潭画派的名画家尹和白指导陈师曾作画,诚如尹和白后来的弟子瞿宣颖(兑之)在《齐白石翁画语录》中所说:"师曾生长湖湘,幼年喜弄笔模仿湘中流行之花卉画""师曾亦尝与(尹)有问故之雅。"陈师曾也在《题潜庵八指头陀清道人遗笔》诗中说:"忆昔湘江上,尹画梅花白(尹和翁)"。

尹金阳,字和白,晚号和光老人,湖南湘潭人,是王闿运的挚友和门客,曾纪泽之师。性高洁,厌帖括,曾国藩欲擢为高官而不受,在故里以鬻画为生。其二女婿杨钧(杨度之弟)说他"善写梅花,尤工虫鸟,宋元以后,无此佳制,冬心南田,未克与抗,尺纸寸缣均为世所宝"。尹和白善工笔画梅,齐白石也曾向这位乡党求教。他画梅学杨补之,就是向尹和白借的

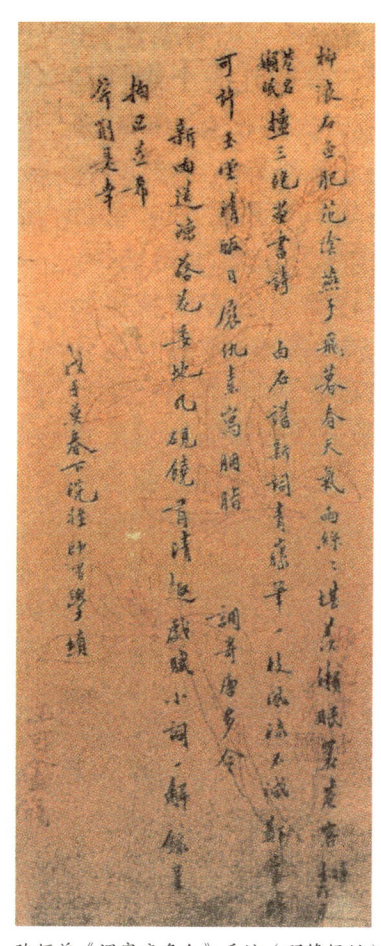

陈师曾《调寄唐多令》手迹(邓锋提供)

双钩本。在齐白石看来,尹金阳画梅空前绝后。

陈师曾少年时代向尹和白学工笔画花卉,"早期工夫都用在工笔上,可说是他做好基本功的一个重要手段"[7],作于1897年的《花鸟册页》可见其仿佛。他后来对画梅多有心得,便是从这里起步的。

在陈师曾健康成长的同时,他的父亲也雁塔题名。他于光绪九年会试不第,光绪十二年再次赴京会试中式成贡士,光绪十五年己丑(1889)补应殿试,终以三甲第45名成进士(第三甲共录取161名)。雁塔题名,是一件企盼已久的大喜事。父亲陈宝箴在郁郁中得到一丝安慰,义宁宗亲也为他在陈家大屋前竖起了一对进士礅,上镌:"光绪己丑年主政陈三立。"

陈三立中进士后,签分吏部任考功司主事。考功司的全称是"考功清吏司",职责是"掌文职官之议叙与处分"。这在现在来说,就是组织人事部门掌管干部考察和奖惩的重要机构了。陈三立原本以为在这里可以一展经世之志,但黑暗的现实却使他大失所望,部吏弄权,势成积重,难以施展,不到三个月,便请假回籍,拂袖而去,再也没有做过一天清朝的官了。

陈三立回到长沙以后,即与旧朋新知诗酒唱酬,兴会无尽,参与由王闿运(字壬秋,号湘绮,湖南湘潭人,晚清汉魏六朝诗派和湖湘诗派领军人物)倡建的"碧湖诗社",唱酬长达数年之久。

这一年,陈宝箴一家从局关祠右"闲园"移居通泰街"蜕园"(赁部分房屋)。这是唐代进士官至中书舍人、左拾遗的刘蜕的故宅,后为湘军将领、川贵甘提督周达武宅寓。陈宝箴一家居此后,蜕园也成为友朋宴游酬唱的另一个佳胜处,文酒之会,几无虚日。年届三十有七的陈三立从三赴京试到放歌纵酒,表现了他刚正不阿的品格和傲岸自许的风骨。

注释:

[1] 何承道(1854—1913),字璞元、璞园,号通隐,湖南衡阳人。光绪十四年优贡,光绪二十六年署四川定远(今武胜县,属广安市)知县。有《通隐堂诗集》四卷、《慧定庵近诗》六卷。

[2]《长男衡恪状》,《散原精舍诗文集》(下),第1026页。

[3] 袁思亮《陈师曾墓志铭》,卞孝萱、唐文权编《民国人物碑传集》,

凤凰出版社，2011年，第599页。

　　[4]朱德裳《三十年闻见录》，岳麓书社，1985年，第32页。

　　[5]钱仲联编著《近代诗钞》（二），江苏古籍出版社，2001年，第1276页。

　　[6]详见拙文《少年斐然世家声——读新发现的陈衡恪词作》，《文汇读书周报》，2018年6月4日，第3版。

　　[7]陈声聪：《槐堂三绝》，《兼于阁诗话》，上海古籍出版社，2002年，第3页。

第一章　嬗变

良师范钟

明珠蒙尘，终难掩其美质。光绪十六年（1890），陈宝箴终于官复原职。不过，不是回任浙江，而是补授湖北按察使。此前，曾经两广总督张之洞奏调，在广州先后任职督署营务处和掌管缉务总局，又赴河南襄助礼部尚书李鸿藻督修黄河。

这年十月十七日，陈宝箴只身赴鄂，于十二月初四日辰刻接印。这一年，他恰好年到花甲。

陈宝箴东山再起，郭嵩焘称之为"一喜"。他在陈宝箴赴京离湘时，撰写了《送陈右铭廉访序》。

在此期间，陈家又有弄璋之喜。这年五月十七日，师曾和隆恪之弟在"蜕园"诞生，他就是后来名闻中外的史学大师陈寅恪（大排行第六）。

第二年，光绪十七年（1891）二月，陈三立携全家由长沙来到湖北省城武昌府，寓居于按察使署。

不久，湖南传来噩耗，令陈宝箴父子牵挂的郭嵩焘六月十三日病逝于长沙，享年73岁。陈宝箴父子痛惜地分别撰写了挽联，向这位他们景仰的先知志哀。

陈宝箴的上司是湖北巡抚谭继洵（谭嗣同之父）和已于光绪十五年调补湖广总督的张之洞。他们对陈宝箴都很倚重。陈宝箴在臬司接印视事三日后，奉旨署理布政使（藩司），逾一年后还任；光绪二十年（1894）七月，又再署布政使。他在臬藩两司任内，锐意饬吏清讼，打击黑恶势力，使社会风气大变。

陈三立抵鄂后，协助其父理政。张之洞对陈三立也青眼有加，不久即延聘陈三立为两湖书院都讲，并校阅经心书院和两湖书院课卷。两湖书院地处武昌都司湖，是一所规模宏大的新型书院（武汉大学前身），当时分设经、史、理、文四科，延聘海内通儒名哲为各科都讲。每科又设分教一人。如梁鼎芬（节庵）、杨守敬（惺吾）、邹代钧（沅帆）、易顺鼎、汪康年（穰卿）、杨锐（叔峤）、范钟（仲林）以及提调余尧衢（肇康）、"洋文案"辜鸿铭等，都极一时之选。

自冯桂芬以来，近代有识之士，无不主张"中体西用"，张之洞更是"中学为体，西学为用"的集大成者。他是继李鸿章之后的洋务派殿军。他对近代实业、教育、军事、文化都做出了重要贡献，对推进中国的近代化具有重大意义。毛泽东在与黄炎培等人谈到中国民族工业的发展时就说过："讲到重工业，不能忘记张之洞。"

张之洞从两广总督接任湖广总督，上任伊始，便大刀阔斧，雷厉风行，兴建汉阳铁厂（即汉冶萍公司，武钢前身）、湖北枪炮厂、织布厂以及两湖书院等等，建成了当时亚洲最大、最先进的钢铁工业。

如果说陈宝箴父子在与郭嵩焘的结交中，从理性上理解了中国走向近代化的重要性和必要性，那么，在湖北却从张之洞那里，从实践中学习了走向近代化的最宝贵经验。张之洞在洋务运动中的大手笔作为，是他们实践近代化的一个榜样，虽然他们后来走上变法维新之路，与洋务运动有所不同。自然，对师曾、寅恪兄弟的影响也是深远的。陈寅恪就说，他平生"思想囿于咸丰同治之世，议论近乎曾湘乡、张南皮之间"。

陈师曾跟随父亲来到湖北省城武昌府，已经16岁，开始迈入青年时代了。

来武昌之前，父亲相约其湘潭四友之一、已是举人的赵启霖相偕而行，赴鄂教授陈师曾。赵启霖后来在《潄园自述》中说："辛卯，三十三岁，假馆鄂藩署。时陈右铭丈权鄂藩，正月，予与陈伯严由湘江泛舟至鄂，舟中与伯严谈艺甚乐。抵鄂，为伯严课长子衡恪。"

赵启霖[1]家赤贫，幼聪颖。23岁开馆授业，后又任麻阳、武陵、澧州训导，有丰富的教学经验。他是陈师曾在武昌的第一任塾师，但任教时间不及半年，即赴京会试，中进士，选翰林，授编修，此后便为官一方，名重一时。

陈师曾的第二位塾师是范钟。

说起范钟这次任陈府西席，还有一段动人的故事。这要从陈三立的连襟李有棻说起。李有棻因在湖南政绩卓著而调任湖北安陆知府，又再调署武昌知府。光绪十一年（1885）范钟来到武昌，即与李有棻兄弟交游。光绪十三年（1887），李有棻聘范钟为师，馆授其子。李有棻政绩斐然，范钟也诗名鹊起。张之洞青睐范钟，再四相招，或嘱代撰寿文，或招见长谈，或欲延聘两湖书院文学山长督抚文案；光绪十七年（1891）六月，更欲聘范钟教其孙，并询问范钟在李府的束脩，但范钟以将赴乡试而婉辞。

第一章 嬗变

无独有偶。其时，李有棻将擢任广东高廉道，陈宝箴也亲自来到李府请范钟教读其孙师曾，李有棻更极力推荐，范钟这才选择了任陈府教席。他在禀告父亲范如松的信中说："此间陈方伯当代大贤，男本与其公子伯严为至契，此来晤言极乐。"所以，其父告知长子伯子夫妇说：范钟"先曾与李公预订一同进京，不料本省陈方伯前月亲来聘请教读伊子（按应为'孙'），李公亦极力劝驾，已于（六月）初十日就藩署馆矣"。

自此，范钟入住陈宝箴臬署官邸，而张之洞也于光绪十九年（1893）延聘范钟为两湖书院教习。

张、陈争聘范钟的故事，显示范钟的非等闲之辈。他曾先后师从桐城派古文大家张裕钊和江苏学政黄体芳，诗文不同凡响。其实，范钟有兄伯子，有弟秋门，早岁均工诗文，有"通州三范"[2]之目，而以伯子为最。他们出身于史上罕与伦比的一个诗文世家，是北宋著名政治家、改革家、诗文家范仲淹的后裔，有家于江苏通州（今南通）迄今已达六百年。从第一代诗人范应龙起，至今代有诗文传世。其中，第二代诗人、万历进士范凤翼以吏部主事擢用东林党人，为阉党所罢，其高风亮节为英烈史可法所激赏，其诗文为明大画家董其昌所盛赞。"三范"的父亲范如松教子有方，是"上承八代诗人之高风，下启范氏诗文鼎盛之局面"[3]的重要桥梁，传至长子，第十代诗人范伯子，已以一诸生而名满天下，陈三立称其诗"苏黄而后无此奇"，吴汝纶誉其文"直当比方欧公而上之"。范伯子嫡曾孙、当代著名美术家、国学家范曾，则是南通范氏第十三代诗人，更是声名遍于书画文史哲学各领域，并享誉国际了。

范钟与陈氏祖孙三代相处甚洽，弟子陈师曾对恩师朝夕相侍：

"先大父官湖北按察使时延（范钟）馆署中，衡恪从受业，朝夕侍左右。而先生与吾父相契甚殷，倡和讲论往往至夜分不倦，衡恪侧闻余绪，多所获。"[4]

范钟在陈宝箴臬署官邸，阅读和研究了大量碑帖，还手录了《阁帖诸刻目录》，可知陈师曾必随乃师学习和研究了多体书法。

光绪二十年（1894）春，陈宝箴臬署官邸还有严复（又陵）翻译完成尚未出版的书稿《天演论》。严复，是郭嵩焘使英时期的留英学生，因严复见识不凡,两人思想契合而为郭氏所激赏。陈宝箴父子当已从郭处早知其人,对此书稿亦必当先睹为快。此时刚刚来到武昌的范钟之侄(范伯子长子)范罕谒见了陈三立,在陈府也读到了《天演论》书稿和在武昌自强学堂任方言教习的辜鸿铭以中译英的《论语》。对于《天演论》,他"惊告"乃父,"以为卓越周秦诸子"[5]。据此可知,范钟及弟子师曾亦必抢先读到。原来,他们竟是我国第一批读到英国生物学家赫胥黎名著《进化学与伦理学》,接受其"物竞天择,适者生存"生物进化论思想的人。范曾说,从范钟是陈衡恪的老师这个角度看,"我们还可以发现

《天演论》封面

圣人是易子而教的,自己教自己的后辈往往不妥,你的儿子我教,我的儿子你教,这种关系同样构成了中国的一种文化景观"。

看来,范钟堪称良师。师曾师从范钟受业,是全方位的,并非如论者所言,仅从范钟学汉隶、魏碑。

光绪二十一年(1895),陈宝箴擢任湖南巡抚,范钟在任教4年后,才离开了陈府教席。当然,他也在与陈三立的"倡和讲论"中得到了提高。

继范钟任陈氏西席的是周大烈。

周大烈也是陈三立所说"当先公时佐幕而课授子弟,为予道艺相切磋"的湘潭四友之一,他应是光绪二十年(1894)从长沙来到武昌任教的。他说:

"师曾年十九时,其祖右铭官湖北臬司,甚钟爱之,而师曾素性纯谨,不好游玩。即如衣食服用,同于寒士。其天性和平淡泊有如此者。好读书不求甚解,而皆能融会贯通,实为难能可贵。"[6]

这是门弟子留给塾师的美好印象。周大烈有《夕红楼诗集》存世,所收诗始于光绪二十一年(1895),其第一首《武昌咏燕》,描写的就

第一章 嬗变

周大烈像（周莟仲提供）

是湖北臬署"乃园"十七柳亭的景色。但他课授陈师曾的时间主要在陈氏一家离开武昌回到长沙之后。他也是陈师曾与之终生相交往的一位"业师"。

"乃园"地处蛇山南麓。园内苍松翠竹相依，景点处处，有梅百余株。陈三立、范钟、梁鼎芬、易顺鼎等在乃园寻春、坐月、眺雪、赏梅，留下了大量的诗篇。父辈的诗酒之乐，青年陈师曾也时而追随其中。梁鼎芬，字星海，号节庵，广东番禺人，与陈师曾另有乃园之游，赋有《同陈生（衡恪）观乃园桃花》一首。

乃园的山水亭馆、梅柳松竹，也是陈师曾作画师法自然的绝妙佳处。范如松在致范伯子的信中说陈师曾："终日无言，稍闲即作画。"范钟有诗《师曾写折枝，以误笔弃去，灯下感题》二首，均可证陈师曾其时学画不辍。

20年后，他仍然不能忘怀乃园是他"平生赏梅胜境"之一。他在《画梅歌》中用"乃园繁株不可摹"的诗句，表现了园梅的超凡脱俗，和"我今画梅无所本"的创新精神。

注释：

[1] 赵启霖（1859—1935），字芷荪，晚号瀞园，湖南湘潭人。历官河南道、江苏道兼山西道监察御史、湖南高等学堂监督、四川提学使，晚年任船山学社社长。工诗文，善书法，著有《瀞园集》等。

[2] 范当世（1854—1904），初名铸，字铜士，后易名当世，字无错，号肯堂、伯子，江苏通州（今南通）人。文学桐城派，诗宗宋人，同光诗派中坚，曾主持直隶（今河北省）武邑观津书院，后任直隶总督李鸿章府西席，晚年兴学通州，兼任三江师范学堂总教习。著有《伯子诗集》十九卷，《伯子文集》十二卷。

范钟（1856—1909），字仲林、中子，号辰君，室名"蜂腰馆"。

光绪二十四年进士。历任两湖书院教习,河南、广东、山西巡抚文案,山西大学堂教习,河南鹿邑县令。著有《蜂腰馆诗集》(附词一卷),《范中子外集》《范钟诗稿》附文集、《范钟日记》等。

范铠(1861—1916),字秋门,号酉君。曾入甘肃学堂。光绪二十四年以拔贡朝考一等授知县发山东,入山东巡抚袁世凯、张人俊幕僚,后任寿县、濮阳知县,民元归里。著有《范季子诗集》《范季子文集》、范铠纂、张謇续纂《南通县图志》,与张謇合纂《通海垦牧乡志》。

[3]范曾:《南通范氏十三代诗文集序》,《故园厄言——范曾自选集》,南开大学出版社,2004年,第225页。

[4]《〈蜂腰馆诗集〉跋》,《南通范氏诗文世家》正编第十册,范钟卷,河北教育出版社,2004年,第170页。

[5]范罕《六十自谶诗》"天演诚怪特,严子诠道元。辜生契鲁叟,译述搜遗文"句后自注:"予初游两湖于陈伯严先生处,见严又陵先生新译赫氏《天演论》尚未出版,乃惊告先子,以为卓越周秦诸子。而同时辜鸿铭先生正译《论语》,生平所见留西学生之著述,无过于此。"《南通范氏诗文世家》正编第十一册,范罕卷,第116页。

按严复《天演论》的翻译时间,论者一般认为在光绪二十二年(1896),但从上述范罕诗自注看,当在光绪二十年(1894)。

[6]《都人士追悼名画家——陈师曾知交之追悼与讲演》,北京《晨报》,民国十二年十月十八日,第六版。

第一章 嬗变

"伏几迤为花写真"

果然，陈师曾的绘画，和他的诗一样，得到父辈的首肯，甚至被"南皮（张之洞）目为神童"[1]。

光绪十八年（1892）春，易顺鼎嘱陈师曾为他画《匡山草堂图》。这是"才子"和"奇童"的一次合作。匡山，即地处江西九江的避暑胜地庐山；匡山草堂，是易顺鼎光绪十六年建于庐山隐居读书的地方，主楼"琴志楼"藏书千卷。这位"龙阳才子"之所以做避世之想，是因为自感怀才不遇，他五赴京试而不中，亦未获显职，但此时却又已入张之洞幕僚，充两湖书院讲席，虽身居鄂渚，却仍然怀念结庐匡山的隐居生活，这就是他嘱陈师曾画《匡山草堂图》的缘由。师曾并没有去过庐山。但其时，易顺鼎已写有《重游匡庐卜居纪游杂诗二十七首》《赠僧》《开先夜宿》《庐山诗三十二韵》等诗篇，这些当是他创作的素材。

陈师曾画好以后，陈三立书《易仲实属儿子衡恪作匡山草堂图，为题长句》于其上。诗的最后说："鄂州见君意萧瑟，怅别名山五百日。掉头未肯向世人，聊倩

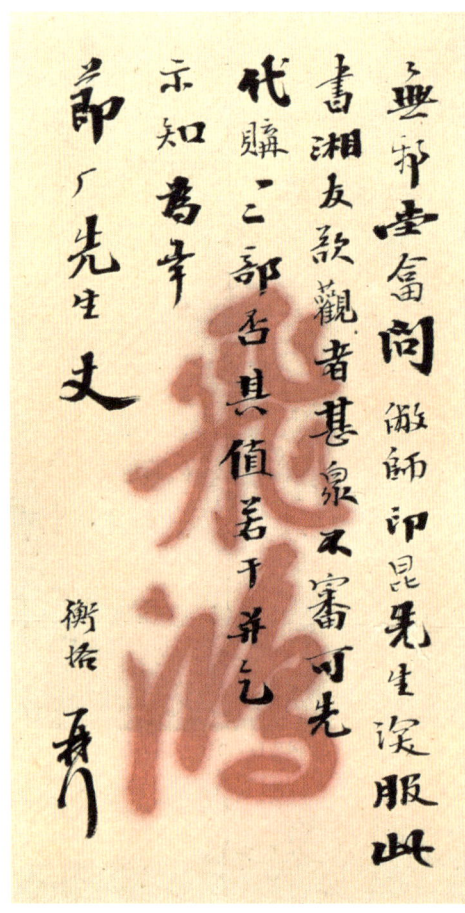

陈师曾《致梁鼎芬函》

儿曹提画笔。小年哪识其中故,点缀烟云得少趣。嗟君须坚学道心,莫教饥饿求官去。"[2]"点缀烟云得少趣",道出了陈三立对陈师曾这幅作品的几分赞许,而末联对易顺鼎的讽劝,则可谓知易莫如陈也。

陈师曾为易顺鼎所画的《匡山草堂图》已经不知所终了,但是,第二年,他应梁鼎芬之嘱所画的《菊花图》却有幸被保存下来。

光绪十九年(1893)九月,梁鼎芬将梅花赠予陈师曾的祖父陈宝箴,陈宝箴将自己珍爱的盆菊赠给了梁鼎芬。梁收到盆菊后,即赋赠五古二首相谢,第二首赋及"客授广州"的挚友朱一新(字蓉生,号鼎甫)和新近逝于海南的潘存(字仲模,别号存之,号孺初)这两位岭南大儒,"以托怀想";翌日,陈宝箴和答两首,陈三立也写了七古二首,都兼及朱一新和潘存。这就勾起了思乡怀友的梁鼎芬一个强烈愿望:嘱陈师曾画菊,将他们的诗题入画中,装裱以后寄赠远在广州广雅书院的朱一新。

在武昌,与朱一新相交的还有主讲湖北经心书院的谭献和督府幕僚杨锐,梁又相邀他们题诗。谭献先题五古一首,继题七绝一首;杨锐则题五古二首相和。

这样,就诞生了一幅画和十首诗组成的《菊花书画卷》。

梁鼎芬因疏劾李鸿章于光绪十一年(1885)被黜,南归后,先后主讲惠州丰湖书院,任肇庆端溪书院山长、广州广雅书院山长,均由朱一新继任。梁鼎芬的七叔执业于潘存门下,梁7岁时受教于潘存之弟门下。潘告老还乡,梁被贬归里,均主讲丰湖书院。

谭献(初名廷献,字仲修,号复堂)与朱一新同为浙人。国学大师俞樾主讲杭州诂经精舍30余年,朱是俞的门生,谭是俞的私淑弟子。

杨锐(字叔峤)与朱一新,据梁启超在《戊戌六君子传》中说,"交最契"。

而陈宝箴在粤时,也与朱一新、潘存、梁鼎芬有过一段密切的交往。陈宝箴在和诗中说:"缅昔菊坡游,潘朱各磊珂。"杨锐在和诗中也说:"尔时提刑公(指陈宝箴),潘梁共咨嗟。觥觥朱御史,一籀不受夸。""菊坡",指广东著名书院"菊坡精舍"。南宋名臣崔与之号菊坡,由崔与之开创的"菊坡学派"是岭南历史上第一个学术流派,书院因以为名。菊坡精舍创立于同治六年(1867),由岭南大儒陈澧(字兰甫)任山长,梁鼎芬少时即执业于陈澧门下。陈宝箴还拜读过朱一新的著作手稿,并且应命为朱题写扇面。

第一章 嬗变

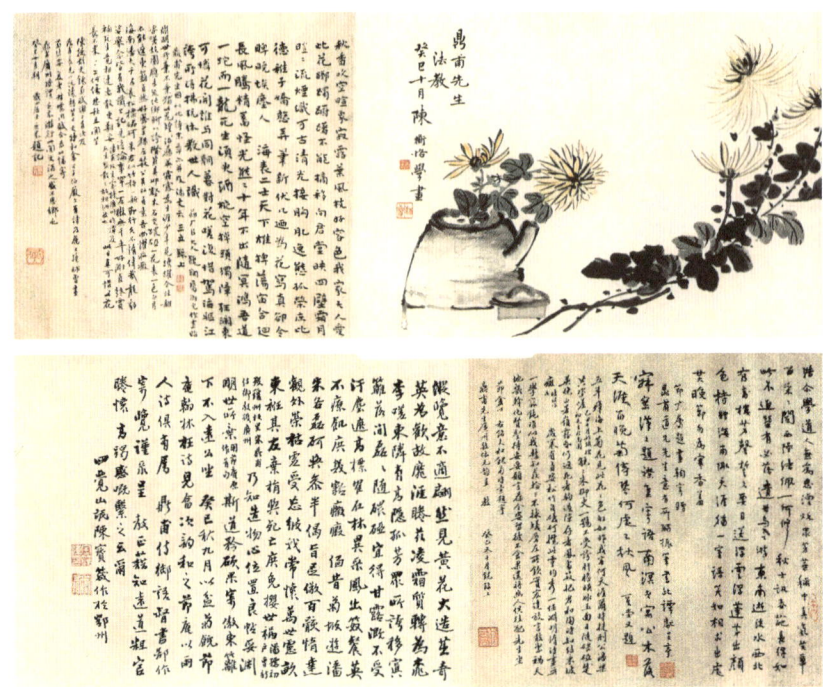

陈师曾《菊花诗画卷》

正是如此深挚的友情，使他们欣然题诗于画，在诗中对朱、潘两人的风节、学识多有赞誉，对潘的溘然长逝深表惋惜。

但是，他们之所以以《菊花诗画卷》寄赠朱一新，还有一个更为重要的原因。这就是光绪十七年（1891）至光绪十八年（1892）间，朱一新与康有为在岭南有过一次尖锐的思想文化学术论辩，作为这次论辩后的重要成果，朱一新的《无邪堂答问》出版问世，其思想学术观点得到了远在湖北的陈宝箴父子和梁鼎芬等的广泛认同。

康有为是近代中国资产阶级改良派的领袖人物，强烈要求变法图强。光绪十七年，他应陈千秋、梁启超之请，在广州长兴里万木草堂开馆讲学。康有为原本是治古文经学的，后来受经学家廖平的影响，转而研究以《春秋公羊传》为中心的今文经学。就在这一年，他以其高弟子陈千秋、梁启超为主要助手，撰写了《新学伪经考》，为他的变法改良提出理论根据，在学术思想界刮起了一股"大飓风",打击了"恪守祖训"的封建顽固派,引起了巨大的轰动。这在当时,是具有重大的政治意义和进步意义的。

但是,从学术研究的层面来说,康有为的论述并不符合历史实际。儒家典籍,有今文经学和古文经学之分。今文经书,是指秦焚书之后西汉学者用西汉通行的隶书书写的经书;古文经书,是指秦以前用小篆书写,并由汉代学者加以训释的经书。随着经书研究的发展,形成了今文经学和古文经学两个学派。今文经学重"微言大义",古文经学重训诂考据。两派之争,绵延不绝。但自东汉至隋唐,古文经学长期居于正统地位。宋代理学兴起,古文经学才逐渐式微。清时称汉儒考据训诂之学为汉学(亦称朴学),称宋明程朱和陆王两派理学为宋学。清初至乾、嘉时期,考据学大兴,是古文经学的盛期;道、咸以后,则提倡今文,倡导经世改革。康有为在《新学伪经考》中认为:古文经书如《周礼》《逸礼》《左传》《毛诗》等都是王莽时期国师公刘歆的伪作,是"伪经",是"新学",从根本上否定古文经书的存在;刘歆为了掩盖他的作伪,对《史记》《楚辞》等一切古书也多有羼乱,其目的是帮助王莽篡汉,湮灭孔子的微言大义;秦始皇焚书,并未焚及六经,今文之经乃是孔门足本,并无残缺,六经是素王(孔子)托古改制之作,清代汉学、宋学均非孔学真传。这些观点都不为朱一新所苟同。

康有为是经梁鼎芬的介绍,与朱一新相交往的。《新学伪经考》写成后,他将部分书稿送请朱一新评骘,想借重朱的声望,扩大此书的影响。不料却受到朱一新针锋相对的尖锐批评。双方的往复信函,每函多至千言或数千言。

朱一新虽是一位经古文学者,但他颇有创新精神,对乾嘉学风评价甚低,主张汉学以宋学为归宿,由训诂而进求义理;宋学以汉学为始基,义理以训诂为基础,两长兼容互补;对于宋学,则尊程、朱而抑陆、王。他驳斥康有为所谓刘歆伪造经书的观点,认为于此无证,且六经各有大义,各有微言;反对康有为所谓"素王改制"之论;也不同意秦始皇并未焚经之说,认为不符史实。更重要的是:他还批判了康有为对古书凿空武断,附和曲解,凡古书与自己的观点相悖,一概诋为伪造的学风,把历代的政治弊端归罪于经古文学家,采用的手法与武后时酷吏罗织罪名和南宋权相秦桧陷害岳飞的"莫须有"罪名相似。他明确指出,其目的就是"援儒入墨,用夷变夏",即托素王改制之文,行推行新法之实。

第一章 嬗变

光绪十八年（1892）九月，朱一新出版了《无邪堂答问》一书。这是应广雅书院师生的建议和请求，将三年来答诸生问的内容加以整理补充而成的，其中也包括对康有为上述观点的辨正。

朱一新的批判，无疑击中了《新学伪经考》的要害。康有为把传承了2000多年的古文儒家经典视若子虚乌有，把孔圣人作为他自己"微言大义"的玩偶，这是很难为严肃的学者们所接受的。事实上，梁启超后来在《清代学术概论》中也批评他的老师"武断"，"实为事理之万不可通者""往往不惜抹杀证据或曲解证据，以犯科学家之大忌""对

陈三立、陈师曾合作书画成扇

于客观的事实,或竟蔑视,或必欲强之以从我"。

陈宝箴与康有为面对日益危殆的清腐败统治,他们都要求进行变革,这是他们的共同愿望。事实上,陈宝箴父子对康有为是深爱其才的。但是他们对康有为的躁进是不满的。陈宝箴精通汉学,又"学宗张朱",主张从训诂而入义理。他在直隶致用精舍论学时便要求士子就前人已经校诂之书,为明体达用之学,知当务之急。并且,他还深受"颂美西法"的郭嵩焘的思想影响。这就与朱一新的观点不谋而合。康有为后来在挽陈宝箴的诗中说:"公笑吾经学,公羊同卖饼。"可见陈宝箴对康有为的《新学伪经考》是持批判态度的。

陈寅恪说:"至南海康先生治今文公羊之学,附会孔子改制以言变法。其与历验世务欲借镜西国以变神州旧法者,本自不同。故先祖先君见义乌朱鼎甫先生一新《无邪堂答问》驳斥南海公羊春秋之说,深以为然。据是可知余家之主变法,其思想源流之所在矣。"[3]这是对陈宝箴父子与康有为思想分歧的一个总结,更深及后来变法之激进与渐进的不同。陈宝箴父子和梁鼎芬等将《菊花诗画卷》寄赠朱一新,可以说也是对《无邪堂答问》的充分肯定和大力支持。

以陈师曾当时的学力,他在绘制菊花图之前,必研读过《无邪堂答问》这部论著,对于这一场尖锐的论争必有较深刻的理解。陈三立在题诗中说:"稚子娇憨弄笔新,伏几迺为花写真。"正是因为有了这样的积淀,陈师曾所画的菊花,并非对盆菊的写实,而是进行再创作后的"写真"。画面清新淡雅,舒放着一种俊逸之气。菊犹高士,堪称佳构。紧靠画右,依次是陈宝箴、杨锐、谭献的诗;紧靠画左,依次是陈三立和梁鼎芬的诗,形成了陈宝箴祖孙三代诗画居中的格局。

后来在湖南,陈师曾也成了朱一新《无邪堂答问》的传播者。他在致梁鼎芬的一封信中说:"《无邪堂答问》,敝师印昆先生深服此书,湘友欲观者甚众,不审可先代购一二部否?其值若干?并乞示知为幸。节庵先生丈。衡恪再拜。"

《菊花书画卷》的绘制,有着如此深厚的思想学术文化背景和政治背景,这对于陈师曾坚持传统勇于创新画学思想的形成,无疑有着深刻的影响。

这一年,陈师曾18岁。

第二年,"甲午阳月"(1894年四月),陈师曾还与父亲陈三立有过一次书画合作扇面赠父执雪庐先生。陈三立题写《送范仲林、秋门兄弟赴江南乡试》诗，陈师曾绘《松菊图》，题《雪庐先生法教》[4]。

注释：

[1]裔萼：《中国现代人物画的开拓者——陈师曾》附图，《京派绘画研究》，广西美术出版社，2012年。

[2]《散原精舍诗文集补编》，第63页。

[3]《读吴其昌撰梁启超传书后》，《陈寅恪集》《寒柳堂集》，第149页。

[4]刘经富辑释《义宁陈氏文献史料丛书》《陈三立墨迹选》，上海古籍出版社，2020年，第15页。

"双星朗照鹊巢枝"

——初娶范孝嫦

光绪十八年（1892），陈师曾年届十七。范钟长兄伯子有女孝嫦，又名菊英，小名菊保，也年到十七。

那时的少男少女，到了十七八岁的年龄，就该谈婚论嫁了。范、陈两家，都在为儿女的婚嫁忙乎。为他们作冰人的，正是范钟。在他看来，此乃"天作之合"。

想不到好事多磨。当范钟把自己的打算禀告父母以后，却遭到了母亲的反对。这年十月中旬，父亲范如松在写给已于上年赴天津应聘任李鸿章西席教授其子经迈的范伯子的信中说："菊保姻事，陈相公年大六岁，汝母深不为然，作罢论矣。"

事情还不止此。到了光绪十九年七月，范伯子的岳父姚浚昌又在安徽桐城为外孙女孝嫦物色了另一门亲事。

范伯子有二子一女。长子范罕，比孝嫦年长2岁；次子范况，比孝嫦小4岁，嗣于范钟[1]。三兄妹的生母是范伯子的原配吴夫人（乳名大桥）。吴夫人病逝于光绪九年（1883）。此后，三兄妹在通州随祖父母读书和生活，直至光绪十五年（1889）范伯子续娶桐城才女姚蕴素，

范伯子像

姚蕴素像

第一章　嬗变

于光绪十七年归里，才由继母参与，共同抚育他们。待字闺中的孝嫦，在继母姚夫人的教诲下，学写字，做女红，读《温氏家训》，很是勤奋。

在姚夫人的撮合下，范罕与桐城马复恒之女定下了婚事。马氏是桐城张、姚、马、左四大世家之一。马复恒佐丁汝昌北洋海军，驻旅顺，时任营务处三品衔候补道。

姚浚昌则为外孙女孝嫦选择了马复震之子为婿。马复震以招创淮军而驰名，官至总兵，又是一位诗人。祖父范如松甚为满意，父亲范伯子甚至打算：来年春天着人送范罕去旅顺成亲，然后由姚夫人携新媳归觐，再送孝嫦去桐城完婚。

就在这个紧要时刻，事情又有了转机。所谓师曾比孝嫦大6岁，只是一个误会。他们同生于光绪二年，师曾生于这年二月，孝嫦生于这年九月，师曾只比孝嫦大7个月。而范钟对陈宝箴父子又极为钦佩，对得意弟子师曾更是笃爱，陈宝箴也"独尚"范伯子"之文学而托以孙"[2]，他对范钟说："我已见君家四代诗文稿，为江南第一。旧家孝友相传，而尊公人品学问，绝非世俗。"[3]这样，师曾和孝嫦的婚事终于在光绪十九年（1893）冬定了下来，而桐城马家，则全赖姚夫人周旋了结，范如松就说："菊保之所得，皆媳妇之功。"

峰回路转，陈范两家上下无不欢喜。陈宝箴对范钟说："今我与对亲，真是喜极。我儿子品学，与君家兄弟相类；我孙子师曾又与彦殊略同；及内眷无不相似，真天假之姻。"为了成就这门亲事，他甚至做了如此坚决的打算："我初愁此亲不就，以令侄女弱小失母，皆亲家母抚育成人。又闻姻嫂慈爱，携去天津，恐两重慈亲不肯远嫁。今请转致，我即不做官，我儿子为江苏候补道，我住扬州必不归江西，而一水之地，往还甚易，请堂上及令嫂可无虑。以后订定日期，拟使百年（伯严）来通。"范如松也写信告诉范伯子："汝弟带师曾照相，今寄汝看。据云，其性情似其父，其用功与莲儿等，终日无言，稍闲即学画，真可爱也。"[4]

师曾与孝嫦的婚事，终于柳暗花明。

接下来就该行"传庚"礼了。按照江西客家人的风俗，男女双方要郑重地交换生辰"八字"。"八字"相合以后，再择吉下聘。

光绪二十年（1894）正月初四这一天，陈府举行了隆重而热烈的仪式。辰刻（上午7时至9时）时分，全家聚集厅堂，陈宝箴身着官服，请先人像，亲自书写师曾庚帖，放入礼盒，然后"举署叩喜"，待后"择回盘计日请同寅吃喜酒"。

此前,范钟已于上年腊月廿三日回通州度岁,并且与父亲如松老人做好换庚的周密准备。

换庚的日子,选定黄道吉日正月十六日。陈宝箴选派自己的管家亲随陈三垣前往通州交换庚帖。这位管家,是陈宝箴的远房侄儿,字凤楼,又名梁福,比陈三立年龄稍长。正月初十日,也是辰刻,陈三垣和亲随一行携带陈师曾庚帖和一应厚礼登轮启行,于十三日到达通州港,范府早已派人在港迎候。他们借用通州西关顾府供陈凤楼一行下榻,由范钟作陪。

元宵节过后,十六日这一天,范府和顾宅张灯结彩,迎送陈家来宾。范府今年正好已请先人像在正室,与陈家礼数暗合,范如松老人十分高兴。陈三垣也已先请范府雇用鼓吹两部,坐马两匹。届时,一行抬着礼品十二盒,四抬盒(鹅鸭鱼腿糕饼等)、四金四玉、四湖绉、四花粉及无匾方镯头,吹吹打打,浩浩荡荡,从顾宅来到范府,在正室敬拜先人毕,由陈三垣等双举内放师曾庚帖的拜盒,请范如松夫人开盒。拜盒和抬盒都贴有书写"光禄大夫陈封"的封签。范老夫人挑开拜盒封签后,里面倏地跳起四个用铜丝钮定的绒制美孩儿,以讨吉兆,引得满堂惊喜哄笑。然后,陈三垣等人又到门堂将带来的红毯铺在两张方桌上,点燃两支大烛,中间椅子上披上括绒椅披,摆上已经备好的笔墨砚台,恭请范如松老人书写孝嫡庚帖。老人手颤,陈家来宾和下人随侍左右,又客多无容足之地,便由范钟请父亲在其房中书庚,一共34字,居然字迹完好。然后与陈三垣交拜,男庚交如松老人,女庚归盒,这才行礼完毕。

范府回礼,也做了精心准备。回盘有袍挂料、靴帽、文房四宝、晶莹荷包。这四件均由范钟从湖北友人处先行借用,然后购置京城四件归还。此外还有:大古钱锦盒、宋刻原版《西汉文鉴》以及从上海以高昂价格定购的佳墨。其时,范钟正热衷于收藏百年古钱,那一枚大古钱是从他的藏品中选出的;《西汉文鉴》系从姚蕴素夫人藏书箱中拣出,《叙》内有"端平"年号,系宋刻原版,极为珍贵;佳墨则是因为老人在通州遍搜蝴蝶墨盒而不可得,才从沪定购的。

次日回盘,范府请鼓吹一部,用满汉席宴请宾客,用鱼翅席款待陈三垣一行。

正月十八日,范府为陈三垣一行饯别。送给陈府的私礼有大布八匹、

第一章 嬗变

金华火腿两只、茶叶四篓、红带糕点四盒及其他食物；范夫人赠陈宝箴夫人礼布一份，由范钟亲自带交。另又赏下人布带物件及礼赏三十余番。老人告诉范伯子："因汝弟云梁福系彼家第一管家，故特厚，将来菊保至彼家，都赖照应故也。"

这次传庚前，陈宝箴已得知他即将调职的讯息。陈三垣来通州后，向范如松转告了陈宝箴的安排："我之长孙，我亲家之长孙女，礼数何敢简略？此回传庚，八月下聘，九月过礼，十月迎娶，当为令孙小姬增饰。我之所以急急者，曾恐上半年有调动之事，若在远省进京，必由通过，我即携师曾亲送范府入赘。"陈三垣又说："家叔已措金银绸珠各16件，待后行礼分送，故此次首饰作传庚，不用全付。"送行时，范如松老人叮咛陈三垣回鄂后转告陈宝箴："在尊府以为传庚，我今以作下聘，至送期日定，乞先示讯，使我儿媳亲送孙女至鄂。送期过礼借吴公馆（按疑指吴汝纶宅），免阁下劳顿，两家省事多矣！传令叔调省进京过通之时，不敢有劳至舍。然儿女亲家能得一见，故所深愿。至师曾入赘，亦不敢辞。倘儿子仍在天津，令叔顺道就婚吴楚公所，岂非更便？此事且待彼时再定，请善为我道意。"老人此说，有彼此节省巨额开支的意思，此事还得待范钟回鄂以后再议。

正月十九日，陈三垣一行登舟西行，范府遣两仆人送至通州港。

这次办传庚礼，范如松十分满意。他写信告诉范伯子："此事极其得体，我甚无限喜欢，虽劳亦不觉，皆赖媳妇劳心。得此名门快婿，菊保何以报汝母也。"

陈师曾和范孝嫦的婚礼，定在光绪二十年（1894）十一月二十一日举行，原来的部署都打乱了。原因是陈宝箴十月十五日奉旨补授直隶布政使，他即将交卸湖北按察使篆印，赴京请训。

婚期既定，范伯子便辞去李鸿章府西席，偕夫人姚倚云送女儿孝嫦来武昌与陈师曾成婚，再回通州孝亲。原来孝嫦是光绪十七年三月，范钟从通州携赴桐城迎接已经归宁的姚夫人，然后将他们送往天津的。她在天津父母身边已有三个年头。

陈宝箴一家热忱、深情接待了他们。

陈府上下，对这桩婚事早在筹备之中。陈氏父子的同僚、友好也在积极准备贺礼、吉联向他们道喜。

十一月二十一日这一天，双双19岁的陈师曾和范孝嫦在湖北按察使署官舍举行了隆重而热闹的婚礼。洞房雅号"葡霞轩"。灯彩高悬,鼓乐和鸣,一副副贺联更增添了喧闹中的雅致。虽说已是寒风凛冽的隆冬,主客都沉浸在热烈的喜庆之中,唯有年仅5岁的六弟寅恪,"好静思的禀性,自幼已然",此时正"默坐空院台阶前"[5]。莫非,他是在闹中取静,学有所思?

吉日过后,范伯子和夫人打算尽快返回通州。无奈长江风浪频发,一时不能成行。

留武昌期间,姚夫人挥毫写下了七绝《遣嫁孝嫦书以勖之》二首,有句:"双星朗照鹊巢枝,大雅毋忘凤夜思。不负丝罗真有托,但期家室尽相宜。"读到"但期家室尽相宜",令我们想起了姚夫人与范伯子的结合,就是一段以诗为媒,宜其室家的佳话。

故事发生在范伯子应时任著名的保定莲池书院山长吴汝纶(挚甫)之聘,主持直隶武邑观津书院期间。他在原配夫人吴氏去世以后,本矢志不再续娶,但爱才而又热心的吴汝纶却做起了月老。

姚蕴素[6]是清桐城派古文宗师姚鼐的侄曾孙女。祖父姚莹,文与梅曾亮、管同、方东树世称"姚门四杰"。父姚浚昌、兄永楷(伯闲)、永朴(仲实)、弟永概(叔节)都是桐城派晚期传人。姚蕴素与兄、弟幼承庭训,日诵经史古文不辍。吴汝纶读到她的《蕴素少时诗稿》,极为赞赏。在吴汝纶的再四撮合下,互相倾慕,终于成就了这桩好事。在姚浚昌江西安福县令官舍,新婚之夜,范伯子高声吟唱姚夫人的诗作。陈师曾的友人回忆说:"合卺之夕,宾延酒阑时,蕴素先生突闻中庭有人引吭高诵其诗不置,异之,既乃知即伯子先生。一时传为佳话。此义宁陈师曾衡恪语。"[7]

再说此刻的范伯子。他在读过姚夫人的勖女诗后,也挥毫题诗两首赠师曾,诗题是:《内人有诗别女,吾亦不可无以诒师曾也,遂次其韵》。从第一首末联"万事不如文尽写,几年燕楚对披吟"看,陈师曾在定亲前后,即有诗文就教于范伯子,得到范伯子的亲炙,并非如坊间所说,范伯子仅仅是"教其行书"而已。

年关已近,范伯子携夫人匆匆赶回通州度岁孝亲。他将来不及披阅的陈三立诗文带在手边,在归途中急切地品评着陈三立的诗作。

无独有偶,与陈三立切磋诗艺的还有黄遵宪。光绪二十一年(1895)四月,主持江宁洋务局的黄遵宪来到武昌。此前,他先后任驻日、美、

第一章 嬗变

英和新加坡参赞或总领事17年,是一位有世界眼光的外交家、政治家。他又是一位诗坛大家,是"诗界革命"的一面旗帜。黄遵宪与陈三立初次晤面,一见如故,各自出示了自己的诗稿互为点评。黄遵宪出示的《人境庐诗草》8卷370余首,陈三立出示的是诗稿《诗录》四卷,计诗265题375首。

黄遵宪诗的变古革新精神,陈三立的诗风变化,以及他们和范伯子在评点中呈现的不同文风,又一次为陈师曾提供了优秀的教材和难得的学习机会。

同时,陈三立还做了一个重要改变:"令子弟改业西学。"

在武昌,陈三立和湖北巡抚谭继洵之子谭嗣同"有二公子之目"。他们同声相应,交往颇多。此时,谭嗣同已彻底放弃了科举八股之学,在武昌撰写了笔记体学术著作《石菊影庐笔识》,又撰写了《兴算学议》等文,提出了他的变法思想和主张。光绪二十一年闰五月,他在致恩师欧阳中鹄的信中说:"陈伯严之言曰:'国亡久矣,士大夫犹冥然无知,动即引八股家之言,天不变道亦不变,不知道尚安在,遑言变不变耶?'"又说:"昨晤陈伯严,亦云已令子弟改业西学矣。"[8]从摒弃陈师曾走科举老路,到令子弟改业西学,是陈三立紧随时代步伐而在教育思想上的一个飞跃。这对于师曾兄弟日后留学国外发展自己的志趣,以至他们未来的人生走向,都具有决定性的意义。

注释:

[1]范罕(1874—1938),字彦殊,小名莲儿。早岁先后游馆于长沙、北京、上海、济南,光绪三十三年留学日本,习法律,宣统三年归国,执教于南通农校。入民国,任职农商部,后执教于南通学院、南昌南州学院等处。著有《蜗牛舍诗集》《蜗牛舍说诗新语》。

范孝嫦(1876—1900),又名菊英,小名菊保。

范况(1880—1929),光绪二十七年入上海南洋公学特班,光绪三十二年选派留日,曾在浙江温州等地执教,后任东南大学教授。著有《中国诗学通论》,译著有《蛇首党》《孤露佳人》《各国交易所法制论》等。

[2]《故湖南巡抚义宁陈公墓志铭》,《范伯子诗文集》,上海古籍出版社,2003年,第522页。

[3]《示子当世儿媳倚云书》(十),光绪二十年,《南通范氏

诗文世家》，正编第七册，范如松卷，第238页。

［4］《示子当世儿媳倚云书》（十），光绪二十年，《南通范氏诗文世家》，正编第七册，范如松卷，第238页。

［5］陈小従：《庭闻忆述》，《吟雨轩诗文集》，中华书局，2015年，第86页。

［6］姚蕴素（1863—1944），字倚云，安徽桐城人。中年以后，历主通州公立女校、南通女子师范、安徽女子职业学校，人称"范姚先生"，著有《蕴素轩诗集》《沧海归来集》。

［7］顾公毅：《蕴素轩诗集序》，《范伯子诗文集》，第625页。

［8］《上欧阳中鹄书》《谭嗣同全集》，中华书局，1981年。

第一章 嬗变

初识西学

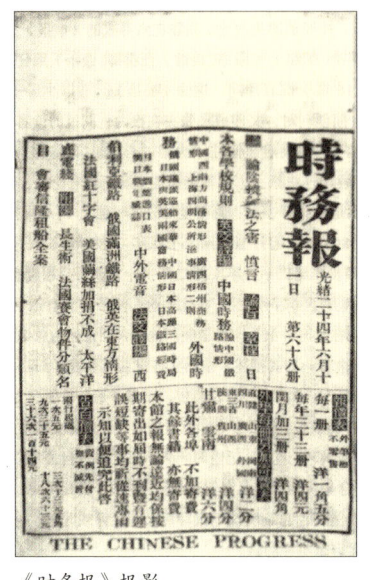

《时务报》报影

光绪二十一年（1895）七月二十四日，陈宝箴补授湖南巡抚。按清代官制，巡抚同时授兵部侍郎、都察院右副都御使，陈宝箴成为统揽一方全局的封疆大吏。到这年冬，陈三立才奉母携家从武昌回到长沙，寓居于抚院之旁舍"又一村"。

在陈三立的襄助下，陈宝箴广揽梁启超、黄遵宪、谭嗣同、唐才常、徐仁铸、江标、熊希龄等天下英才，厉行新政，变法救败。经过近5年的齐心协力，湖南之治为天下所称道。湖南新政的特点是：时间早、范围广、改革深、步履稳。新政早于戊戌变法3年，开维新之先声，所创"南学会"正如梁启超自述所说"实兼议会之规模"，所设保卫局开我国警察制度之先河，突破了洋务运动"中体西用"的桎梏，而其改革路线又是自下而上的、渐进的、稳健的。湖南新政虽因慈禧发动的戊戌政变而失败了，但他们不愧是近代维新的先驱，走在康、梁前面的改革家。

就在湖南新政次第展开的氛围中，光绪二十三年（1897）二月，陈师曾致信在上海主持《时务报》的汪康年：

"穰卿年伯先生左右：

久不以书奉起居，颇为歉仄。先生创设报馆，为中国开风气之先，其有益于黄人为不少矣。报中所载诸大作，皆宏识伟论。衡恪僻居湘土，得日闻其所不闻，不胜欣幸……"

汪康年，字穰卿，晚号恢伯，浙江钱塘（今杭州）人，后有"一代报王"之誉,是陈师曾的父执。光绪十六年(1890),汪康年应湖广总督张之洞之聘,教授其孙刚孙、道孙,后任湖北自强学堂编辑,兼两湖书院史学斋分教。在鄂期间,与陈三立等多有交往,私谊甚好。

《时务报》,光绪二十二年七月一日(1896年8月9日)创刊于上海,是维新派的重要刊物。它以"变法图存"为宗旨,宣传资产阶级改良主义的变法维新思想和政治主张,梁启超任总主笔。该报为旬刊,每期约3万字,译文约占一半。

梁启超像

作为维新派的喉舌,《时务报》一经出版,影响迅即遍于全国,数月之间,销行达万余份。该报发行不及一月,陈三立就读到了由内兄俞明震从沪上带来的《时务报》。七月二十三日,他在致汪康年的信中说:"恪士还,忽见《时务报》册,心气舒豁,顿为之喜⋯⋯日起有功,必能渐开风气,增光上国。公度书言梁卓如乃旷世奇才,今窥一斑,益为神往矣。"

每期《时务报》,梁启超都有一至两篇论著发表,内容深刻新颖,议论纵横自如,文字平易畅达,笔锋常带情感,开创了别具一格的"时务文体",以至无不知有新会梁启超者。"康梁"并称,自此而始。陈三立主张湖南时务学堂弃康而聘梁,正是他读了梁的论著而"神往"于梁的结果,陈宝箴也向全省府厅州县下发了购发《时务报》给全省各书院札。

陈师曾致信汪康年时,《时务报》已经出版近20期。其中,堪称戊戌变法时期梁启超代表作的《变法通议》,以系列政论文的形式从创刊号连载达21期,深刻揭露了封建制度的腐朽,猛烈抨击了顽固的守旧派,提出"变法之本,在育人才;人才之本,在开学校;学校之立,在变科举,而一切要其大成,在变官制",全面系统地阐述了维新派的变法主张,是中国资产阶级改良派的纲领性文件。梁启超陆续刊发的《西学书目表》,著录译书357种,分西学、西政、杂类3大类,每书著录

第一章　嬗变

书名、撰译人、刻印处、本数、价值，表上加"圈识"，表下加"识语"，指出书的优劣深浅；文后还附有《读西学书法》，为维新派和青年士子学习西学提供了丰富的内容和有效的方法，对西学传播和思想启蒙发挥了重要作用。其他一些作者的论说，也都产生了较广泛的影响。陈师曾在致汪康年的信中对《时务报》"为中国开风气之先"的充分肯定，表明了他对变法维新的积极态度；阅读《时务报》，"闻其所不闻"，大大开阔了他的眼界，成为他学习新知的一个窗口；那些"宏识伟论"，更使他的思想进入了一个新的境界；而西学学什么，怎样学，也可以从中找到门径。所谓"不胜欣幸"，并非套话，而是悉心推究《时务报》之后的肺腑之言。

陈师曾这封写给汪康年的信，是在"洋鬼子"入城闹得天昏地暗的时候写的。他极想了解这"洋鬼子"其人。

"洋鬼子"，指的是德国人谔尔福。陈师曾在信中紧接着说：

"近有德意志人谔尔福来游此地，颇精格致之学。昨阅第十九册报，载有伯灵（今译柏林）造气球人名胡尔佛，与谔尔福音相似，不知即是人否？合璧表中未列西文，不能审悉，请转询贵馆翻译，谨将谔尔福西文姓名开列于右，EujcmWolf，以备考校。英文《五洲地图》乞代置一幅。琐渎不胜惶悚。惟为道自重不宣。衡恪上书。二月二十九日。"[1]

原来，二月上旬，谔尔福带同通事（翻译）李文廷及差人等游历至长沙，请求谒见巡抚陈宝箴。因陈已往湘西永州阅兵，又请求入城拜谒司署官员，均遭布政使何枢严词拒绝。士民闻讯，数万人聚集长沙，三个书院的生童和岸上的民众向谔尔福所乘轮船抛掷石块。僵持5日，直至陈三立应求在"又一村"相见并宴饮致歉，旋即护送出城，才算了结。他们南下衡州（今衡阳），李文廷又假谔尔福之名，索要银两、衣料、古玩，甚至婢女，直至逃离，谔尔福孑然一身，只好折回汉口。

这桩由地方顽固排外守旧势力惹起的祸端，几乎酿成外交事件。德国驻华大使照会清廷总理各国事务衙门，要求查究。总署即要求湖广总督张之洞和湘抚陈宝箴查明真相，消弭衅端。事件轰动全国，各大报均有报道。

发明热气球的人，并不是德国人谔尔福，而是法国人约瑟夫·蒙桑

初识西学

1897年初摄，左起：陈隆恪、陈覃恪（师曾堂弟，陈三畏之子）、陈衡恪、陈寅恪、陈方恪

费尔兄弟。陈师曾是在查明谔尔福事件真相时，函询热气球发明人的，显然希望弄清谔尔福其人以有助于祖父和父亲处理好这件事关全局的大事。同时，这也显示了他对学习自然科学知识的强烈求知欲望。

他请汪康年代购英文版《五洲地图》，也是为了"僻居湘土"而放眼世界。梁启超回忆担任北京强学会书记员时购买图书仪器的情况说："其中至可感慨者，为一世界地图，盖当购此图时，曾在京师费一二月之久，遍求而不得，后辗转托人始从上海购来，图至之后，会中人视同拱璧，日出求人来观，偶得一人来观，即欣喜无量，乃此图当时封禁，亦被步军统领衙门抄去，今不知辗转落在何处矣。"[2] 梁启超说的是1895年的事，2年之后，这样的地图也只有在上海这样的大商埠才能买到。这就是陈师曾请汪康年代购的原因。

陈师曾还有另一封信致父执邹代钧，请邹致书汪康年：

"兹有三事，恳致书《时务报》馆主穰公先生代办，列于左：
一、自明年起，英文《西字林日报》一份，按月陆续寄送。

第一章　嬗变

二、邵友濂撰（铁樵言）有《英文文法义例表》，本头甚少，不知此书究竟确与否？于报馆中之精英文者一询之，然后购寄三部，上海想能购得也。

三、曾请汪社耆刻图章三方，未来，并一催之。

沅帆先生惠鉴。衡恪顿首。"[3]

邹代钧，字甄伯，又字远帆，湖南新化人，出身于舆地世家，又曾以随员出使英、俄，潜心研究西方测绘地图新法，是我国著名的地图学家。他是湖南矿务总局提调、时务学堂舆地教习、南学会主讲、《湘报》董事，是湖南新政的中坚之一。陈师曾新婚时，他曾请汪康年代撰贺联。

陈师曾写信给邹代钧，转请汪康年代办的事，首先是要订阅一份英文《西字林日报》，即《字林西报》。该报是英国人于同治三年（1864）创刊于上海的一份最具影响的英文报纸。

其二是询购《英文文法义例表》，如质量上乘，可购寄3部。铁樵即吴樵，其时正应陈宝箴父子之邀，任湖南矿务总局收支，兼管艺学堂事务。《英文文法义例表》的作者邵友濂，曾署理俄国钦差大臣、台湾巡抚，又两任湖南巡抚，怎么会通英文文法？是人们所不熟知的，因而陈师曾对该书的质量有所怀疑，希望问问《时务报》中精通英语的人。

从信中，我们还第一次看到了陈师曾对绘画的姊妹艺术——篆刻艺术的爱好。汪社耆即汪洛年[4]，他应张之洞之聘，任两湖师范等学校图画教员，其时颇有声名，与陈三立多有交往。陈师曾在鄂时，当向汪洛年有所讨教，他们以后在京城也有交往。汪洛年是汪康年之弟，所以请汪康年向汪洛年催要这三方请刻的印章。

把这两封信联系起来看，陈师曾不但要读中文的《时务报》，还要

"桂堂"白文印（许燕吉先生提供）

读英文的《字林西报》；不但要阅读英文报纸，还要学习英语语法；不但要了解国内外时政大事，还要吸纳自然科学知识。其如饥似渴的钻研精神，令我们刮目相看。

陈师曾在学习"西学"的同时，仍然坚持学习传统文化。

他们一家从湖北回到湖南，周大烈[5]也回到湖南，继任湘抚西席，"佐幕而课授弟子"陈师曾。

周大烈出身于名门望族，书香世家。姑祖母周诒端（字筠心），是晚清重臣左宗棠的原配夫人，工诗善文，著有诗集《饰性斋遗稿》。左在青年时代因"贫无立锥地"入住周家，与周大烈的祖父周怡煜昆仲"爱厚过骨肉""事周母若母"[6]。

周大烈像（周苓仲提供）

周大烈幼时聪颖好学，8岁能诗文。10岁时，任教谕的父亲周翼枢（字孟翔）病逝，家道中落。19岁起在本乡教课授徒，一面研究宋儒学，门生众多，颇有声望。但他耿介刚直，好议论，因报国无门，在而立之年，蓄起了胡须。他有一颗"三十称髯"的闲章，就是陈师曾后来为他篆刻的。

就在30岁这一年，他终于走出家门，来到省城长沙，受聘于湖南第一师范的前身——城南书院任教，"名闻省县"[7]。随后，便应陈三立之邀，专授其子陈师曾了。其诗长于五律，陈叔通、黄浚（秋岳）、陈三立、黄节（初名晦闻，字玉琨，号纯熙）对其诗均有佳评。著名诗评家陈衍说"师曾少学选体"，从湖湘崇尚汉魏六朝诗风看，从其师何璞元和周大烈长于五律看，并非空穴来风。这一时期，由于诗文的长进，陈师曾也时时参加八指头陀等父辈的诗酒唱酬活动。

周大烈是教授陈师曾时间最长的一位塾师，也是陈师曾对之终生执弟子礼的一位塾师。在陈师曾的书画作品中，常以"业师""印昆夫子"敬称周大烈。

注释：

[1]陈师曾：《致汪康年（一）》，《汪康年师友书札》（二），上海古籍出版社，1987年，第2078页。

[2]《在北京大学欢迎会演说辞》，《梁启超自述》，第57页。

[3]陈师曾：《致汪康年（二）》，《汪康年师友书札》（二）第2079页。

[4]汪洛年（1870—1925），字社耆，号鸥客，浙江钱塘（今杭州）人。戴熙从子戴用柏弟子。善山水，书画篆刻皆守师法，潜雅超逸。久居淮上，辛亥革命后寓沪卖画自给。

[5]周大烈（1862—1934），字印昆，颜其居"十严居""夕红楼""乐三堂""闲权堂"，湖南湘潭人。戊戌政变后留日学法政，归国后为国会议员，先后任吉林省民政司长、张家口税务监督等职。1923年坚拒曹锟贿选，辞去议员职务。著有《夕红楼诗集》《桂堂清故宫诗一百首》，书法古拙，亦富收藏。参见拙作《西席·议员·诗人——湘潭周大烈的人生轨迹》，载《君子莲》，2011年，第1期。

[6]梁启超：《跋周印昆藏左文襄书牍》，《饮冰室合集·文集》之十六，中华书局，1936年，第29页。

[7]周俟松：《我的父亲周大烈》，《湘潭文史》，第8期，1990年，第70页。

按周文称其父30岁时"受聘于长沙第一师范学校"，而据《湖南第一师范校史》，该校成立于1903年，其前身为城南书院。

《白梅图》与《桐院感旧图》

这一段时间,陈师曾对于绘画也未稍有懈怠。

光绪二十一年(1895),他回到湖南不久,就为妻兄范罕画了绢本纨扇《桃花竹笋图》。著名美术史家、美术评论家龚产兴说,此画"设色鲜丽,技艺工细",现藏于南通博物苑。

光绪二十三年十二月十八日,陈师曾的祖母黄太夫人因病辞世,享年六十有六。第二年二月,祖父和父亲请来了远在湘阴神鼎山的释敬安(八指头陀)率领众僧为黄太夫人诵经祈福。八指头陀逗留长沙期间,与陈宝箴一家堪称世交的李梅痴,"乞"陈师曾画白梅一幅。

李梅痴即后来在两江师范学堂创办中国绘画史上第一个"图画手工科"的李瑞清,字仲麟,号雨农,又号梅痴、梅庵,江西临川五梅溪(今属进贤县)人,民国五大书法流派之一"李派"创始人。父亲李必昌(字慕莲,号兰生),为官湖南,家居长沙,与陈宝箴交厚。李瑞清生长于湖南,光绪二十一年进士钦点翰林院庶吉士,其时在家丁母忧。

说起"梅痴"这个雅号,颇有一段感人的故事。他先后受知于39位塾师,而最为其舅武陵(今常德)人余祚馨(字蓉初,曾任浙江、广东境县令、同知)所赏识,以为李瑞清将来必成大器,因此,先以长女玉仙相许(受聘后遽卒),继以六女梅仙、再以七女梅贞嫁与李瑞清。他们先后逝去,李瑞清遂鳏居终身,更名"梅痴",以"玉梅花庵"名其斋,以志隐痛。

《白梅图》画好以后,李瑞清又请八指头陀在画幅上题诗。八指头陀欣然命笔,题写了《梅痴子乞陈师曾为白梅写影,属赞三首》。诗友们盛赞其诗将梅之神、梅之骨、梅之格全神写足,有"白梅诗人"之誉。

为黄太夫人做法事期间,陈师曾还为八指头陀画了一幅《桐院感旧图》。

桐院,是抚院旁"又一村"陈师曾居室的庭院,也是前任湖南巡抚吴大澂幕僚陆廉夫曾经居住过的地方。

细雨沥沥的一天,陈师曾偕同八指头陀来到他的居室。一进居室,八指头陀当年向其时居住在这里的陆廉夫介绍南岳衡山奇峰秀岩的情景，便浮现在他的眼前。斗转星移，八指头陀对景怀人，不禁潸然。

原来，6年前，八指头陀任衡山祝融峰上封寺住持时，即与陆廉夫、吴大澂相识。八指头陀来到长沙，陆廉夫将归吴门故里，正在构思为吴大澂绘制的《南岳图》。为此，他向八指头陀详细询问了衡岳峰峦岩谷的情状。临别时，因所居庭院有梧桐数株，陆廉夫便画了《桐院谈诗图》相赠。

陆恢，字廉夫，与吴大澂同为江苏苏州人。他向八指头陀详细询问衡山景色后，完成了他的《衡山纪游图》8幅，成为他的重要代表作。后来，他是海上画坛的一位重要画家和书画鉴赏家，也是吴大澂嫡孙、著名画家吴湖帆的老师。

这一切，使陈师曾深为感动。他提笔挥就《桐院感旧图》，并属八指头陀题诗，记录了八指头陀这一段难以忘怀的往事。

《桐院谈诗图》和《桐院感旧图》，堪称双璧。

说到陆廉夫，后来还有一段因缘。光绪三十三年（1907），陆廉夫发现陈师曾一幅未完成的《山水》主轴，因即加以"润色"而得以传世。陆氏的题记说："师曾曾为友人作图未竟，因事率尔置于笥箧，为恢所见，润色成之。丁未正月恢并题。"[1]可谓惺惺相惜。

注释：
[1]参见"秋晨的博客"《关于陈师曾》。

归隐赣鄱

就在湖南新政坚持近三年后,光绪二十四年(1898)八月初六日,慈禧在后党的支持下发动政变,囚禁光绪帝,杀害维新志士"戊戌六君子",康有为逃亡香港,梁启超逃亡日本,轰轰烈烈的"百日维新"终告失败。陈宝箴以"滥保匪人""著即行革职永不叙用",陈三立以"招引奸邪,著一并革职",湖南新政成果荡然俱尽。

光绪二十二年(1896)二月十二日,陈师曾和夫人范孝嫦有弄璋之喜,长子封可诞生,已经3岁了。也许是因为生于"又一村"吧,小名叫"村",又叫"村伢子"。第二年正月,陈三立夫人俞明诗生下了四子登恪。这位小叔叔,比侄儿封可还小一岁。沉重的打击,意味着他们一家四代的每一个成员,都将走上与此前完全不同的人生道路。

他们选择了回到赣鄱大地——江西故土。

陈宝箴父子委托友人胡发珠,在距义宁故里较近的九江赁屋;行前,陈宝箴有信告诉黄遵宪"将住庐山"。这是他曾经壮游过,并且为之神往的地方。

载着家人和黄夫人灵柩的船,泛长江,过武昌,大约在十月上旬抵

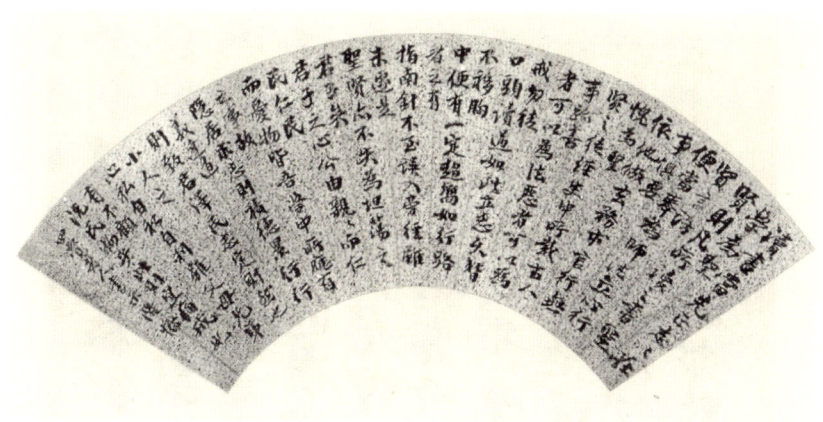

陈宝箴诫示陈隆恪扇面

达九江。不料赁屋之事并未妥办,他们只得扶柩经赣江于十月下旬抵达省城南昌,赁居于城区的一条里弄——磨子巷内,黄太夫人的灵柩则暂厝城南抚州门外九莲寺。

这年冬,陈宝箴去西山南青山村一带为黄太夫人灵柩寻觅葬地。西山,在南昌城西四十里,是南昌风水人物所系之地,历来也是游览胜境。唐王勃《腾王阁序》"珠帘暮卷西山雨",说的就是这里。他们在西山青山街置下了一块圹地,地属新建县(今南昌市新建区)望城乡。

光绪二十五年(1899)四月,黄太夫人灵柩落葬。陈宝箴在墓旁筑庐以居。陈三立说:"墓旁筑屋,前后各三楹,杂屋若干楹,施楼其上为游廊,与母墓相望,取青山字相并属之义,名崝(zhēng)庐。"门前,有陈宝箴亲自撰写的联语:"天恩与松竹;人境似蓬瀛。"墙壁上还嵌有一块镌有"容膝"、署款"晦翁"的石刻,是南宋理学家朱熹的手笔,是一位姓李的收藏者赠送的。

1898年秋摄于南昌,中坐者为陈宝箴,前立者为陈师曾长子封可,左起:陈方恪、陈寅恪、陈覃恪、陈衡恪、陈隆恪

陈宝箴除了闲云野鹤式的山水之欢，还有孙辈绕膝的天伦之乐。这年，次孙隆恪已经12岁了。陈宝箴亲笔写了一幅扇面诫示隆恪，他要求隆恪，"读书当先立志"，要"学为圣贤"，师法"圣贤""务求言行无愧为圣贤之徒"，如此做法，"虽未遽是圣贤，亦不失为坦荡之君子矣""君子之心公"，则可"积德累行""致君泽民"；"小人之心私，自私自利""此则宜痛戒"[1]。这再一次体现了陈宝箴志在学先、学行一致的教育思想，也寄托了他对孙辈立志、励学、厚德、成才的殷切期望。无疑，师曾也再一次受到了教育。

这年冬天，陈宝箴还与诸孙和曾孙在南昌照相馆合影留念。陈宝箴端坐正中，膝前是曾孙封可，站在左侧的依次是师曾、隆恪；站在右侧的依次是三畏之子覃恪、寅恪和方恪。这是陈宝箴生前留下的最后一帧照片。第二年三月寒食节，陈三立携诸子去崝庐看望陈宝箴，祖孙分外高兴。

北魏郦道元所著《水经注》称西山为"散原山"，陈三立为志隐痛，后自号"散原"；若干年后，其四子方恪也以"鸾陂"为号。

对救国图强的无望，对清廷腐败的绝望，对一家生计的担忧，尤其是对新政赞画中累及父亲的负罪之感，构成了陈三立的巨大精神压力和生存压力。光绪二十五年六七月之交，他终于在磨子巷寓居病倒了。病中，他不肯服药；进药时，又把药碗咬碎，并且突然跳下床来高喊："我要走！我要走！"痛不欲生。此时，只有师曾侍立在侧，他急中生智，对父亲说："公公（对祖父陈宝箴的称位）不在这里，你不要走！"陈三立若有所悟，立即倒卧在床上，神志清醒过来。[2]陈师曾紧要时刻的最关紧要一言，救了父亲一命。

注释：
[1]陈小从：《图说义宁陈氏》，山东画报出版社，2004年，第18页。
[2]《致俞明震（节录）》，《陈宝箴集》（下），第1680-1681页。

第一章　嬗变

交青年才俊

叶恭绰像

　　如果说，在武昌、在长沙，陈师曾所交游的多是师、长之辈，在南昌，则多与青年才俊相交。

　　陈师曾来赣以前，南昌的"年少好为诗者"已逐渐形成了一个以叶恭绰[1]为核心的交游圈子。这要归功于叶恭绰的父亲叶佩玱为他"妙选师友"。叶恭绰出身于官宦书香世家。祖父叶衍兰（字南雪，号兰台），官至军机章京，是著名岭南词家、金石书画家。父叶佩琮擅诗文。叶恭绰11岁时出继叔父叶佩玱（字云坡，号仲鸾）。光绪十八年（1892），叶佩玱以举人积劳保候选知府，司榷江西，携家来到南昌。他很重视对叶恭绰的教育，叶恭绰说："余年十二，随先君至赣。先君为绰妙选师友，故一时贤俊，多得从之游。"[2]

　　叶恭绰与陈师曾的相知相交，始于光绪二十五年（1899）。他说："余年十九，识君于南昌，同盛气跳荡，以诗歌相唱和不辍。"[3]陈三立后来在为叶遐庵诗集作序时也说："番禺叶兰台先生，以雅儒能诗有名。余居南昌，日有少年数往来余家，且从儿辈游，则先生之孙字誉甫者也。"后来叶恭绰也温馨地回忆说："余少时，仅获见先生（指陈宝箴）一面，伯严丈则往还甚密，且有姻连，以余与师曾辈游，视余如子弟，且激赏余诗。"[4]

　　与陈师曾交好的还有蔡公湛[5]。陈三立在《蔡公湛诗集序》中说："光绪戊戌、己亥间，余方居南昌，姻家子蔡公湛可权时相过谒……形态端厚，嗜学甚勤，所为诗气韵出凡近，常称以语人：乃吾乡卓荦佳少年也。"蔡公湛与陈师曾相见恨晚，吟咏切磋，终日不懈，他长期留意录藏陈师曾的诗词、篆刻作品。陈师曾的许多诗作都赖他得以保存下来。

　　叶恭绰在《蔡公湛诗集序》中说："吾少随先君子至赣，学为诗。首得刘未霖、玉珩昆仲，又介其甥，是为吾识公湛之始。继而交师曾、贞壮、眉仙及桂伯华、杨云谷、欧阳竟无、夏剑丞、文公达,皆年少好为诗者。"这些"贤俊"多与陈三立父子频繁交往。其中,诸贞壮、夏剑丞与陈师曾更多有交游唱和。

在南昌,生活虽然并不安定,陈师曾仍未忘情于书画。落脚南昌后,岳父范伯子的父亲范如松于光绪二十四年十二月病逝,葬于通州耕阳阡祖茔。次年八月,范伯子嘱陈师曾画《耕阳阡图》扇面以志不忘。陈师曾画后,范伯子题有《属师曾图耕阳阡于扇头泣志数语》诗一首。九月,

蔡公湛像

陈师曾又写信给在江宁的舅父俞明震,请教唐代著名书法家褚遂良所书喜财碑拓本的价值。俞明震在回信中说:"唐褚中令□书名世,如禊帖等皆表表耳目间,独此喜财碑不易见,况此本之精彩焕发乎,旧碑在世犹可印证也。师曾属书,己亥九月觚庵。"[6]这是迄今所见陈师曾研究书法的一份最早的史料。

注释:

[1]叶恭绰(1881—1968),字裕甫,又字玉甫、誉虎、玉父,号遐庵,晚号遐翁,别署矩园,广东番禺人。官至南京国民政府铁道部部长等职,著名学者、书画家、诗词家、文物鉴赏家、编辑出版家。中华人民共和国成立后,历任中央文史研究馆副馆长、北京中国画院院长,全国政协常委。著有《遐庵汇稿》《矩园余墨》《历代藏经考略》等多种,编有《全清词钞》《清代学者像传合集》等。

[2]叶恭绰:《大至阁诗序》,《遐庵小品》,北京出版社,1998年,第61页。

[3]叶恭绰:《陈师曾遗诗序》,《陈师曾遗诗(上)》。

[4]《陈右铭先生函札陈伯严先生诗笺合册跋》,《矩园余墨》,第167页。

[5]蔡可权(1882—1953),字公湛,别号权庵,江西新建人。清秀才,南昌心远学堂毕业,历任北洋政府交通部秘书,津浦铁路局课员、课长、

秘书和北京公路局秘书等职,曾加入北京稊园诗社。1951年被聘为中央文史研究馆馆员。耽吟咏,嗜金石,尤酷爱古玉,著有《或存草》《或存斋诗文》《或存斋获古录》《辨玉小识》等。

［6］此信原件存陈方恪遗物中。见潘益民、潘蕤著《义宁陈氏文献史料丛书·陈方恪年谱》,江西人民出版社,2007年,第22页。

江宁丧妻

再说崝庐，虽可隐居、可守墓，却难安家。家居何处？陈宝箴父子颇费了一番斟酌。恰在此时，友人薛华培（字次申）时为江苏候补道，邀请陈宝箴一家移居江宁府（今南京）。

六朝古都江宁历来是人文荟萃之地，但搬家的费用也颇费筹措。光绪二十五年（1899）冬，陈师曾有过一次湖北之行，据邹代钧致汪康年的信说："师曾住鄂月余，腊初始回江西。"这次去鄂，很可能是向在鄂亲友告贷。

光绪二十六年（1900）四月，陈三立和陈师曾携全家前往江宁，陈宝箴则暂留崝庐，约定秋天必去江宁。

行前，友朋纷纷前来作别。叶恭绰有诗《奉呈义宁陈先生兼送其之江宁》，又有诗赠别陈师曾。30年后，他还记得"清宵斗柄情空越"是送师曾往江宁的诗句。而陈师曾也有《金缕曲〈徙居白门留别公湛〉》一阕别蔡公湛。

陈三立父子一家来到江宁，赁居于薛华培宅对门的鸽子桥畔珠宝廊（后改名建邺路），寓后有河房（南京俗谓河厅），临秦淮支流仓城河上。

四月十八日（1900年5月16日），范孝嫦生下了第二个儿子，取名封怀，小名二村。

令人意想不到的是：孝嫦产后仅仅一月，即五月十八日，便因病去世，年仅25岁。

范孝嫦在陈家颇得尊长的喜爱。即如穿着，她的衣服，凡祖母黄太夫人没有见过的，绝不敢穿。范伯子为其女所写的《陈氏女墓碣铭》中说："女生于前母吴而成于今母，适陈氏，人皆谓有母风""十九而嫁，遽不失令名于陈氏，其质性亦优也。"

师曾与孝嫦感情弥笃。发妻的逝世，对师曾来说，是继5岁丧母之后的又一次打击。师曾把对她的深情发于诗画。先有画菊图，并题诗四首；后有画病菊图，作嗟菊诗，以寄哀思，以至岳父范伯子写诗"反慰"他，劝他"莫把青春老叹嗟"。

其实，范伯子夫妇对女儿的早逝也极为伤痛。父亲如松老人辞世后，伯子在居丧期间，岳父浚昌老人又病逝于湖北竹山县署任所。伯子夫妇赶赴桐城吊丧时，孝嫦刚病故于江宁，他们过江宁"不忍入而哭"，没有最后一别爱女，给他们留下了无可弥补的遗憾。

丧妻之后，又有辱国之痛。

戊戌政变以后，慈禧再次当政，形势急转直下。1900年（庚子）四月，以"扶清灭洋"相号召的义和团运动蓬勃发展，进入津京。同年五月末，八国联军侵华。八月，八国联军攻占北京，慈禧挟光绪帝仓惶经山西逃往西安，诏令对义和团"痛加铲除"。在民族危机面前，陈师曾写下了《书愤》《秋兴八首之三（用杜韵）》等矛头直指顽固守旧派那拉氏和侵略者的诗篇。"苍茫顾盼国无人，狐兔纵横骇战尘。九死敢夸螳臂力，万方争哄犬牙邻。然眉自肇萧墙祸，烂额谁思曲突薪。四野元黄成浩劫，低回灵琐涕沾巾。"[1]将侵略者比作"狐兔""犬牙"，用"祸起萧墙"的典故，揭露清王朝是激起民变和造成"浩劫"的罪魁祸首；又用"曲突徙薪"的故事，谴责了慈禧残酷镇压维新人士的暴行。《秋兴八首之三（用杜韵）》的第一首"怵迫难回西去马，安危犹仗北征槎。传闻辇道输金帛，谁使边陲靖鼓笳"。直指叶赫那拉氏仓惶西逃，不顾国家民族安危。第三首："年年忧患叠心头，不见春华但懔秋。"[2]抒发了他自中日甲午之战以来积聚在心头的危机感、忧患感和面对江河日下形势的绝望感。

注释：
［1］《陈师曾遗诗（补）》。
［2］《陈师曾遗诗（补）》。

祖父"以微疾卒"

就在这"国变"江河日下的时候，南昌传来了"家难"的信息：六月二十六日（1900年7月22日）酉时，陈宝箴"忽以微疾卒"，享年七十岁。

噩耗传来，全家上下陷入了极度的悲痛之中。陈三立立即从江宁赶赴南昌处理后事。他一面嘱咐师曾致函岳父范伯子，请他来赣为祖父撰写墓志铭，一面抱病撰写《皇授光禄大夫头品顶戴赏戴花翎原任兵部侍郎右副都御史湖南巡抚先府君行状》，以备范伯子撰写墓志铭之需。

陈师曾在致岳父范伯子的信中说："父毁疾甚，不能亲告哀，惟泣言吾祖身后之文辞非外舅莫属，庶几不远千里而临恤焉。"[1]

由于战乱影响，至闰八月初九日，范伯子才得以偕夫人从通州赶至西山崝庐。他累日坐卧于西山中，撰写了《故湖南巡抚义宁陈公墓志铭》，又写了挽联和诗篇以寄哀思。

陈三立为了感谢范伯子，惠赠以千金润笔，后又将其在武昌刊刻的宋椠《山谷诗集注》相赠，并赋诗一首，范伯子因而有诗奉答。

九月中下旬，陈宝箴灵柩合葬于黄太夫人墓次。

孝嫦落葬何处，是范伯子夫妇所关心的。他们在赶赴桐城吊丧时，姚夫人与伯子商议：孝嫦生不能还通州，逝后能不能葬于通州呢？他们打算把这个想法告诉陈三立，但因为陈宝箴的去世而作罢。待到这次范伯子夫妇来到南昌，陈三立已在距崝庐西南二里多地的赵家塘为亡媳购置了墓地，孝嫦已不可能葬于通州了。

但范伯子应陈三立之嘱，为孝嫦撰写了《陈氏女墓碣铭》。接着，又往前山，居高眺望赵家塘，赋诗表达他的悲情，还为孝嫦写下了挽联。

在崝庐，范伯子得以细读陈师曾的近作。他提笔挥写了七律《阅女婿陈师曾诸近作，至其画菊为吾女遗照而题四诗，潸然有述》。岳母姚夫人也应师曾之请，题七律《师曾以菊华遗影征题有所感怀援笔为赋》一首。

范伯子在南昌居留长达一月。其间，他热情接待了慕名前来投诗问学的蔡公湛。陈师曾读过岳父刚刚写好的诗后，也写了《再次韵外舅录呈公湛讲友》[2]。

陈宝箴灵柩安葬以后，陈三立父子即与范伯子夫妇及妻弟罗邠岘同往江宁。伯子夫妇途中改变主意，经江宁去了扬州。在扬州，范伯子不慎被盗，所得润笔丢失一空。

据陈三立当年致汪康年的信说："岁终毕葬还金陵。"次年致廖树蘅的信说："于去冬得毕葬事。"可知当年岁末，陈三立曾再次从江宁返南昌料理后事。

关于范孝嫦的葬期，据范伯子在《陈氏女墓碣铭》中说："吾去矣，不得待汝来而临穴。"可见范伯子夫妇离开南昌时，孝嫦的灵柩尚在江宁。陈三立所谓"岁终毕葬"，除了与陈师曾料理完陈宝箴安葬余事，还应包括孝嫦的安葬吧。

青少年时代的陈师曾，在幸与不幸的轮回中嬗变。

陈师曾是幸运的。他有幸生长在所谓"同治中兴"以后国内形势较为稳定，洋务运动不断发展，维新运动蓬勃兴起的时期；有幸生长在一个日益兴旺的书香门第、官宦人家、改革家之家，祖父和父亲都是他道德文章的楷模。这使他从小就受到中国优秀传统文化和传统道德的濡染，从祖辈、父辈那里受到以曾国藩、郭嵩焘、王闿运为代表的近代湘学和湖湘文化的影响；他是张之洞办洋务、兴新学的目击者，又几乎是湖南新政的参与者。因而，他高尚的人品，深厚的学养以及追求变革的世界性眼光，都其来有自。

尤其有幸的是：祖父和父亲有着开明进步的教育思想。这使他摒弃了祖祖辈辈科举求仕的老路，而得以在宽松的环境中，发展自己的绘画天赋，同时，又得以大量接触西方的人文科学和自然科学知识。

有幸的还有，他是南通范氏诗文世家范钟的高弟子和范氏诗文新高峰范伯子的佳婿。这使他又自觉接受了南通范氏的熏陶，得以融陈、范两大家之长于一身。

然而，他又是不幸的。

幼年丧母，是他的第一大不幸；青年丧妻，是他的第二大不幸；家庭从兴旺而遽然式微，是他的第三大不幸。经受了中日甲午之战以来的辱国之痛，是他的第四大不幸。

正是这样的嬗变，孕育了他日后成为文人画革新家的基因，认清了创新求变是振兴文人画的必由之路。

从翩翩佳公子到凄切美少年,他将何去何从呢?

注释:
[1]《故湖南巡抚义宁陈公墓志铭》,《范伯子诗文集》,上海古籍出版社,2003年,第520页。
[2]《陈师曾遗诗(补)》。

第二章 升华

第二章　升华

入"圣塞威学堂"

光绪二十七年（1901）初，陈师曾的身影出现在上海的一所教会学校——圣塞威学堂[1]。他继续走在"业西学"的道路上。

圣塞威学堂，后通译为"圣芳济学院"（stFraneisXavier`scollege），上海法国天主教会创办于清同治十三年（1874）。校址几经变迁，光绪十年（1884），教会在虹口南浔路新址建成法式4层洋楼一幢及大小操场各一个。大楼三角屋顶墙面中心镶嵌有上海道员邵友濂所赠的大型建筑钟一座。该校早期入校的中国学生，大多是达官士绅及洋务派子弟。据《上海近代教育史》介绍，学校迁入南浔路新址时，有学生196人，其中中国籍学生仅23人。到光绪十九年（1893），中国籍学生已达286人。学校开设的课程有英文、法文、拉丁文、数学、历史、地理、国文、音乐等，高级班还设有哲学、希腊文等，是上海天主教所办三所最著名的学校之一（另为徐汇公学和震旦学院）。

原"圣塞威学堂"旧址，今为上海市虹口区北虹高级中学（李瑜菁摄于2010年）

南浔路圣芳济学院原址，现为"上海市虹口区北虹高级中学"。那座法式4层洋楼和楼顶墙面中心的建筑钟依然保存完好。据该校校长陈金泉先生2004年2月16日来函见告，1874年，法国天主教会在沪创办圣芳济学堂，1880年发展为圣芳济学院。

原"圣塞威学堂"被列为上海市第一批登记不可移动文物（李瑜菁摄于2010年）

陈师曾就读于圣芳济学院，应与其妻兄范罕已于前一年入读该校有关。比他年长2岁的范罕说："庚子后，予妹已故，师曾就读上海。时予在法国教会读书，约师曾同学一年。校在南浔路。"[2] 范罕曾获州学第1名，为范伯子所钟爱。他有诗说："我有两子罕最佳，泛览周秦汉诸子。亦若我婿陈师曾，丱角声名挂人齿。"范罕进入圣芳济学院以后，学习勤奋努力，乐于严守校规，范伯子甚为高兴。这年秋天，范伯子的门生保少浦也来这所学校就读，可以关照范罕，范伯子就不再前往探视了。

光绪二十七年正月下旬，陈师曾从江宁经通州前往上海入学。"胸有万言艰一字"的陈三立带去了一首给亲家范伯子的诗：《衡儿就沪学，须过其外舅肯堂君通州，率写一诗，令持呈代束》。就是这一次，陈师曾带去了赠岳父的仿宋椠《山谷内外集》一套。范罕如回通州度假，开学前夕，他们很可能相偕赴上海就读。

在圣芳济学院，陈师曾对于学习西方语言和科学知识是有思想准备的，但是这毕竟是他有生以来第一次进入新式的正规学校，并且是一所典型的外国教会学校，所学习的知识从他谙熟的国学进入了一个陌生的领域；天主教的宗教教育和宗教活动也是他所不习惯或不乐于接受的；特别是又缺乏他研究中国书画的土壤和条件，发妻和祖父的逝去也使他倍觉孤寂，因此，入学不久他就"水土不服"，颇觉不能适应。四月十五日，父亲陈三立有信致汪康年询问："小儿到沪就学，何处为最宜，烦审定有以教之。"而陈师曾也颇为烦恼。同居一室的范罕有诗说："南浔校宇宏，食息同轩幌。一日君逃学，我诚君以强。君惭继以怒，曰胡事扰攘。逝（通'誓'）将三山游，劈海成家两。"从诗中可知，陈师

第二章 升华

曾其时已有赴日本深造的打算[3]。

陈师曾在他赠范罕的诗《在法兰西学堂次彦矧赠保少浦韵诒彦殊》中也毫无保留地袒露了自己的心声:"欲说文明一字无,偶为儿戏聚方隅。高谭孔老成糟粕,何处康庄利走趋。舞勺读书天地早,枕楼听雨梦魂孤。浑茫未识中原恨,各有长怀念客途。"[4]原来,陈师曾的"逃学""偶为儿戏"还有更深层次的原因,即西方教会教育完全否定了中国优秀的传统文化,在这种文化侵略下,祖国饱受列强欺凌的"中原"之"恨",也令人模糊淡忘了,这是他无论如何也不能接受的。

不过,在圣芳济学院,陈师曾也有很惬意的时候。他与范罕,不但是近亲,而且是诗友。在校期间,范罕将一本他自己在10年前精选手抄的诗集《彦殊古今体诗读本》赠给了师曾。读本共选收父辈古今体诗82首,其中,姚蕴素54首,范伯子17首,范铠11首。这是范罕在光绪十七年(1891)18岁时学习父母和叔父的诗作时选收的,是范罕学诗心得的结晶。他在首页的题署中说:"父亲之诗雄厚而浑奇""母亲之诗,则有清洁秀雅之气。"陈师曾拿到这个读本,便如鱼得水般地吟读起来,每一首诗都加圈点,每一页都有眉批,读完以后,又在范罕题署之后亲笔题记:"甥陈衡恪谨再加墨。"[5]而且,此后一直随身携带,直至民国十一年(1922)才在南京赠予友人。

范罕还有诗记其父所言:"愚者惜其生,智者立文字""谁与闻斯言,师曾如我季。"由此可知,范伯子像教育自己的儿子一样,对陈师曾耳提面命。范罕嫡孙范曾说:"文化家族作为一个社会的细胞来讲,是中华文明传承很重要的一个途径,尤其是大的文化世家,通过互相联姻通婚等方式,构成一个庞大的文化精英网络,以此相互沟通、联系和影响,这对文化传承的意义非常重大。"[6]陈师曾"其学集义宁、通州两大诗文世家精华,蔚为大师,可谓其来有自"[7]。"陈师曾是陈、范两大文化家族文脉之传承人,配称天下第一公子。他的学养、识见来源于陈、范两大文化世家,他的性格又深受父亲和岳父的熏陶,他轻而易举地、无争议地成为一代文坛祭尊,那是必然的[8]。"

当然,这种文化影响又是相互的,范罕就有诗说:"闻君说陆(九渊)王(阳明),我亦私致勤。从此君家学,入我中年文。"

终于盼到了暑假,陈师曾回到了江宁家中。虽暴雨成灾,他仍然兴奋地写下了《归来》诗:"海上栖迟亦楚囚,归来即境复生愁。浸淫大水积成雨，黯黮层阴冷似秋。暂与身闲新卷帙，益教神往旧林丘。那知昔日乘时彦，浩荡烟波随白鸥。"[9]他把在上海的日子比作"楚囚"般的生活，回到江宁，一身轻松，可以读他所喜欢读的书，可以画他所最喜爱的画，甚至向往像白鸥那样自由自在地生活。

师曾这次归来，其家已于年初从珠宝廊迁出，赁居于中正街（今白下路）刘世珩别业。刘世珩（蘐卿）是原广东巡抚刘瑞芬之子，著名藏书家、收藏家。其本宅在城西新桥殷高巷。别业宽敞宜人，厅后雅室"编心斋"，原为刘世珩藏书之所，陈三立起居其间，诗文自娱，唱酬不绝。门人后辈，多有请益。

在这里，陈三立利用两三间小屋办起了私塾，聘请名师王义门（名景沂，后更名存，号无绝、味如）、陶宾南（名逊）为师，教读其子女隆恪（14岁）、寅恪（12岁）、方恪（11岁）、长女康晦（9岁）、次女新午（8岁）、三女安醴（7岁），又聘请著名画家萧屋泉（名俊贤，号铁夫、天和逸人、天和居士）教几个女儿学画。据陈隆恪的女儿小从先生在《庭闻忆述》中说："每逢新聘塾师到来，先祖必亲往拜会，并要求塾师对学童不施体罚，不背书。故父叔辈之启蒙学馆生涯，较之同龄辈，远为宽舒愉快，却能自觉攻研、日至精进。"

陈家的这几位塾师，都成为陈师曾的挚友。王义门任内阁中书期间，积极参与维新变法，先后加入强学会、保国会和不缠足会，并在《时务报》发表《驳驳不缠足会议》。"戊戌六君子"就义后，有《丁巳八月十三日过菜市吊晚翠》诗为悼。陶逊出身望族，但思想开明，长期追随孙中山，坚持民主革命。他在陈家任塾师时，相邀师曾游其故里镇江金山，未能成行，师曾有诗寄意，以作卧游。萧俊贤是陈三立相交数十年的知友，陈师曾敬称为"师"，绘画与师曾或有切磋，后来在京城更多有交往合作，堪称世交。

光绪二十八年（1902）初，陈师曾寒假归来，陈三立与时充江苏试用知县、任两江劳务处提调的陈锐等友人们的"门存"诗韵唱和正在热火朝天进行，海内外和者至千百首，堪称中国近代诗史上的一大盛事。师曾也随即厕身其中，所作"门存诗"现存三首，其中《和陈伯弢丈》前文已经引录。

陈师曾在"圣塞威学堂"坚持学习了一年，寒假归来，就再也没有去了。

第二章 升华

注释:

[1] 1914年岁暮,陈师曾有诗《王欣甫丈有子曰宾基,从子隽基曾于外舅肯堂先生诗中想见其人,季子宰基同学上海圣塞威学堂。越十四年,遇隽基、宰基于京师,赋此赠之兼呈欣甫丈》,《陈师曾遗诗(上)》。

[2]《哭师曾》七首之三注,《南通范氏诗文世家》正编第十一册,范罕卷,第40页。

[3] 陈师曾另有《日本游》诗注:"共访蓬壶已成空",《陈师曾遗诗》(上)。

[4]《陈师曾遗诗》(上)。

[5]《义宁陈氏文献史料丛书·陈方恪诗词集》附录四,江西人民出版社,2007年,第205页。

[6]《我梦想成为画家——张晓凌与范曾对话》,《论范曾》,北京大学出版社,2007年,第193页。

[7] 范曾:《题陈师曾临渊阁卷》,《画苑琼林》,《范曾散文三十三篇》,河北教育出版社,2001年,第68页。

[8]《陈师曾画论·序》,中国书店,2008年,第2页。

[9]《陈师曾遗诗》(上)。

以诗论画第一篇

　　离开圣塞威学堂,陈师曾期待着留日的机会。大约在此期间,他将自己的绘画心得,写成了《作画感成诗》。这是 20 世纪 90 年代末发现于义宁老家的一篇佚诗,难能可贵。陈师曾从"作者"和"识者"双向展开他的思考。"作者固非易,识者亦诚难",经过思考,他找到了两者的契合点:"马为伯乐鸣,琴向钟子弹。顾睨得肯綮,豁然开心颜。"又进而思考,"作者"应当怎样和"识者"契合?他得出结论,作者的作品应当"精神与质性,一一皆能宣",以引导识者领会作品的内涵,而绝不能斤斤于投"识者"之所好。诗的后半部分,陈师曾回顾了"昔余八岁时,学画西湖莲"以来的历程,既以"筋力非充坚"的"学飞雏"自譬,又寄望于未来"光彩照云天"。

　　这是陈师曾第一次论画的作品,也是他以诗论画的第一篇作品。青年时代的陈师曾,已经领悟文人画的真谛,在于表现作者的"精神和质性",这是对画家的最高要求,也是陈师曾日后的不懈追求。

　　这首诗不久就手书成横幅,应命赠予故乡的一位长辈赋秋大伯。赋

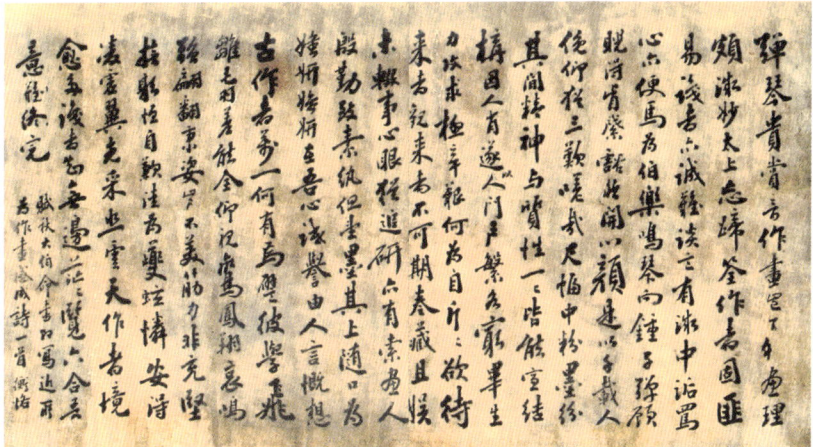

陈师曾《作画感成诗》

秋即陈师曾族伯陈三桐，其二弟即陈宝箴管家陈三垣（凤楼）。

这幅作品，曾由住在修水县竹塅陈家大屋的陈三泗老人保存。据刘经富先生2011年5月24日函告："《作画感成诗》横幅有点故事。土改时工作队在地坪上烧陈家东西，宗亲检来糊窗棂。1989年冬修水县政协由干部陪同陈师曾侄女（陈隆恪之女）陈小従先生到陈家大屋，发现《作画感成诗》，以50元买下，后转交县文物部门。"

手书原件纸质绢托，现存修水县黄庭坚纪念馆。

《作画感成诗》的发现，为我们研究陈师曾早期的画学思想提供了实证。

矿路学堂的"官亲"与"文案"

陈师曾留日的期待，终于可以实现了。他的身影出现在江南陆军师范学堂附设矿路学堂。

江南陆军师范学堂，是一所颇为知名的新式学堂。这是一所光绪二十二年（1896）创立的仿德国军制，以培养军人为目标的学校，学制三年。光绪二十四年（1898）十月，又在江南陆军师范学堂附设矿务铁路学堂，学习内容以开矿为主，铁路为辅。陆军师范学堂办了4期，附设矿路学堂只在陆军师范学堂第2期时办了1期，共招生24人，鲁迅先生便是这一期的学生。

鲁迅先生的二弟周作人，光绪二十七年（1901）八月考入了也是设在江宁的江南水师学堂，常去矿路学堂看望他的大哥周树人（鲁迅）。他说："陆军师范学堂的总办最初是钱德培，后来换了俞明震，陈师曾是俞家的近亲，那时便住在学校里，虽然原是读书人，与矿路学生一样的只穿着便服，不知怎的为他们所歧视，送他一个徽号叫作'官亲'。"[1]

原来，陈师曾的大舅俞明震[2]，是江南陆军师范学堂的总办（校长）。光绪二十三年（1897），俞明震以江南候补道分江苏试用，二十七年（1901）初受命担任江南陆军师范学堂继钱德培、席汇湘之后的第三任总办。

他是怎样一位总办呢？鲁迅先生在《琐记》中这样回忆说："第二年的总办是一个新党，他坐在马车上的时候大抵看着《时务报》，考汉文也自己出题目，和教员出的很不同。有一次是《华盛顿论》，汉文教员反而惴惴地来问我们道：'华盛顿是什么东西呀？'看新书的风气便流行起来，我也知道了中国有一部书叫《天演论》……一口气读去，'物竞''天择'也出来了，苏格拉底、柏拉图也出来了，斯多噶也出来了。学堂里又设了一个阅报处，《时务报》不待言，还有《译学汇编》，那书面上的张廉卿（裕钊）

俞明震像

一流的四个字，就蓝得很可爱。"

俞明震确实是一位"新党。他在中日甲午之战保卫台湾的战斗中表现了强烈的爱国主义精神，后来又参与陈宝箴在湖南推行新政，支持康梁维新变法。在陆军师范学堂和矿路学堂，他是最早引导包括鲁迅先生在内的青年学子睁眼看世界和接受启蒙思想影响的人。他还是一位在"同光体"中别具一格的诗人。

陈师曾的身影出现在矿路学堂，不是因为他是矿路学堂的学生。周作人的回忆，只是说陈师曾住在该校，与学生一样只穿"便服"，并未指出他就是该校的学生。其实此时，他是这个学堂的"文案"，并且，即将以"文案"的身份，实现其留学日本的夙愿。

光绪二十八年（1902）初春，陈师曾有一首题为《与森村要、陈墨西闲眺秦淮河畔》的七绝。诗题所说的陈墨西，名贞瑞，湖南衡阳人，台湾著名作家琼瑶（陈喆）的祖父，是矿路学堂的另一位文案；森村要是一位日本翻译。陈师曾既不是"考入""转入"矿路学堂的学生，也不是鲁迅在该校的同学，更没有"毕业"于该校。

矿路学堂的这一班学生，于光绪二十七年（1901）底毕业。鲁迅以一等第三名的资格与本班伍仲文等5位同学以及陆军师范学堂的22名毕业生于次年初以南洋官费派遣留日，并由俞明震亲自带领前往，然后俞考察日本学务。

陈师曾也有了自费留日的机会。光绪二十七年八月四日，清廷谕令各省，广选公派学生留学，并允许自费留学。其中说："如有自备旅资出洋游学者，各省督抚咨明出使大臣随时照料。如果学成并有优等凭照回华，准照派出学生一体考验奖励，分别赏给进士举人各项出身，以备任用而资鼓舞。"陈师曾因此而得以自费留日。

一切手续办妥之后，他们即将成行。日本驻上海总领事馆有如下致日本外务省的公函：

江南陆军师范学堂俞总办带领留学生来日出发之件

江南陆军师范学堂俞总办江苏候补道俞明震此次奉两江总督之命，兼来日视察学务，带领该学堂毕业生二十二名，矿务学生六名，同随行人员教习罗良监、王继美，翻译森村要，文案陈贞瑞、陈衡恪等将于本月二十四日由南京出发，于本月二十九日左右乘坐该港起航的邮船会社的轮船来日。故，到达东京时希望有关方面给予方便一事已由天野南京文馆主任做了具体汇报。敬请酌情予以照料。

　　此致

敬礼

明治三十五年三月二十一日
于上海总领事馆事务代理
宫崎三雄（印）
外务大臣男爵小村寿大郎殿下[3]

消息传出，新朋旧友纷纷送别。有"近代联圣"之誉的扬州方尔谦（字地山）邀宴陈师曾。胡朝梁（字梓方，号诗庐），陈三立的诗弟子，也是陈师曾的挚友，有《送陈师曾之日本》诗相赠，是江南水师学堂管轮班的首届学生，比周作人高两班。后受聘中国公学，对学生胡适等的诗歌翻译和旧诗创作影响甚大。精英语，曾助林纾翻译、合译西方小说并自译《孤士影》。还有蔡公湛也有诗送行，远在长沙上林寺的住持八指头陀也有诗相赠。

因为"师曾也一同自费出去"留学，据周作人说，矿路学堂学生对他的歧视也"解除"了。

而且，陈师曾还带着他的弟弟、13岁的寅恪[4]一同留日。

注释：

[1]《鲁迅的故家》，《关于鲁迅》，新疆人民出版社，1997年，第137页。

[2] 俞明震（1860—1918），字恪士，号觚庵，浙江山阴（今绍兴）人，隶籍顺天府宛平县。光绪十六年进士，授翰林院庶吉士，历任台湾布政使、甘肃提学使、代理布政使，晚年寓居沪、杭，著有《觚庵诗存》四卷。

[3]（日）北冈正子《鲁迅弘文学院的入学》，张轶欧译，《鲁迅研究月刊》，2001年第11期，第34—35页。

[4] 陈寅恪（1890—1969），陈师曾二弟（大排行第六），留学日、德、法、美，先后任教于清华、西南联合、广西、燕京、中山等大学，是在国内外有深远影响的一代史学宗师。

第二章　升华

乘"神户丸"轮留日

　　日本明治三十五年，即光绪二十八年，也即1902年，公历3月24日，为我国农历二月十五日。据周作人这年二月十九日日记："上午接大哥上海来函，云十五日招商船不来，改乘大贞丸，已抵上海。寓老椿记客栈。"又据俞明震二月致友人陈庆年（字善余）函亦称：此次赴日游历，"二月十五日起程，四月初间回，颇足快心也。"[1] 由此可知，俞明震一行确是二月十五日（3月24日）乘"大贞号"轮船离开南京，抵达上海的。

　　据陈寅恪说，师曾兄弟在上海还遇见了对当时政坛颇具影响的英国传教士李提摩太，"教士作华语曰：'君等世家子弟，能东游甚善。'"

　　以往出版的鲁迅传记、年谱中，一般都据《周作人日记》所说俞明震一行是乘坐"大贞丸"号轮赴日的，但其实只是乘"大贞丸"号到了上海。

　　据日本关西大学教授、鲁迅研究专家北冈正子考证，大贞丸是"航行在扬子江航线（汉口—上海）上"，"大贞丸"是俞明震一行"从南京到上海乘坐的内河轮船""乘坐大贞丸横渡大海去日本本来就是不可能的"。

　　那么，俞明震一行是坐哪条船去日本的呢？

　　北冈正子继续说，在上海换乘"该港起航的邮船会社的轮船"是日本领事馆"决定好的"。"邮船会社是当时拥有横滨和上海之间定期航线的日本邮船株式会社"，航线"每周一次往返于横滨、上海两港之间并绕行神户、下关、长崎"；依据"1902年3月日本《神户又新日报》刊登的神户港船舶出入表和日本邮船株式会社的广告"，这条航线每次都"按博爱丸、弘济丸、神户丸的顺序航行"；周作人1902年三月初九日日记载：傍晚接大哥二月底自东京来信云，于二十六日（4月4日）抵横滨，正巧"4月3日十点离开神户去横滨的确实是日本邮船的船，这就是神户丸"。她得出结论："乘大贞丸从南京到上海，乘神户丸从上海到横滨。"俞明震一行"就这样来到了日本"[2]。北冈正子的考证是可信的。

渡海赴日的情景，陈师曾在他的《日本游》诗有如下的描述："生平海波未寓目，乍疑一片水苍玉。雪花如山怒作堆，飞轮腾踔蛟龙窟。"首次出海，陈师曾的心情是十分愉快的。

注释：

［1］陈登丰：《横山先生年谱》1902条，见"河湟听雨新浪博客"。
［2］《鲁迅弘文学院的入学》，《鲁迅研究月刊》，2001年，第11期；又参见《与鲁迅留学时期有关的史料探索》和《鲁迅留日时期关联史料探索》二文。

第二章 升华

官费入弘文学院

俞明震一行于二月二十六日（4月4日）抵达横滨，到东京就只有咫尺之遥了。鲁迅二月底写给周作人的信中说："现住东京市麹町区平河町四丁目三桥旅馆，不日进成城学校。"

成城学校，是日本一所陆军士官学校的预备学校。这次留日的江南陆军师范学堂的学生，顺利进入该校学习。鲁迅等矿路学堂的6名留日学生，并没有被该校接收。他们在旅馆等待了一个星期之后，方才被送入弘文学院，编入速成普通科江南班，学习日语和普通科学知识[1]。周作人三月廿三日（4月30日）日记说："晚接大哥日本来信，云已进弘文学院，在牛入区轩町三十四番地，掌院嘉纳治五郎先生，学监大久保高明先生，教习江口先生善华文而不能语言。"

陈师曾是不是同鲁迅等人同时进入弘文学院学习了呢？

1902年3月，东京成立了清朝留学生会馆，10月，发行了《清朝留学生会馆第一次报告》，至1904年11月的第五次，约每半年发行一次。这些报告都附有《同学姓名报告》，是根据留学生本人填写而编成的花名册。据北冈正子引录《第二次报告题名录》中，"陈师曾"栏内为：

"陈衡恪（籍贯）江西义宁（抵达东京日期）（光绪）二十八年（1902）十二月（费别）官费（学校及科目）成城学校陆军。"[2]

又据《清朝留学生会馆第五次报告》（1904年5—11月）所附《同学姓名调查录》，"陈师曾"栏内为：

"（姓名）陈衡恪师曾（年龄）二十九（籍贯）江西义宁（著京年月）二十八年十一月（费别）官费（学校及科目）弘文学院。"[3]

陈师曾本人后来在《教育部职员登记表》填写为：

"清光绪二十八年十一月前南洋大臣魏（光焘）派遣日本留学，光绪三十二年（1906）七月弘文学院卒业。"[4]

综上所引可证，陈师曾并没有与鲁迅等矿路学堂留学生同时进入弘文学院学习；陈师曾的留日并非自费，而是官费；同鲁迅等人一样，开始也只能进入成城学校，后来才进入弘文学院。他从光绪二十八年三月至十一月的行实，为什么从自费留日变成了派遣官费留日？都有待进一步发掘。

又据陈师曾诗《别外舅归江宁，用其赠秋水均》，师曾于1902年夏曾从江宁往通州探视岳父范伯子。按照《范伯子诗文集》，其秋水韵诗7首，均作于1902年4月前后，师曾诗中有句："临行别吾舅，轻舆趁宵凉""飞雨散炎熇，烟鸥自回翔""远游非偶然，所求辄微茫"，可证这年夏确至通州，并向岳父辞行，岂师曾以"文案"身份赴日后，未能入学，原本也不想学军，回国争取到官费后，于年底再次赴日入弘文学院？

再说俞明震。他在日本"考察学务"后，于4月回到了江宁。

同年7月。弘文学院掌院嘉纳治五郎也来到江宁进行学务考察。八月廿二日，俞明震在江南陆军师范学堂宴请嘉纳送别，邀请陈三立和从通州送子范罕应乡试的范伯子等人作陪。席间，正在通州热心办学的范伯子，对如何办好小学堂多有垂询。陈、范都即席赋诗赠行。

弘文学院是为培养中国留学生于1902年4月12日成立的一所私立学校。该校租用昆山崎武兵卫的宅邸，占地面积200万平方米，庭园、木石建筑一应俱全。院长嘉纳治五郎（1860—1938）是一位日本著名教育家和柔道创始人。随着中国留学生的大量增加，弘文学院先后又增设了大塚校舍，麴町、下谷、神田、巢鸭校舍。课程除三年制的本科（讲授日语及中等程度普通学科；第三学年分文科和理科两组）之外，尚设一年、八个月或六个月的速成师范科、速成音乐科等（科目随时增减……）。

学生的学习生活，鲁迅先生在他的杂文中陆续追忆说："在这里，三泽力太郎先生教我水是养气和氢气所合成，山内繁雄先生教我贝壳里的什么地方其名为'外套'。""留学时候，除了听讲教科书，及抄写和教科书同种的讲义之外，也自有些乐趣，其一是看看神田区一带的旧书坊""记得自己留学时候，官费每月三十六元，支付衣食学费外，简直没有盈余"。

陈寅恪也曾对他的女儿回忆说："少年时在日本留学期间，伙食甚差，每天带的便当仅有点咸萝卜佐餐，少见新鲜菜蔬及豆类、肉类，偶尔有块鱼，又腥又生，很难下咽。"[5]

第二章 升华

与鲁迅、陈师曾等同住一室的沈瓞民（名祖绵）描述更为具体。他说："我和祝风楼被指定搬进的寝室，当时已有六位同学住着，这就是写信给我的鲁迅、刘乃弼、顾琅、张邦华、伍崇学和陈衡恪。""我等八人共住一寝室。弘文规定，凡共住一间寝室的，另有一间自修室，供八人自修之用。寝室在楼上，自修室在楼下，均不宽大，八人挤在一堆。夏天在寝室中，八人合用一项日本式大蚊帐，以度炎暑。"[6]湖南留日学生杨度之弟杨钧（字重子，号白心）也在弘文学院就读，他在《草堂之灵》中回忆："余在日本时，与师曾同居一室者三年。"

这些回忆，很可以见证那时包括陈师曾在内的留学生们清苦的学习生活。

同其他的留日学生一样，陈师曾也思念他的故乡，有诗说："炉火尚温前日梦，邮筒时起故乡愁。"[7]这年春节是陈师曾在日本度过的第一个春节。除夕，他与友人张棣生、江翊云、黎伯颜（名渊）、黎仲苏（名迈）兄弟等十余人饮集三王山。张棣生名孝杉，湖北鄂城人，是桐城派古文大家张裕钊的长孙。张裕钊在曾国藩金陵营幕对陈宝箴其人其文赞誉有加，陈三立为文深受桐城派影响，而范伯子又是张裕钊的高弟子。江翊云名庸，号澹翁，福建长汀人。父亲江瀚，早年曾入易佩绅幕，后在江宁任江苏高等师范学堂监督、代理两级师范监督，与陈三立交往密切，多有唱和。陈师曾与江翊云少年时代即已相识，到日本后几乎朝夕相见。这些来到异国的莘莘学子，都在觥筹交错中互诉衷肠。

在弘文学院，并没有留下什么关于陈师曾绘画方面的记载。有趣的是他的同学杨钧说他"喜于黑板上作人物、驴马为戏"[8]，可知其时陈师曾仍然钟情于画，并且为自己创造条件习画。可以想见，那是一幅幅颇为逗人的粉笔速写式漫画。

注释：

[1]鲁迅《学业履历表》："明治三十五年（1902）四月—三十七年四月东京弘文学院入学速成普通科卒业。"《鲁迅生平自述辑要》（上），山东人民出版社，1979年，第31页。

[2]《鲁迅弘文学院的入学》，《鲁迅研究月刊》，2001年，第11期，40页。

[3]卞僧慧：《陈寅恪先生年谱长编（初稿）》，中华书局，2010年，

第 50 页。

[4]《北洋政府教育部档案》，第 63 号。

[5] 陈流求、陈小彭、陈美延《也同欢乐也同愁——忆父亲陈寅恪母亲唐筼》，三联书店，2010 年，第 28 页。

[6]《回忆鲁迅早年在弘文学院的片断》，《鲁迅回忆录》(一集)，上海文艺出版社，1978 年，第 225—226 页。

[7]《晴昼》，《陈师曾遗诗（上）》。

[8]《哭陈》，《草堂之灵》，第 34 页。

第二章 升华

断发剪辫

19世纪末20世纪初的亚洲,帝国主义列强对中国的掠夺侵吞变本加厉。为反对沙皇俄国长期侵占我国东北,光绪二十九年(1903),留日中国学生同仇敌忾,组织"拒俄义勇军"(又名"学生军"),准备回国抗击沙俄。

光绪三十年(1904)二月,为争夺我国东北权益,日俄战争爆发,对于这场在我国境内进行的战争,腐朽的清政府竟然称日俄"均系友邦",宣布严守"中立"。即将回国策动地方起义的革命党人沈飚民应鲁迅和陈师曾的邀请,"到东京日比公园啜茗吃果子(日本人称点心为果子,鲁迅喜食之)"[1]。行前,"陈师曾受到鲁迅的鼓舞,也写了六封信,其中一封给其父陈三立的,主要指出日本包藏祸心等语,由我分投,诸人阅后,皆有戚容,沉默不语"[2]。

这一年暑期,陈寅恪自日本回到江宁,与17岁的五哥隆恪[3]都考取了官费留日。十月,他们共赴日本,父亲陈三立亲自送往上海,赋诗作别。隆恪抵日后,初入东京庆应义塾大学,宣统元年(1909)升入该校理财科,宣统三年(1911)入东京帝国大学。寅恪仍在弘文学院就读。

兄弟合影,1904年摄,右起:陈师曾、陈寅恪、陈隆恪

就是在这样的情势下，师曾和隆恪、寅恪三兄弟毅然剪去了发辫。

在日本，清朝留学生的辫子，是一大"奇观"。盘在头上的辫子，被鲁迅嘲谑为"富士山"。鲁迅先生在1903年就剪去了辫子，并且断发明志，写下了"我以我血荐轩辕"的铿锵诗篇。不料有留辫子的同学们便对此表示厌恶；监督也大怒，要停了他的官费，送他回国去，可见即使在异国他乡，要剪辫子也不容易；何况，革命党人还把断发作为反抗清廷统治的一个标志。

同鲁迅先生一样，陈师曾和隆恪、寅恪三兄弟在1904年毅然剪去辫子以后，也留下了珍贵的照片。这张摄于东京虹光照相馆的照片，隆恪和寅恪留平头，着学生服，而师曾已是留分头，着西服，风度翩翩了。

这张照片，本来早已遗失，幸运的是时隔将近半个世纪，竟然有人拾得，璧归了陈隆恪。兴奋之余，他在照片的背面题写了七绝一首，诗后记了本事："四十九年前留学日本东京时，与先兄及六弟所摄影，有人拾得，持以还赠。怅触今昔，因题一绝于其上。中坐者为六弟寅恪，其左右乃先兄师曾及余也，余年十七。一九五三年癸巳冬日，彦和。"[4] 他后来在《雪夜独酌感愤》中说："忆昔扶桑侣英少，腾拏豪气撑天庭。等闲论辩誓节义，揶揄时政矜独醒。"从诗中可以想见师曾兄弟及爱国进步留日学生"指点江山"的风姿。

注释：

［1］沈瓞民：《鲁迅早年的活动点滴》，《鲁迅回忆录》（一集），上海文艺出版社，1978年，第222、223页。

［2］《回忆鲁迅早年在弘文学院的片断》，《鲁迅回忆录》（一集），第225、226页。

［3］陈隆恪（1888—1956），字彦和，陈师曾大弟（大排行第五），诗人。1912年毕业于日本东京帝国大学。历任九江南浔铁路局局长、汉口电报局主任、粤桂闽黔统税局顾问，江西省财政厅专员、邮政储金汇业总局秘书等职。中华人民共和国成立前夕在沪参与"保卫金库"工作，1951年被聘为上海市文物保管委员会顾问。诗能传陈三立衣钵，三立晚年常命代笔。著有《同照阁诗集》。

［4］《同照阁诗集》，中华书局，2007年，第325页；又见陈小从《图说义宁陈氏》，第20页。

第二章　升华

"芳讯续坠欢"

——续娶汪春绮

光绪三十一年（1905）寒假，陈师曾带着弟弟隆恪、寅恪回到他已经阔别4年的故国。其间，他在上海与友人的交往中，收留了一名眉清目秀的13岁女童。

女童姓周，生于光绪十九年（1893）六月十八日，家在杭州农村，说一口杭州话，被人拐卖至上海。陈师曾将她带回江宁，侍奉母亲俞夫人起居。她聪明灵巧，颇得陈三立夫妇喜爱，取名"晓楚"，收为义女，全家上下称她为"五姑"或"五姐"。她会刺绣，常陪康晦、新午、安醴用大绷子绣花。陈三立夫妇还把爱孙、师曾次子封怀交给她照看。周晓楚终于有了自己的家。

民国十一年（1922），周晓楚已三十岁，由俞夫人作主，许配给了年长她9岁的陈三立元妻罗氏族侄罗棣生为妻。陈师曾特地画了一幅夕阳下古人牵马走在山水之间的大幅中堂相赠。婚后，周晓楚仍在陈家侍奉陈三立夫妇。他们育有三女二男。1981年10月9日，周晓楚病故于南京，享年89岁[1]。陈师曾的善心善举，正如佛经所言："作百佛寺，不如活一人。"

陈师曾与两个弟弟回到江宁，来到了父母身边，全家喜出望外。陈三立在七律《除夕》中说："群儿归挂扶桑袂，娇女憨摹馈岁诗。"可知师曾兄弟三人归来的时候，是穿着日本和服的，给了全家一个惊喜。远在宁波任天童寺住持的八指头陀，得知陈师曾归来，也高兴地写下了《闻陈师曾由日本还金陵，再次前韵奉寄》，引来了彼此的唱和。

几年过去，陈师曾的几个妹妹都长大了，学着写诗了。原来，光绪二十九年（1903），任职江楚编译局的柳诒徵随其师缪荃孙（时任江南高等学堂监督

陈师曾（陈小从提供）

从日本考察学务归来,与友人陶逊、陈义等创办"思益小学堂"(后改名"思益小学"),校址在中正街北,毗邻陈宅的庐江会馆。因校舍不足,陈三立竭力赞助,让出自己的宅寓供教学之用,并且将自家的私塾也并入该校。校长是陶逊,任课教师有柳诒徵(字翼谋,号劬堂)、王伯沆(名灜,号冬饮)、王义门、梁炎(字公约,又字慕韩,号饮真)、顾云(石公)、萧屋泉、周大烈等。这是金陵创办的第一所新式学堂,人称它是江南才子办的学堂,学生有陈三立、俞明震家的子弟和周叔弢、茅以升、以南兄弟以及宗白华等。康晦、新午、安醴进入这所学校以后,进步就更迅速了。后来新午作诗最好,曾有诗作发表;安醴作画最好,其舅母心杏老人(曾国藩孙女曾广珊,俞明颐妻)曾为作题画诗。

陈师曾这次归来,其实还要完成一件人生大事,即再结新欢,去湖北汉阳续娶第二任夫人汪梅未。

梅未,字春绮[2],比陈师曾小6岁。她出身于苏州府元和县的一个名门望族和外交世家。父亲汪凤瀛(号荃台)与两兄一弟有"一家四知府"之誉。光绪十七年(1891),汪凤瀛随署理驻日本大臣的二哥汪凤藻出使日本,中日甲午之战后,以知府分发湖北。他有八子二女,长女便是汪梅未。

汪凤瀛任职湖北时,与陈氏父子的姻亲黄嗣东较熟悉。黄嗣东,字小鲁,号鲁斋,官至署理陕安兵备道,丁母忧回到故里汉阳后,不再复出。他有一子二女,次女嫁时任湖北候补知县的陈三立侄儿陈覃恪。他回到汉阳,为赈灾奔走呼号,不惜巨金,又热心办学,还是一位知名的理学家,因而在湖北颇有声名。陈三立说:"余交君久,故持议不尽合,然行天下而许为知我者,君也。"[3]

这一年,汪梅未年已二十有四,早已到了谈婚论嫁的年龄。据汪凤瀛四弟媳陆氏(蕙)致其夫汪凤梁的信说:"三伯(凤瀛)常施教训两女,每月少见五六次,所以学问渐长。"又说:"梅未陈姓占吉已将文定迎娶,想亦不过迟也。"旁又注:"二伯(凤藻)已知,不外多赘。"这说明对春绮的教育,父亲是重视的;对春绮的婚事,全家是做了慎重抉择的。

但陈师曾仍不能忘情于已经逝去5年的原配夫人范孝嫦。其时,岳父范伯子已于光绪三十年(1904)十二月病逝。他提笔写了五古《感怀(将就婚汉阳,感念前室,怆然于怀)》一首。

汪梅未出嫁时,其父任职署理武昌知府,衙署设在汉阳,因而陈师曾前来汉阳就婚。

婚后，陈师曾以腰带挂钩和佩巾敬赠黄嗣东，黄有诗相赠。这不禁引起我们对黄嗣东或许就是陈师曾续娶的冰人的遐想。

新婚即又离别，陈师曾回江宁前，有五古《别妇（别汉阳将之日本）》一首："金石愿毋违，嘉辰傥能撰。"表达了他们难舍难分厮守一生的真情。

只身回到江宁，陈师曾不免有"怅玉人、空望尘远"的淡淡凄愁。谙知陈师曾的父执陈锐填写了《眉妩》一阕以激励师曾；夏敬观也写了《惜秋华》，以资安慰。夏敬观，字剑丞，号吷庵，江西新建人，在南昌时，也是以叶恭绰为核心的交游圈中的一员，其时以知府分发江苏试用。师曾也写了《百宜娇·答陈、夏两丈送别之作，用石帚韵》为谢。

注释：

［1］事见潘益民、潘蕤：《义宁陈氏文献史料丛书·陈方恪年谱》，江西人民出版社，2007年。

［2］汪春绮（1882—1913），名梅未，江苏苏州府元和县（今苏州市）人。

［3］《清故陕西候补道署陕安兵备道黄君墓志铭》，《散原精舍诗文集》（下），第882页。

参译《地文学》

假期过后,陈师曾携五弟隆恪回到了日本东京,继续他在弘文学院最后一个学期的学业。六弟寅恪因患脚气病在家休养一年多,插班考入上海复旦公学,再未赴日。

这学期的期末,陈师曾接受了一项参与翻译讲义的任务。

讲义的内容是由弘文学院编辑、大关久五郎讲述的《地文学》。地文学,即自然地理学。早期的自然地理学译著,都冠名为"地文学"。梁启超在《读西学书法》中,就用了这个具有近代科学意义的词,并且说:"风云雷雨等谓之地文学。"

参与《地文学》翻译和辅译的有日本人牧野藻洲1人,中国留学生11人,他们依次是:王延干、章毓兰、钱家澄、黄际遇、戴翰香、徐寿田、杨昌济、钱应清、陈衡恪(恪,误为"格")、张楚材。其中,杨昌济是杨开慧的父亲、毛泽东的老师和岳父,1903年入弘文学院;钱家澄是钱学森之父钱家治的堂弟,钱学森的堂叔;黄际遇是一位数学家,1902年入弘文学院,他们都与陈师曾交好。

该书出版于1906年10月,道林纸精印,有彩色,竖行;封面中间

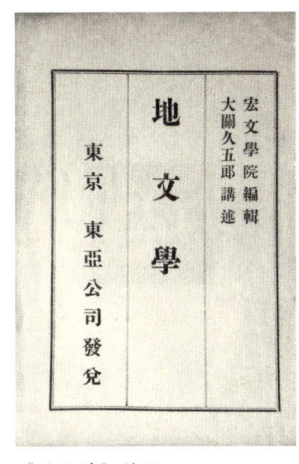

《地文学》封面

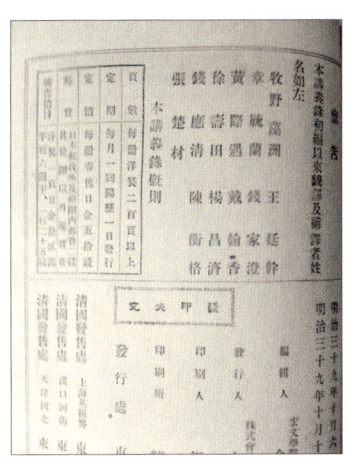

《地文学》版权页

有"地文学"四个楷书大字；右上方两行小字署"宏文学院编辑"，"大关久五郎讲述"；左下方一行小字为"东京东亚公司发兑"，均用竖线与书题分开。

书末版权页分上下两部分。上半部分右半"禀告"中，刊印了"本讲义录初编以来翻译及辅译者姓名"，即前述12人[1]。

《地文学》讲义的翻译和出版发行可证：陈师曾在弘文学院学习的课程内容不仅是日语，还有自然地理等中学基础课程；无论是参与翻译或辅译，都说明陈师曾在同学中有较高的日语水平；讲义不仅在日本发行，而且在中国国内发行，对满足国内1903年"癸卯学制"实施后中学教育蓬勃发展的需要有重要意义。

注释：

[1] 以上有关《地文学》讲义资料，据广州市粤西堂旧书店库存本介绍，见"孔夫子旧书网"。

就读东京高师

经过最后一个学期的继续学习,陈师曾于"光绪三十二年(1906)七月弘文学院卒业"[1],进入东京高等师范学校博物科就读。

陈师曾仍然享受官费,1907年为每学年400日元,1909年增至每学年450日元[2]。

旧时所说的"博物",涵盖动物、植物、矿物、生理等学科。酷爱中国绘画的陈师曾怎么会选择学习博物呢?他日后的画友凌植支(名庠,字文渊,号植之,晚号隐峰居士)说:"先生所以专攻博物学,因为画的范围,不外属于矿物植物动物之三者。既然专攻博物学,则矿植动内容之生性及构造,无不了然于胸中,故能一举笔即驾前贤而上之。"[3]

但其实还有一个重要原因,就是早在光绪二十年(1894),陈师曾和其祖其父以及妻弟范罕就已在武昌阅读过严复所译《天演论》的译稿。光绪二十四年(1898)《天演论》正式出版以后即风靡全国。攻读博物学,也是陈师曾探讨自然和人类发展规律的强烈愿望。要知道其祖其父就是主张和实践了由下而上的渐进式变革的。

这年秋日,陈师曾观览了位于东京市小石川区原町十二番地的"酒井家植物园"。酒井忠兴是日本知名的植物学家、园艺家。园区范围大、花木多,有花展,有温室栽培,可以适时供人参观。陈师曾此来收获颇丰,写下了《题酒井伯园》的五律一首,也与酒井忠兴结成了异国的忘年朋友。

第二年的夏天,陈师曾迎来了进入东京高师后的第一个暑假。他携已在庆应义塾大学学习的五弟隆恪再次回国探望父母,并且与爱妻汪春绮做短暂的相聚。

陈师曾(陈小从提供)

第二章 升华

日光山采植物照，1908年夏摄

这年春天已经插班考入上海吴淞复旦公学的六弟寅恪也回到了家中。

诸子归来，特别是尚未谋面的新长媳春绮从汉阳"于归"，陈三立夫妇喜不自胜，尽情地享受着这难得的天伦之乐。期满将别，全家在后园摄影留念，陈三立写了题照诗：《七月十三日于后园聚家人用泰西摄影法摹小像》。"驾海收群儿，新妇亦来并"，记录了"娱我在俄顷"的又一瞬间。

回到日本，师曾和隆恪都在继续自己的学业。

采集植物标本是博物科学生的一门必修课。光绪三十四年（1908），陈师曾有过一次长达10天的日光山之旅。

日光山位于日本关东地区栃木县西北部，距东京100余公里。其中，华严瀑、巨松林以及轮王寺、二荒山神社等建筑群，是优美的自然风光和深厚的人文积淀的完美结合。

陈师曾孤身入山，留下了一帧珍贵的照片：他背着标本夹，立在右侧大树旁写有"某某旅馆"等字样的标牌下候车。

进得山来，陈师曾采集标本不舍昼夜。他在《苗木道中》说："绝顶明明月,高寒照我行……层磴疑无地,清宵第几程。"[4]环境的清幽,寻觅的不易,给他留下了美好的记忆:"十日山行雾雨中,阴森夏木凛秋容。有时鸣瀑飞晴翠,顷刻浮岚渝太空。啼鸟乍随樵径转,鲜花远傍佛龛红。采香不惜沾衣冷,未必荃兰满药笼。"[5]

华严瀑源于中禅寺湖,顺着高达百米、宽约10米的岩壁飞泻而下,壮阔秀美。5年前,18岁的日本高中学生藤村操悲观厌世,投潭自尽。后来,前来这里寻求解脱的人络绎不绝,因而华严瀑又有"死之瀑"之称。陈师曾来到这里,沉思之中,感而有诗,作五古《华严瀑(并序)》一首,"不见鸿毛轻,焉知泰山重"[6],就是他面对藤村操之死,对人生意义的深刻思考。

注释:

[1]《陈衡恪登记表》,《北洋政府教育部档案》第63号。

[2]《官报》第一册、第四册,国家图书馆出版社,2009年,第48、152页。

[3]《凌植支演说》,《都人士追悼名画家——陈师曾知交之追悼与讲演》,《晨报》,民国十二年十月十八日,第六版。

[4]《陈师曾遗诗(上)》。

[5]《日光山采植物》,《陈师曾遗诗(上)》。

[6]《陈师曾遗诗(上)》。

第二章　升华

"作画勤而不苟"

陈师曾就读东京高师，居住在位于东京小石川原町的"冰川馆"。与他同居一室的是从浙江自费留日的经亨颐。

经亨颐，字子渊，号石禅，别署石渊，室名长松山房、临渊阁，浙江上虞人，其时就读东京高师物理科，自幼癖好金石。对于这一段与陈师曾同居一室的学习生活，经亨颐说："君又博览积学，发为书画。余负笈东瀛始识于弘文学院，甚契之；后偕入高师，同寓冰川馆一载余，昕夕与共。读书之暇，师曾以画、余以刻印助其欢。"[1]记得读姚茫父评陈师曾画作，有《冰川梅花卷》一文；读陈师曾画作，往往钤有朱文印"冰川旧客"，百思不得其解，待读到经亨颐的这一段回忆，才知道陈师曾别号"冰川旧客"，源于冰川馆给他留下的美好记忆。

师曾爱画，经亨颐爱松。1909年夏，陈师曾画《墨松》一帧赠经亨颐。

陈师曾《墨松》

这帧横幅，画了一株千年古松的局部，树干苍劲，松枝稀疏，气势非凡，一直为经亨颐所珍藏，后来编入他所收辑出版的《陈师曾遗画集》中，得以传世。

这一时期，陈师曾有《梅花扇面》赠继妻春绮，为业师周大烈画了扇面《江之岛图》和《看樱图》。

这一时期，陈师曾与鲁迅先生还有过一段良好的合作。1907年夏，鲁迅先生在东京筹备出版文艺杂志《新生》。"名目是取'新的生命'的意思"[2]。邀集的"几个同志"中，有留日学生许寿裳、袁文薮、苏曼殊和二弟周作人，"此外，陈师曾大概也是同人之一"[3]。

《域外小说集》书影

可惜《新生》杂志流产了。1909年，鲁迅先生和周作人在东京翻译出版了《域外小说集》两册，书名是邀陈师曾题写的。《域外小说集》是我国最早按照西式书籍进行装帧设计的翻译小说，是我国的第一部毛边书，封面设计者是鲁迅。陈师曾依照《说文解字》自右向左书写"域外小说集"五个篆字。整个封面，中西合璧，古朴凝重，典雅悦目。这个书题，20世纪40年代曾引起著名文学史家、作家钱杏邨（阿英）的注意。他以为是小学专家章太炎所写。鲁迅先生1935年4月30日写给钱杏邨的回信说："至于封面篆字，实非太炎先生所写，而是陈师曾所书。"

经亨颐有言：陈师曾"作画勤而不苟"[4]，以上可见一斑。

陈师曾不但勤学中国绘画，而且钻研西洋绘画。杨钧就说他"后入师范学油画及水彩画"[5]，此语我们至今未能深知其详，但在日与李叔同交好则是众所周知的。

李叔同是一位艺术天才，诗歌、书法、篆刻、音乐样样精通。1906年9月，他以"李岸"的名字考入日本东京美术学校西洋画科油画专业。西洋画科的创建者和主任教授是近代日本油画的代表人物黑田清辉。李岸在校学习成绩优异，在三年级第二学期和四年级第二学期，以四幅油画作品，与日本教授的作品一起参加了日外光派油画团体"白马会"的两届展览，这在中国留学生中是绝无仅有的。他毕业时的一幅油画自画

第二章　升华

李叔同像

像，按照惯例，至今还保留在他的母校。

陈师曾与李叔同的相识相知，使他很快进入了一个新的艺术领域。从素描、漫画到油画的学习，从西洋美术流派到日本美术现状的研究，他都做了许多努力。

他和李叔同及李叔同的同学曾孝谷（名延年，号存吴），都参加了日本书画大家创立的"淡白会"。该会重画家人品和修养，倡导作品清疏淡雅的风格，实际上是一个以文人画家为主体，从事文人画创作的书画组织。李叔同后来报道，"淡白会每月开会一次""开会时陈设会员作品，当筵挥毫，作品交换"，极似我国的文人雅集。"淡白会员仅十余人，人品皆风雅娴静，作品亦潇洒清疏、洵不愧淡白之名矣。吾国人陈师曾、曾孝谷、李叔同诸君留学东京时亦在此会，日人当筵乞书画者尤多"[6]。这对于陈师曾艺术水平的积淀和提高，无疑具有重要的意义。此外，李叔同参加了日本的汉诗社"随鸥吟社"，陈师曾与"随鸥吟社"的日本词人也多有交往。

范罕有诗说陈师曾："窈窕东京场，入画无比数""君艺邃然新，万法归真谱"[7]。可见陈师曾为学之勤奋与收获之丰硕。

注释：

[1]《陈师曾遗画集·序》，民国二十五年（1936）。

[2] 鲁迅《呐喊·自序》，人民文学出版社，1973年，第3页。

[3] 林辰《文海片鳞录〈新生〉同人袁文薮》，《鲁迅研究动态》，1988年，第9期。

[4]《陈师曾遗画集·序》。

[5]《哭陈》，《草堂之灵》，第34页。

[6]《太平洋报·文艺消息（五）》，1912年4月15日，郭长海、郭君兮编《李叔同集》，天津人民出版社，2006年，第109页。

[7]《哭师曾》（七首之四），《南通范氏诗文世家》正编第十一册《范罕卷》，第40页。

《铅笔习画帖》面世

陈师曾的努力,很快得到了认可。光绪三十三年(1907)四月,陈师曾在日本出版了他的第一部绘画著作,以西方画法绘制的儿童绘画教材:《铅笔习画帖》。

这本横翻的教材,略长于现在通行的大三十二开本,在书题上方有一行小字"寻常小学",下方也有一行小字"第四学年用",是小学四年级的图画教材。全书共计30页,其中,画帖26页,前22页,每页一图,计为《铅笔画法》《方胜》[1]《梅花》《提灯》《角钟》《蝶》《花瓶》《日记簿》《立方体》《扫帚》《望远镜》《地球仪》《麦草扇》《木叶》《皮刀》《黄瓜》《食盒》《圆柱》《茶筒》《灯塔》《苹果》《习画本》,最后4页均为《杂物》。

在扉页背面,有陈师曾手书的《本册之要点》,是对教学方法的要求:

"第一图是练习铅笔方法。图中左端之上者,斜行用笔;其下者,水平用笔;其中央者,垂直用笔;又其下者,左右两侧浓,中间淡。

第二图就纸折之方胜实物简单写生。

第十四图实物之木叶写生。

第十八图教以立方体透视法初步。教师可于右之要点说明之:

一凡物体因位置之关系而所见之形,有种种变异;

一同一之长短大小之物,其远者从而短小之。"

《铅笔习画帖》的版权页上印有:画者:陈衡恪;印刷:日本东京博信堂;总发行所:上海普及书局;分发行所:天津同记普及书局,东京福记普及书局;出版时间:光绪三十三年四月八日印刷,十日发行。

据发现并收藏这一版本的严晓星先生说:"这是一本毫不起眼的小册子""瓦青色封面,修饰极少,简单得有点寒碜。"[2]这当然与成本低、小学生买得起有关;更主要的是:与国内新式学堂发展迅速,急需大量教材,而日本的印刷技术先进、出书速度快有关。据统计,1906年,全国各级各类学堂达到2.38万所,1907年,达到了3.7万所,学生人数也急剧增加。

至于教材,以编印新式中小学教科书为主要业务的商务印书馆,至1906年才出版了供初等小学堂应用的《毛笔习画册》（1—6册），1907年1月出版了供初等和高等小学应用的《最新毛笔习画帖》各8册，并无铅笔习画帖出版。因此，学部仅将上海文明书局出版的《初等铅笔习画帖》（4册）和上海均益图书公司出版的初等小学堂《图画临本》（4册）列为教材。

上海普及书局，是当时国内四大发行所之一，留日生的著作和译著是它重要的出版源和发行源。正是在这样的情势下，普及书局利用日本的印刷技术和自己的发行优势，使陈师曾的《铅笔习画帖》迅速在国内推广应用。

《铅笔习画帖》是陈师曾的第一部也是唯一一部西画作品。从教小学生如何练习用铅笔画斜线条、横线条、直线条开始，到临摹画帖、实习写生，并授以初步的透视知识，使我们仿佛看到了陈师曾自己勤奋学习和研究西方绘画的最初进程。

当然，诗也是陈师曾留日生活的一部分。他与在江宁相识的日本汉诗人结成蓄堂（琢）在东京重逢，将《次韵蓄堂社头松》诗题写在赠经亨颐的《墨松》上。师曾与日本近代词宗森川竹溪交往密切，将词作《眉妩》（二首）、《祝英台近》《暗笑》《醉落魄》五首相赠，森川竹溪便将这五首词发表在"随鸥吟社"机关杂志《随鸥集》的词栏中。范罕、范况兄弟1906年留日，1908年1月15日晚，所赁居的福田馆失火，两人从三楼跃窗逃生，范罕的诗文付之一炬，是师曾鼓励他继续拿起诗笔，期许他诗有所成。1907年岁暮，范伯子内弟、时任安徽师范学堂监督（校长）的姚永概来日考察学制，与师曾、隆恪兄弟、范罕、范况兄弟有"太和馆"之聚，姚特意带去了范伯子的遗诗赠师曾。1908年初春，又与1905年留日的春绮之兄汪东及范氏兄弟在大森赏梅，饮酒赋诗，是陈师曾难忘的"平生赏梅胜境"之一。此外，思乡、思亲就几乎是他诗中的一条主线了。

注释：

［1］方胜：方形彩结，由两个斜方形部分迭合而成，被赋予"同心相合，彼此相通"的吉祥含义。

［2］严晓星：《陈师曾早年的〈铅笔习画帖〉》，《博物苑》，2005年第1期（总第6、7期）。

"东海方归休"

据《清末各省官费留日学生姓名表·毕业生籍贯学校证书号次表(自宣统元年七月起至宣统二年六月止)》载:陈师曾"毕业学校:东京高师博物科。给证年月:宣统二年四月十三日。证书号数:一四六四。加编号数:四四二"[1]。

陈师曾本人在《教育部职员履历表》中也填写为:"宣统二年三月东京高等师范学校卒业。"[2]

由此可知,宣统二年(1910年)三月(4月),陈师曾毕业于日本东京高等师范学校博物科。

然而其实,陈师曾已提前一个学期,于宣统元年(1909)夏回国。

这年二月,还在日本的陈师曾,有画作《逾墙》寄赠在国内的诗友蔡公湛,蔡随即写了《谢陈师曾寄画》作答。待到陈师曾作《公湛以诗酬我之画,复以诗报之》,他从日本回到江宁家中已经半个多月了。他告诉蔡公湛:"暑风入深闼,欹枕得少卧。东海方归休,半月忽已过。"[3]

师曾是在写了《留别范大(罕)》诗后离日的。他为什么要提前归国呢?从他离日前写的一首五言绝句《归鸟》可见端倪:"浩荡辞沧海,从容返故林。拣枝回病影,啸侣动悲音。"[4]

陈师曾以"归鸟"自喻,从尾联看,他是因病而提前归国将养的。

回到江宁以后,他"无田事躬耕,聊以画自课"。存世的《映日红荷》(1909年),赠蔡公湛的《花卉图》四开、《枯木八哥》(1910年)、《山水图》(1911年),都是这一时期的作品。也许就是在居家的这一段时间里,他在郊游之后,还画了《江宁城郊图》和《栖霞山一角》。

此外,还有与亲友的游宴。宣统元年夏,师曾刚刚回国,汪森宝兄弟就招邀他泛游镇江焦山。汪森宝,字书堂,是春绮大伯父汪凤池的长子,有弟汪树宝,他们在焦山宴请师曾,师曾有诗答谢。第二年盛夏,陈师曾和七弟方恪同父执陈锐、夏敬观有玄武湖(初称"北湖""后湖")之游,分韵填词。方恪17岁入上海震旦学院,这年暑期刚刚毕业,后来也成为一位著名词人。

第二年八月,已经担任宁波天童寺住持的八指头陀释敬安来到江宁，参观"南洋劝业会"（即博览会）。他见到游日归来的陈师曾，感慨万千，写下了《陈师曾自日本归，遇于金陵，感而有作》。他们自1897年长沙浩园雅集吟咏之后，已经阔别14年。忘年之交重逢，陈师曾画赠《茅庵入定图》以为纪念，释敬安也赋诗二首相赠。八指头陀圆寂于民国元年（1912），这次晤面之后，他们就再也无缘相见了。

"南洋劝业会"于宣统二年（1910）六月在江宁举行。这是国内首次主办的国际性博览会，历时半年。湖南绅商也前来参展。他们感念振兴湖南实业，陈宝箴父子功不可没。在得知陈三立居江宁尚无私宅后，决定集资2万元，帮助购建寓庐，于是陈三立又忙于寻觅屋址。

自从陈师曾的祖父陈宝箴离世以后，父亲陈三立每年都要前往南昌西山崝庐祭扫墓庐1次至2次。近几年，他虽然颇为繁忙，在江西铁路公司李有棻溺水身亡后，以名誉经理继主路事；在中国公学担任董事；又支持著名佛学家杨文会（仁山）在金陵刻经处创设佛学堂"祇洹精舍"和参与发起成立"佛学研究会"，等等，也仍然坚持祭扫。到了十一月中旬，陈三立和师曾父子便赶往南昌扫墓。这是师曾早已期待的，毕竟祖父和师曾自己的原配夫人范孝嫦在那片故土已经安息了整整10年。

他们从江宁码头出发，船至武昌，陈三立先行登岸，前往探视正在重病中的姻亲、挚友黄嗣东；陈师曾则继续前行，在冬至这一天（十一月廿三日）抵达南昌西山崝庐祖父母墓所。

在陈师曾的记忆里，西山清幽如昨。他曾经写过七绝《南昌风景》一首，还画成《南昌风景图》，将此诗题写于上，赠予友人，跋曰："南昌山色有此景，漫与成图，并录旧句。"是一幅写生画。

如今，"昔年随杖处"的崝庐，已是"日暮点飞鸦"了。物是人非，他在拜谒祖父祖母的墓茔后，百感交集，写下了《崝庐晚眺》两首，其二之末联说："婆娑女墙树，牵袂若相亲。"[5]隐喻了作者对祖父母的难于割舍，极为工巧地表现了祖孙之间深厚的感情互动。

接着，陈师曾又去赵家塘祭扫原配夫人范孝嫦墓。情不能已，写下了《至前妻范氏墓所》，凄婉真切，动人心脾。

再说陈三立。他抵达武昌时，黄嗣东已于三日前遽逝。他延迟7天，才到达南昌。谒墓以后，他写了《长至后七日抵西山谒墓》诗，有句："遣儿荐节物，墓门留烛泪（大男衡恪长至抵墓所）。"

十二月上旬，他们匆匆回到了江宁。

"南洋劝业会"闭幕以后,所有临时房屋拆除便宜出卖,陈三立购得了建屋所需木材。原拟在青溪上游之东岸复成桥一带临河起屋,后因费工太大,"乃应妻兄俞铭(明)震之约,与其所居之'俞园'结比邻。最后勘定青溪上游之西岸,西华门头条巷。翌年落成,构室十楹,有回廊、花径,后临青溪,杂莳花木,夏季尤宜。榜曰'散原精舍',亦称'金陵别墅'"[6]。

此后,陈三立在江宁终于有了一个自己的家了。人们也开始以"散原老人"尊称他。

注释:

[1] 刘经富:《陈隆恪先生年表》,《义宁陈氏文献史料丛书·陈隆恪分体诗选》,江西人民出版社,2009年,第224—225页。

[2]《北洋政府教育部档案》63号。

[3]《陈师曾遗诗(上)》。

[4]《陈师曾遗诗(上)》。

[5]《崝庐晚眺》,《陈师曾遗诗(上)》。

[6] 苏昌辽《清末四公子之一——陈散原》,《南京史志》,1985年,第2期。

第二章 升华

执教南通州

张謇像

宣统三年（1911）二月，陈师曾应张謇之邀，携夫人汪春绮和年已11岁的次子封怀[1]，来到通州直隶州（今江苏省南通市）民立通州师范学校和通海五属公立中学任教[2]。陈师曾在《教育部职员履历表》中填写："宣统三年充江苏南通县师范学校及中学校教员。"

对于南通州，陈师曾是心仪的。

那里，是他原配夫人范孝嫦的故里。岳父范伯子晚年大力支持张謇办教育，又主持筹办"通州高等小学堂"，是南通近代教育的先驱者之一。范伯子去世以后，岳母姚蕴素于1906年3月创建"南通公立女子学校"（同年11月改名"通州公立女子师范学校"），任校长长达15年。

那里，有"中国近代第一城"的美誉。其近代化的进程，得益于在中国近代史上卓有声名的张謇。这位能与时俱进的通州籍状元，字季直，号啬庵，别号张季子，在南通州创办了以大生纱厂为核心，包括垦牧、轮船、面粉、铁冶等公司和银行的大型企业集团，并创办各项教育文化事业，晚年又在南通倡行"地方自治"，使南通成为我国第一座近代化城市。他是我国近代实业的开拓者之一，有"东南实业领袖"之誉，毛主席曾说："讲到轻工业不能忘记张謇。"

南通，清袭明制称"通州"。为与京城城东通州（今北京市通州区）相区别，又称"南通州"。辛亥革命以后，1912年5月改"通州"为"南通县"。

光绪二十八年（1902）二月，张謇集资创办"通州民立师范学校"，以城南三元桥北已被焚毁的明时古庙千佛寺为基础，修建校舍，占地40余亩，可容纳学生300余人。1903年4月开学，除聘请国内硕儒王国维等任教外,还聘请日籍教师多人,由张謇亲任总理(校长)。

1905年,张謇两次上书学部和两江总督张之洞,建议创设京师博物馆未果,便在通州师范附设博物苑,在校西濠河东南辟地35亩,设天产(自然)、历史、美术三部,供学校教学之用。

1912年,通州师范改名"江苏省代用(即省立)师范学校",后更名为"南通师范学校"(今为南通大学师范学院)。它是我国第一所独立设置的民办中等师范学校。同年,博物苑与南通师范分立,南通又成为我国博物馆的发祥地。"南通博物苑"至今已有100余年的历史。

宣统元年(1909),张謇又带头兴办了由通州、如皋、盐城、泰县、东海五县集资的通海五属公立中学。1913年以后,更名"江苏省立第七中学""江苏省立南通中学"等,今为"江苏省南通中学"。

张謇与范伯子是始于总角的生死之交。青年时期,他们每有联床话雨、迭骑清谈、着鞭争胜、审定诗草、点窜时艺。张謇创办通州师范,曾与范伯子商议;开学典礼,又邀伯子在会上演说建校宗旨,对张謇办学多有助力。姚蕴素主持校政的"通州公立女子师范学校",也是在张詧、张謇兄弟和邑绅的资助下创建的。

张謇与陈三立也颇有交往。据《张謇日记》,光绪二十八年十月,张謇往江宁晤两江总督张之洞"说学事、厂事、垦事、小轮事、趸船事"期间,曾于十七日"诣伯严",应是他们相识之始。1903年4月张謇东游日本,考察归来撰《东游日记》,陈三立读后有诗《题张季直东游日记后》,诗注中赞张謇"以教育实业为主义"。

陈师曾来到通州,年已三十有六,已经蓄起胡须,有作于"辛亥孟夏"的诗句"吴头楚尾老髯翁"可证。虽说人到中年,却是他献身社会的开始。

他以巨大的热情投入两校"博物学"的教学之中。据南通孙模、季修甫等先生提供的信息:陈师曾学识渊博,治教认真,为人又谦恭随和,深得同事和学生的尊敬,也极受张謇先生器重。他授课时,常采用直观教学方式,根据教育内容需要,随意画出栩栩如生的动植物图,随画随讲,娴

陈师曾像

第二章 升华

熟异常,常令学生羡叹不已。他很注意掌握因材施教的原则,对不同的人采用不同的教学方法,力求让他们理解吃透,故而不惜花费了许多时间和精力做个别讲授。在考试方法上,他也有独特之处,即不以一卷定音,而是十分注重平时学生学习努力的程度和精思发疑的多少,予以综合评分。"他的宿舍里摆着许多从日本带回来的博物馆标本,欢迎学生去观看,自己在一旁讲解,对学生的问题耐心指导"[3]。此外,他还经常出示各种标本为学生做讲解,如藻类标本,据说便是从挪威专家采集所得。

有的学生向他索求字画,他总是有求必应。对于已有国画基础的弟子戴育万,陈师曾"加以青眼,亲为指授"[4]。戴育万,名峻,后毕业于上海美专,任教于上海女子美术学校,成为一位年轻的画家。

陈师曾还参加了博物苑《品目》的编撰工作。"馆长诚邀陈师曾参与识察、定名工作",他"去博物苑极勤,用力也多,下班后还常在办公室内滞留良久,做了许多工作,为中国第一部博物苑藏品目录的编定做了绝大的贡献"[5]。自然,博物苑也是陈师曾带领学生讲学和见习的地方。

通师为"亲睦同校友谊,研求教育进步",成立了校友会(即学生会),张謇亲任会长。1911年,校友会举行第二次会议。陈师曾在会上发表了热情洋溢的讲话,他详细介绍了日本高等师范学校校友会的宗旨、组织及活动情况,强调"会中办事之人,皆学生任之,以养成其自治力和公共心";"凡会事,教员帮忙而已,学生为主体"[6],始终鼓励学生自治。

后来,他还为《校友会杂志》第7期精心设计封面,将其辟为明暗两半,左面画一周铎(古代振文教的一种乐器)图,右部以拙朴有力的篆书题写"南通师范学校校友会杂志第七期"。张謇会长见后十分赏识,也欣然作《周铎铭》,指出"此朽道人(陈师曾号)作周铎图也"[7]。由此可知,陈师曾号"朽道人",始于南通。

1912年,南通中学学生集体创作了《通邑光复纪念歌》,以庆祝辛亥革命一周年。

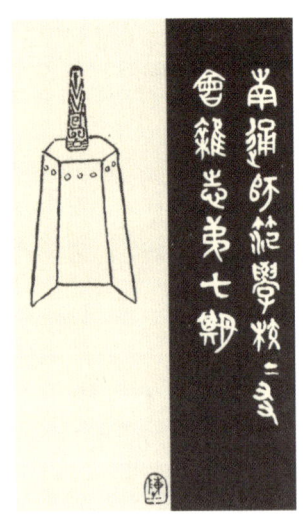

《南通师范学校校友会杂志》第七期封面

陈师曾为之"改定，表达出对建设新国家的向往"[8]。

他已精通英语。据他的内侄、范罕之子、范曾之父范子愚先生说：师曾在南通影响很大，民国初年外国人到南通，无人懂其语言，只有师曾能说流利的英语，使来者惊奇不已[9]。

为人师表，陈师曾是繁忙而尽职的。

注释：

[1] 陈封怀（1900—1993），字时雅，陈师曾次子。东南大学农学院毕业，曾留学英国，历任庐山、南京、武汉及中科院华南植物园主任，华南植物研究所所长、名誉所长。植物分类学家、中国近代植物园创始人之一，能诗画，晚年辑有《丹青记忆》。

[2] 顾公毅：《蕴素轩诗文集序》：陈师曾"以辛亥二月就通州师范学校教习"。《范伯子诗文集》，第625页。

[3] 见微：《陈师曾与南通师范》，《师范》，南通师范主编，1999年，总第14期，第47页。

[4] 卢心竹：《五十年前南通的一位年轻画师——戴育万》，《春水》，南通市文联出版，2004年，第489页。

[5]《陈师曾与南通师范》，《师范》，1999年，第47页。

[6] 南通师范学校《校友会杂志》第二期。

[7]《陈师曾与南通师范》，《师范》，1999年，封3及第47页。

[8] 黄振平主编《张謇的文化自觉》，陕西人民出版社，2003年，第150页。

[9] 龚产兴:《陈师曾的生平和艺术》,《陈师曾书画精品集》(上)。

第二章 升华

文艺沙龙"翰墨林"

通州城南,有一家"翰墨林印书局"。这是张謇邀约其兄张詧等人创设的,1903年8月开始营业。《翰墨林书局章程》中说:"因兴师范学校,乃兴印书局。有印书局,而后师范之讲义、教科之编辑、布行不致稽时",可知"翰墨林"设立的初衷,是为了及时解决师范学校缺乏教材的难题。该印书局原名"翰墨林编译印书局",除编印讲义、出版译成的教科书外,还出版自编的教科书和参考书、工具书以及学术著作。大生集团的账表、商标、广告也在这里印刷。印书局还设有门市部发售学校文具、中西账册等。"翰墨林"的创设,虽比商务印书馆晚6年,却先于中华书局8年,是我国近代印刷工业的先驱之一。

翰墨林印书局地在城南半芜的园苑——西苑。"翰墨林"一词,取自唐代诗人张说《恩制赐食于丽正殿书院宴赋得林字》诗中的名句"东壁图书府,西园翰墨林",可谓恰到好处。首任总理由张謇亲自担任,后由张詧接任。

继张詧担任经理的是诗人诸宗元。诸宗元,字真壮,又字真长,晚号大至居士,浙江绍兴人,生于江西南昌,也是叶恭绰诗歌圈子中的一员,与夏敬观有"二俊"之目。陈师曾在南昌时,即与诸宗元相交。张謇与诸宗元相识于1904年。诸氏任"翰墨林"经理时兼任总编辑,并主办1907年在通州创刊的《星报》。1909年,诸氏任江苏巡抚(驻苏州)瑞澂秘书后离开通州。1913年,张謇任北洋政府总理熊希龄"第一流人才内阁"农商部长兼全国水利局局长时,诸氏被张謇延为秘书。

继诸宗元任"翰墨林"经理和编辑的是书画篆刻家李苦李[1]。李苦李同诸宗元一样,原籍浙江绍兴,而生

李苦李像

文艺沙龙"翰墨林"

于南昌西园。光绪三十年（1904），他应诸宗元之邀，举家迁居通州，初任"翰墨林"会计，继任经理兼编辑，终其一生，长达25年。

陈师曾来通州时，"翰墨林"正处于鼎盛时期。陈师曾与李苦李一见如故，"交谊甚笃""课余之暇，常来翰墨林西园""瀹茗论艺，金石书法，无所不谈，相互师法"[2]，尤其对篆刻多有切磋。

翰墨林西园前面是店堂，后面有屋数椽，是李苦李的画室和南通文化名流谈诗论艺、挥毫作画的地方。学者徐鋆、曹文麟、韩国爱国诗人金泽荣等常在这里驻足。陈师曾很快融入其中，并且异常活跃，与徐贯恂、陈华、陈邦怀、尤金镛、保思毅、葛竹溪等当地名流多有书画交流和交往，可以说，这里是名副其实的文艺沙龙。

这一时期，陈师曾留下的作品，最有意义的是1912年为南通收藏家、诗人徐贯恂（鋆）所填《声声慢（梦窗有梅兰水仙瑞香词，倚声和之，并写成图）》一阕，和所画《梅馆读书图》。酷爱梅花的徐贯恂花了长达18年的时间，收集了包括吴昌硕、张謇、康有为、曾熙、李瑞清、林纾、李详、弘一法师等115位著名书画家赞梅书画96幅和咏梅诗词99首，汇成高50厘米，长5600厘米的《梅花山馆读书图咏》长卷，并请好友金泽荣撰写首序，流传于世，其中就包括上述陈师曾的画和词。徐贯恂并有和词《壬子秋城东访义宁陈师曾，承示为绘梅馆读书图及和梦窗咏花词，次韵酬之》答谢。

还是在这一年，画友在保思毅（字湮孙）家合作《花卉》，后又应保思毅之请，为他画国画4帧，其《竹石图》题记："尝见两峰道人画竹，勾勒之妙，自谓取法唐张立，用笔高简，不落常径，胸有成竹耳。湮孙我兄属画八帧，择其稍可者，得四纸呈教。"[3]

1910年，师曾为尤金镛画了《枯木寒鸦图》，后尤又相邀师曾、苦李、峙西合作《龚定庵诗意图》。

1913年，师曾与李苦李、陈峙西（名华）合作《松菊延年》图，后又合作花卉4帧，贺友人之子新婚；他还为葛竹溪画过《花卉》扇面；还有"书于紫琅客邸"的隶书对联"高以下为体，重乃轻之根"，也是写赠友人的。

至今珍藏在南通博物苑的《墨梅》，是陈师曾1911年画赠友人的作品，《梅花图》是陈师曾"辛亥冬日"的"遣兴"之作，各题有七绝一首，都是极为珍贵的陈师曾早期作品。

第二章 升华

《松菊延年》（与陈峙西、李苦李合作）

据后来向李苦李求教的画家王个簃回忆，他初次来到李苦李的画室，就看见挂着一幅陈师曾画的花卉。他还保存过一幅李苦李、陈峙西、陈师曾三人合作的花卉，其题字和落款，都是吴昌硕的手笔，可惜后来散失了。

陈师曾的诗画，在南通很有名气。学生王调之向他的堂弟王个簃说：向陈师曾求画的人很多，"他总是有求必应。有一次，有人求他画一大幅，他两手从笔筒中抓起两支大笔，双手同时挥洒，片刻之间，一幅水墨淋漓的大葫芦就画好了"[4]。王调之也得到过陈师曾书写的一张字迹比较工整的条幅。

与南通画家们不同的是：陈师曾此刻同时在关注着西方绘画艺术的发展潮流，寻觅着中国绘画艺术的发展方向。在南通，他翻译了日本作者久米氏撰写的《欧洲画界最近之状况》，发表于南通师范《校友会杂志》第二期。

陈师曾的书画活动，在南通影响颇大，对尤金镛之子、当代著名画家尤无曲尤其如此。除其父与师曾的私谊，其二叔、三叔与师曾是南通师范的同事，尤无曲的姑母还通过范伯子夫人请师曾画过册页和作品，少年尤无曲早已私淑陈师曾了。1922年，师曾从京城南归省亲后，赴南通为岳母姚夫人贺寿（因姚已去杭州，又赶赴杭州），尚在南通任教的王个簃得以相见，师曾对王的印旨评价甚高，为王题写了"个簃印旨"签条，王出版的第一本书，即以此为题尚。

注释：

［1］李祯（1877—1929），字筱湖，后字晓芙，号苦李、西园病客，以号行。赵之谦晚年游宦南昌，父镜湖拜为弟子。苦李幼年随父学艺。13岁遭父丧，在扇铺绘扇以糊口，19岁为童子师，后为幕僚司钱谷，并任天津、上海等地报馆驻昌"访事"。李苦李生于南昌西园，任职于南通西园，1929年病殁于上海西园寺，堪称奇事。

［2］李巽仪：《忆父亲李苦李艺术生活片断（代序）》，南通市博物馆编《苦李艺萃》，2003年。

［3］《陈衡恪诗文集》，第229页。

［4］《朵云现代国画家丛书·王个簃随想录》，上海书画出版社，1982年，第23页。

第二章 升华

缶翁弟子

吴昌硕像

陈师曾既是南通师范的老师，又是海派画坛、印坛大师吴昌硕的弟子。

吴昌硕长期寓居苏州，宣统三年（1911）夏68岁时始定居上海。晚年，吴氏融入海上画派，以粗笔焦墨开海上画派新一代宗风。

陈师曾的挚友诸宗元，是吴昌硕的忘年交。宣统元年（1909），诸宗元在苏州江苏巡抚瑞澂幕，协助柳亚子创建"南社"多有贡献。经友人介绍，在桂和坊吴昌硕寓所书斋"癖斯堂"与老人相见，十分投契。次日，又送来自己的诗作，向吴昌硕请益。此后，他们相交数十年，情谊始终如一。

1911年，吴昌硕赠诸宗元《梅花酒瓮图》一帧，诸宗元请陈师曾题诗，陈师曾作《为贞长题缶翁梅花酒瓮图》五古一首，盛赞缶翁"不似青藤徐，不似大涤济。翁画翁自画，并代或无二"[1]的创新精神。吴昌硕海上名声大噪，是在他古稀之年以后，但此时，陈师曾对吴昌硕已有深入的研究。他在书画篆刻上得到吴昌硕的"指授"[2]，或当经诸宗元引荐，始于这一年。

陈师曾学吴，写意花卉和篆刻得益最多。但无论花卉或篆刻都能得其精髓。在此基础上独创风格，独具面目。

1911年冬，陈三立携家由金陵来到上海。同陈三立一样，金陵和旧京的一批达官遗臣，也都先后来到沪上，陈三立与他们日有诗酒唱和。吴昌硕定居上海不久，就读到了陈三立的《散原精舍诗》，赋诗相赠。1912年春，散原老人读《缶庐诗》，有《读吴昌硕老人缶庐诗句》回赠；1913年，又为缶翁发现的其父的《吴辛甲诗稿手迹》题跋。1914年，陈三立与诗友往访吴昌硕不果，又写了《偕沤尹（朱祖谋）、贞壮、剑丞访缶庐老人不遇》。"剥啄自知门，聋字榜墙上"，可知其时吴昌硕已两耳失聪或重听。据说，这也有避免闲人干扰之意。陈三立对吴昌硕的艺术成就和人品评价很高，称"其奇崛之气，疏朴之志，天然之趣，毕肖其形貌节概情性以出，故世之重先生艺术者，亦愈重先生之为人"[3]。

1913年，拜于吴昌硕门下的王震（字一亭，号白龙山人）1932年画有《缶庐讲艺图》，写吴昌硕次子吴臧龛（涵）及陈师曾、李苦李、刘灿（玉庵）围着聆听吴昌硕讲艺，而陈师曾居中，可知陈师曾是公认的吴门得意弟子。吴昌硕逝于1927年，此图绘成后，勒石于杭州超山吴墓之侧。

注释：
[1]《陈师曾遗诗》（上）。
[2]《辞海》（缩印本），上海辞书出版社，1979年，第1914页。
[3]《安吴吴先生墓志铭》，《散原精舍诗文集》（下），第1062页。

第二章 升华

《太平洋报》上的"朽道人"

民国元年(1912)四月一日,上海出版发行了一份新报:《太平洋报》。创刊号上刊载了一幅简笔画,画面是在茫茫的大海上,靠右耸立着一座高高的灯塔,光芒四射,天际还有两只海鸥振翅翱翔,题为《光烛遐海》,题句"敬祝《太平洋报》出版",显然,这是祝愿《太平洋报》犹如海上的灯塔,为国人指明前进的航向。作者署名"觭",为朱文印状。

原来,这是陈师曾在《太平洋报》发表的第一幅作品。"觭",即"陈觭庵",是陈师曾在日本汉诗杂志《随鸥集》上发表词五首时用过的名字。

这次,陈师曾以"朽道人""师曾""觭"等名号,在该报副刊《太平洋文艺》的显要位置,在不到三个月的时间里,连续发表了简笔画达60幅以上[1]。

师曾号"朽道人",滥觞于南通而高频率使用于《太平洋报》文艺副刊,署名"朽道人"和"朽"的作品,已发现多达22幅,占署名作品的60%。此后,"朽道人"便成为他长期使用的画名之一,并且刻了一方朱文印"师曾自号朽"。

据陈师曾后来的书画知音姚茫父说:"三湘语叱无用者,其语如'朽'。"[2]而自称"道人",则似乎与在南通寓居于道观"通明宫"不无关系。"朽",陈也,非腐也,暗示了浊世中自身的高洁。他有印"朽木不折",更可见其襟怀。

陈师曾设计的《美育》杂志封面(第二期)

师曾在《太平洋报》发表作品,缘于他的挚友李叔同应邀在该报担任广告部主任兼《太平洋文艺》副刊编辑。

1911年3月,李叔同毕业归国,先回天津任直隶模范工业学堂图案教员,年末至沪,任上海城东女学国文教员。就在此时,李叔同应《太平洋报》经理朱少屏之邀,筹办该报广告部。

《太平洋报》虽是辛亥革命党人的言论机关,但其骨干力量是南社社员。南社是一个以反对清王朝专制统治、实现共和为宗旨的文学团体。在《太平洋报》负责文艺版编辑的主笔是南社发起人之一的柳亚子。李叔同和也任副刊编辑的留日同学曾存吴也于1912年加入了南社。

李叔同对陈师曾的创作十分重视,在文艺副刊的版面中间专门划出一个方块,供他发表作品。6月1日起,又创办石印的《太平洋画刊·太平洋画报》,不定期出版,刊载多家画作,随报附送。

陈师曾在短时间内能发表大量作品,还缘于地利之便。辛亥武昌起义后,南京光复有过激烈的争夺。陈三立为避战乱,于是年秋举家暂移上海,寓居于虹口塘山路妻兄俞明颐宅。其时俞氏在奉天(今沈阳)任辽东道员职。家居沪上,对陈师曾往来通、沪甚为方便。

漫画家丰子恺曾说:"漫画是简笔而注重意义的一种绘画,"[3]"清末,陈师曾以简笔画发表在《太平洋报》上,当时虽不称为漫画,其实已是一种漫画。"[4]陈师曾这60幅以上的漫画,确是这样的作品。

在这些作品中,大量以古典诗词为主要题材的怡情漫画最为读者所喜爱。《落日放船好》,是据杜甫诗《陪诸贵公子丈八沟携妓纳凉,晚际遇雨二首》第一首的首联"落日放船好,轻风生浪迟"而创作的。画面上,柳干高耸,柳枝摇曳,树后载着一位头戴笠帽的士人的一叶扁舟由东北朝西南顺流而下,萧疏孤寂中,一个"放"字,就被生动地表现出来。画面没有见水,却似乎水天一色;没见日头,却表现了杜诗的末句"应是雨催诗",读来余味无穷。《春江水暖鸭先知》,是据苏轼诗《惠崇春江晚景》首联"竹外桃花三两枝,春江水暖鸭先知"的第二句创作的。画面远景是右上角五只鸭子在水中似觅食、似耳语、似漫游,欢快自得。近景是左下角粗壮的柳干斜出画面,左上则柳枝条条,柳叶点点,颇似西洋绘画取景方法,在极其简洁的线条组合下,把一个"暖"字凸显了出来。还有发表于4月5日的一幅漫画,是表现黄庭坚诗意的。画面远处有山有景,右近有两只白鸥悠然飞翔,左下一人坐于小舟之上。

作品似乎是作者在与乡贤黄庭坚对话:黄庭坚说"江南野水碧于天,中有白鸥闲似我",作者却说"漫道白鸥闲似我,渔舟更比白鸥闲"(题),把一个"闲"字写到了极致。据李煜词《长相思》创作的《帘外芭蕉三两窠,夜长人奈何》与上述几幅作品不同,硕大茂密的芭蕉叶和尚未被蕉叶遮挡的一部分竹窗帘几乎占据了整个画面,而窗下的一片蕉叶则已枯萎残败,看不见的室内主人公在孤寂落寞中的无奈,被淋漓尽致地表现出来。

讽刺与幽默的作品也不在少数。《子年之新象》,以干枯的松枝作边框,一只肥硕的松鼠正坐在右下枝杈上吃着松果。子年是壬子年,即1912年。如果说,干枯的松枝是所谓"新象"的象征,那么,松鼠指称窃取革命胜利果实的袁世凯就毫无疑问了。袁在1898年9月戊戌变法中就因为告密出卖维新派而得到慈禧宠幸,为维新派所不齿;1912年3月,誓言效忠清室的袁世凯又一变而通电赞成共和,窃取了中华民国临时大总统之职。4月13日,深知袁世凯为人的陈师曾发表了这幅漫画,可谓入木三分。《独树老夫家》,以杜甫《草堂即事》中的诗句为题。参天的老树与渺小的官僚形成了鲜明的对照。作者在画旁题曰:"树亭亭玉立,枝干皆赤。俯视行人,往来其下,四肢间张,靡不以伪饰掩尽树,其人笑矣。"对权势者之目空一切极尽讽刺之能事。在社会大变革中,某些昔日道貌岸然、如今丑态毕露的鼠辈,也为陈师曾所鄙视。取材于《庄子·列御寇》"吮痈舐痔"寓言故事的《无题》,"舐痔者"一副阿谀奉承的嘴脸,活脱脱显现在我们眼前。《淮南鸡犬》画的则是一只蹲着的狗和一只鸡乘着云朵飞升而去。读者一看就明白,这是用淮南王刘安的故事讽刺"一人得道,鸡犬升天"的社会现象。另一幅《无题》,画的是素有"梅妻鹤子"

《无题》

之称的隐士林和靖，在梅树下强拉着避之不及的罗浮仙女的披风，欲行非礼，无情地讽刺了伪君子一类人。作者将北宋隐逸诗人林逋与汉代乐府诗中的美女形象连在一起的奇思妙想，使画面对比十分鲜明。

作品还表现了陈师曾对美好生活的憧憬。《放牛于桃林之野》，语出《尚书·武成》：武王伐纣后"乃偃武修文、归马于华山之林，放牛于桃林之野"，画面是一头壮实的牛在繁密的桃林下，安详地张嘴鸣叫，一片太平景象。画出了陈师曾对太平盛世的企望。

但现实是严酷的。《乞食（一）》画的是一个裸着上身从半在地下半在地上的苇席窝棚中伸出双手托着饭碗的乞讨者；《乞食（二）》画的是一个没了左足却"头后以直木作枕"仰坐地上，双手高举大钵的乞讨者；《乞食（三）》画的是一位身着补丁长袍，头戴草帽，一手拄着拐杖，一手牵着嘴里衔只小碗的狗蹒跚前行的老年盲人乞讨者。陈师曾从现实生活中选取如此奇特的行乞方式加以表现，令读者不能不感叹：穷苦人即使行乞亦何其不易！

这些漫画作品，显示了陈师曾艺术创作的爆发力。已发现的60幅作品中，4月发表34幅，5月发表20幅，6月发表6幅，其中有7天每天发表作品2幅。山水、花鸟、人物、果蔬齐备；诗文、经史、寓言、典故、时政、佛禅以至写生、临摹等种种题材尽收笔底；张旭、李白、杜甫、韩愈、李煜、苏轼、黄庭坚、陆游、韩愈、龚自珍以及《尚书》《庄子》《史记》《后汉书》《论衡》等的诗词文赋，随手拈来；譬喻、比拟、象征、暗示、联想等表现手法运用自如。他的自题诗句之作尤其别开生面。《行藏观治乱，收展问阴晴》，是据《论

《乞食（三）》

语·述而第七》"用之则行，舍之则藏"点化而来。原意是说你我为世所用，会努力去做，不为世所用，会避世隐居。经陈师曾升华，画面一把竖着没有张开的旧式大雨伞，却事关国家大事。诗题的下句说的是雨伞的功能，上句则事关时局的"治乱"了：世乱避之唯恐不及，伞可遮风挡雨；世治生活安定，伞可藏之屋角。平平常常的一把雨伞，在陈师曾笔下，竟有如此深刻的哲理。《山家长物短灯檠》，画的是一枝鲜活的梅花从花瓶中横空而出，下面是一盏点燃的短足油灯。作者题诗曰："山家长物短灯檠，好与梅花作友朋。门外不知风雪恶，夜深时有读书声。"读书人没有出现在画面上，读书人的高尚品格却跃然纸上。

这些漫画作品，表现了陈师曾的创新力。无论山水、花鸟、人物、果蔬，均以毛笔简笔出之，对诗书画印进行了多形式的不同组合，又融入了汉画像石、碑刻、石经峪书法等不同的艺术风格，使中国绘画大美为真的写意精神展现了新的面貌，表现了鲜明的民族风格和中国气派。同时，作品也吸纳了西方漫画夸张、对比的手法和西洋绘画速写、写生的技法以及构图布局的方法。有的画面画中叠画；有的画面不留空白；即就边框而言，看似率性而为，却有画面突破边框、双边框、立体边框、留空边框、无边框的不同。对于西洋绘画的大胆"借鉴"，这无疑是成功的探索。

巨大的爆发力和宝贵的创新力使陈师曾漫画产生了深远的影响。这些作品发表的时候，著名漫画家丰子恺只有 15 岁。他在《我的漫画》中回忆说："我小时候，《太平洋画报》上发表陈师曾的小幅简笔画《落日放船好》《独树老夫家》等，寥寥数笔，余趣无穷，给我很深的印象。"抗日战争时期，丰子恺在浙江大学讲授艺术教育、艺术欣赏课程，他在 1939 年 6 月 9 日的《教师日记》中写道："下午上课，讲漫画……忆陈（师曾）作有《落日放船好》《独树老夫家》等，皆佳妙。今为学生详说之。"此前，他还在《读画漫感》中说："尤其是陈师曾先生（朽道人）的几幅，《野航恰爱两三人》《独树老夫家》《层轩皆面水》，以及无题的三张绿叶和一只红橘子，孤零零的一朵蒲公英，两三片浮萍和一只红蜻蜓（《太白》则取作封面），使我久看不倦。"据此可知，陈师曾在《太平洋报》上发表的作品尚有佚失。20 世纪 60 年代，漫画家毕克官师从丰子恺，他说："有一次，在向丰子恺先生请教时，他在我的笔记本上用钢笔勾了一个题为《独树老夫家》的草图，告诉我这是他印象中陈师曾的一张画。"[5]少时一见，过目难忘，可见陈师曾漫画对丰子恺的影响。

丰子恺对陈师曾漫画评价很高。他在上述多文中说："上海刊行的《太平洋报》上，有陈师曾先生的即兴之作，小型，着墨不多，而诗趣横溢。""题意潇洒，用笔简劲"。又说："陈先生的画所以异于其他诸人者，是不用纯粹的中国画风，而略加一些西洋画风。""然而加得很自然，使我只觉得画面更加坚实，更加稳定，而不觉'中西合璧'的痕迹。"

丰子恺还多次申述近现代中国漫画的创始者是陈师曾。他认为陈师曾的小幅简笔画"真是中国漫画的始原""人都说我是中国漫画的创始者""我不能承认自己是中国漫画的创始者，我只承认漫画二字是在我的画上开始用起的"[6]。他为浙大学生讲漫画，也要"详说""国人皆以为漫画在中国由吾倡始。实则陈师曾在《太平洋报》所载毛笔略画……实为中国漫画之始，第当时无其名，至吾画发表于《文学周报》，始有'漫画'之名也"[7]。

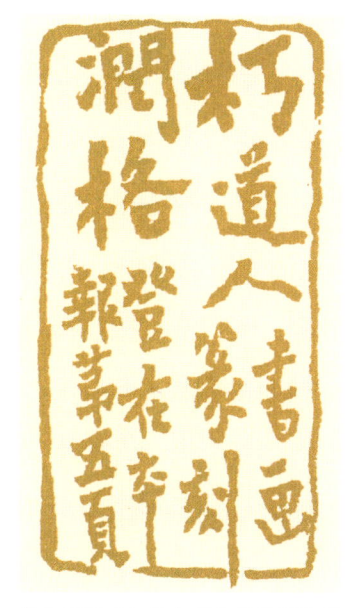

李叔同题"朽道人书画篆刻润格登在本报第五页"

出于对陈师曾漫画的喜爱，丰子恺还画了一些同题作品。《落日放船好》，丰氏画过两幅，他的女儿陈宝在《爸爸的画》中说，它"便是父亲以自己的笔调仿照陈师曾的同题漫画而作的"。《独树老夫家》也是这样的作品。还有《我醉欲眠君且去》，陈宝说："父亲这幅画，与陈师曾的同题画十分相似，想必是父亲受陈师曾此画的启发而仿画的。"

陈师曾是"中国现代漫画的先驱者"[8]。丰子恺是继陈师曾之后出现的一位漫画大师。他继承和发展了陈师曾漫画的艺术特色和中国气派，成为文人抒情画派的开创者。

陈师曾还应李叔同之请，为文学家、画家苏曼殊的长篇小说《断鸿零雁记》画了插图。著名作家苏曼殊是南社社友，也是《太平洋文艺》的专栏撰稿人。从1914年5月12日起，《太平洋报》开始连载这部作品。

苏曼殊虽一度出家，但不忌歌场酒肆，有"怪僧""浪漫和尚"之称。小说共27章，写作者自身的飘零身世和爱情故事。作品在《太平洋报》发表时，冠以"哀情小说"，署"曼殊旧著朽道人画"，每章插图一幅。6月1日以后，转至副刊《太平洋画报》刊出，至8月7日止，并未连载完毕。目前仅发现插图7幅。凄婉感人的故事情节配以简洁别致的插图，相得益彰，被柳亚子戏称为"僧道合作"。

在商品经济蓬勃发展的大上海，陈师曾也利用《太平洋报》这个平台，为自己刊载了两则广告。一则是他的书画篆刻润例，刊载于该报五月三十日（第六十一号）。李叔同为突出宣传这则广告，在主页上刊载了由他用笔力高古的碑体亲笔书写的"朽道人书画篆刻润格登在本报第五页"。润例为：堂幅每幅四尺以上四元，四尺以下两元；条幅每幅照堂幅减半；碑版、匾额、命题作画均须另议；劣纸不画，等等，又注明"件交南通州师范学堂"[9]。另一则似是陈师曾拟出版专集的广告，仍由李叔同亲自书写《朽道人书画篆刻》。

《太平洋报》发行期间，李叔同还征询了陈师曾对报纸的意见。陈师曾用工整的楷书书写了对该报短评、广告、英文栏、论说的高度评价，并指出："惜印刷排字有模糊脱落之处，幸留意焉。"文末，书写了"朽记"印章。李叔同即将此手稿发表出来。

《太平洋报》存世时间仅约半年。同年9月，因经费无着，而不得不停刊。

注释：

[1]郭长海、郭君分编著《陈师曾漫画集》，收陈师曾作品60幅，黄山书社，2009年。

[2]《朽画赋》，邓见宽编《姚茫父画论》，贵州人民出版社，1996年，第33页。

[3]《漫画的技法》，《丰子恺漫画精品集》，中国青年出版社，2009年，第3页。

[4]《漫画》，《艺术修养基础》，文化供应社，1941年，第239页。

[5]《李叔同·陈师曾·丰子恺》，《漫画的话与画》，中国文史出版社，2002年，第301页。

[6]《我的漫画》，《缘缘堂随笔集》，文化艺术出版社，1999年，

第274页。

［7］《教师日记》，教育科学出版社，2008年，第189页。

［8］陈封雄：《现代中国漫画的先驱者——陈师曾》，《人民日报》，1994年1月27日，第8版。

［9］详见王中秀、茅子良、陈辉编著《近现代金石画家润例》，上海画报出版社，2004年，第89—90页。

第二章 升华

"文美会"上

1912年5月8日，《太平洋报》隆重刊出了陈师曾大幅椭圆形半身照片，热烈欢迎陈师曾来沪参加"文美会"。

"文美会"是在《太平洋报》筹备期间于3月14日成立的。据4月1日《太平洋报》报道，该会"以研究文学艺术为目的。凡品学两优，得会员介绍者，即可入会。每月雅集一次，展览会员自作诗文美术作品，传观《文美杂志》，联句，各家演讲，当筵挥毫，展览会拈阄交换等。事务所设在太平洋报社楼上编辑部内"。

"文美会"本拟于5月召开成立大会，5月6日左右举行第一次雅集，因会员事务繁忙，不得不改在月底进行。

但是，由于5月中旬"向在南通州主持政教"的"文学书画家陈师曾（即朽道人）、范彦殊二君""日前适以事来沪。良朋快聚，佳会难得，同人特尽力摒挡，赶于14日午后四时，在三马路（今汉口路）大新街（今湖北路）天兴楼上开第一回月会"。范罕留日时，即与李叔同"视为莫逆"[1]，1911年回国后，执教于南通农校。

这次雅集，到会者20余人。除陈师曾、范罕外，有南社精英诸贞壮、费公直、柳亚子、余天遂、严诗庵、黄宾虹、叶楚伧、夏敬观、李叔同、曾存吴等人。"李梅庵（即玉梅花庵道士）、吴昌硕两先生，亦以客员资格来襄盛举，且皆临时挥毫"。

会员带来的书画作品，分交换品、卖品、参考品三类。天兴楼酒馆后楼有屋三间，恰好安排。

交换品中，"朽道人之梅花条幅，枝干皆用篆法画成，古香古色，洵推杰作""范彦殊氏之折扇，自书文美小集律诗一首，流连文酒，感时得意之怀，溢于楮墨"。

出卖品中，"李梅庵氏之折扇二柄，皆两面书画，笔墨题识，趣味入古，一望而知为名手。朽道人山水二幅，气韵浑厚"。

参考品有"曾存吴氏所藏五六年来日本文部省美术展览会之选品及日本西洋画家之杰作集五六种"等，"他若朽道人之《残荷》，运笔疏宕，觉秋水伊人，呼之欲出……沈墨仙氏之《枇杷》，李梅庵氏之《松》，

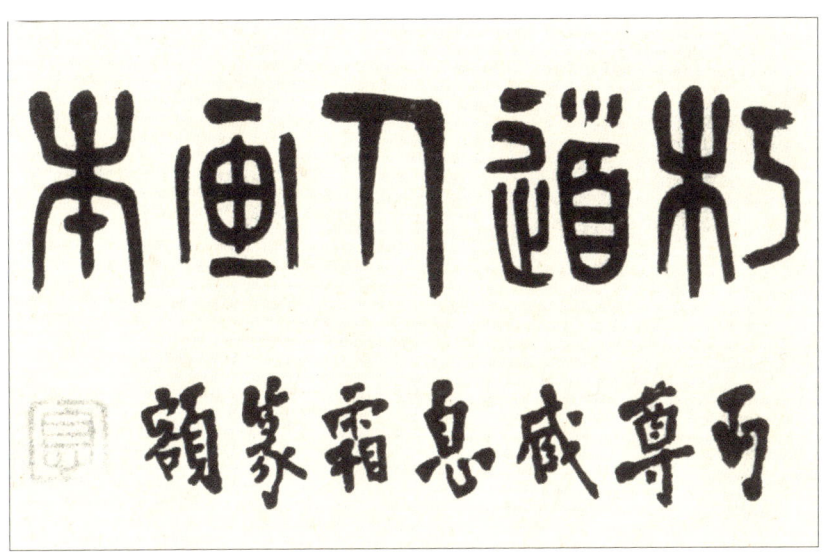

李叔同题夏丏尊藏朽道人画本

吴昌硕氏之《梅》（三氏皆临时挥毫），一时兴来之作，莫不韵味天然，一洗凡近之习也"。

会上传观的《文美》，有"同人制作品凡百余页，首文、次诗、次词、又图画十六幅、印五种、滑稽告白数种，及附录文艺纪事，用杂志体裁装成一册""朽道人之广告集图案，系用汉竹叶碑文组织而成，趣味高古，可以为东亚国粹之代表"。

这次雅集，以作品交换达到高潮。《太平洋报》报道说，20余件作品，"于尊酒微醺之际，由李、曾二氏用抽签法彼此互换""黄朴存（宾虹）氏慕朽道人之名已久，及是日，见朽之交换品系古梅一幅，垂涎特甚。未几发表，应得是画之主人竟是黄氏，合堂喝彩。而黄氏之得意，尤不可形容。范彦殊之诗扇，李息霜读之，爱不释手。当用笺纸书是诗纳入衣袋中，虑少缓为他人所得，不及抄录也。不意发表后，此扇亦竟为李氏所得，皆可谓随心所欲矣！……然后毕事。洗杯更酌，夜色已初更矣"[2]。

1935年，黄宾虹在《俞剑华画展志感》中回忆这次雅集说，他"赠

第二章 升华

自写墨梅一枝,叔同出篆刻,清道人作分书,昕夕晤谈,颇集一时之乐"。

文美会的雅集,仅此一次。本拟集资付梓的《文美》杂志也未能出版。6月30日,"文美会"并入由南社社员高吹万、姚石子等发起创建的"国学商兑会"。

雅集的第二天,陈师曾在清道人宅寓临石涛人物画赠李叔同。题识为"壬子三月二十九日(5月15日)将返通州,于玉梅花庵临清湘老人本,以应息霜社长之命。朽道人衡"[3]。

陈师曾还将这年初春所绘《山水花卉图》册十三开请清道人教正。清道人在第四开(山水)题五绝一首后跋曰:"师曾此画,探源于梅沙弥而能得其韵,石田翁学梅道人以渴笔取姿,有其古而无其浑,其用力过也。"值得注意的是:陈师曾的题识,涉及学习历代名家元吴镇、倪瓒,明沈周,清程邃、王翚、恽南田、金农、罗聘的创作技法,可见陈师曾博采众长之一斑,又可见他与父执李瑞清多有研讨。

师曾与叔同情谊深厚。叔同曾为师曾画巨幅油画肖像。1913年前,师曾作《荷花》赠叔同,叔同填《题陈师曾荷花一小幅》词一阕。1918年,叔同受戒出家为僧(法名演音,号弘一)前夕,将所藏儿童玩具泥马、竹龙、广东泥鸭、无锡大阿福、布老虎、日本泥偶人等10多件和

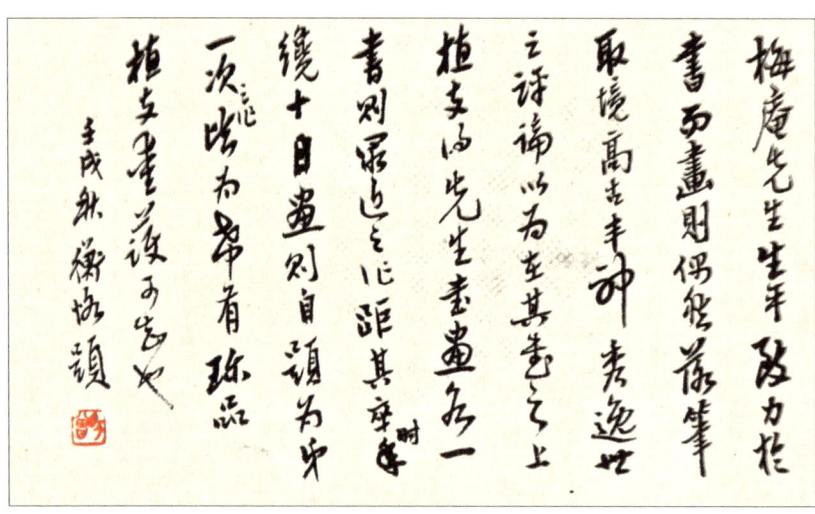

陈师曾评李瑞清画

日本带回的小维纳斯半身石膏像赠师曾,师曾画为条幅《息霜玩具图》挂在画室内。师曾为叔同刻的印章,叔同连同其他篆刻作品一包交杭州西泠印社,印社将其封藏于社内石壁中,称之为"印藏"。1920年4月,由叔同弟子吴梦非、刘质中、丰子恺创办的上海专科师范学校出版我国第一本美育杂志《美育》,丰子恺通过弘一法师联系,师曾为该杂志题写了刊名,用于第二期和第六期,第二期并发表了师曾的《山水》一帧。弘一法师还为该刊撰写了《朽道人传》,发表于第四期。

注释:

[1]范曾:《谁免余情绕》,《画外话·范曾卷》,人民文学出版社,2000年,第69页。

[2]以上有关文美会所引,均见《文美会消息(六则)》,郭长海、郭君兮编《李叔同集》,天津人民出版社,2006年,第100-103页。

[3]《陈衡恪诗文集》,第228页。

第二章　升华

"清贫梁孟成真隐"

　　陈师曾携妻儿来到通州，寓居于通师以北约半里地的道观通明宫。范罕说："师曾归国后，通州张謇翁邀其教授范，居城东一村墅曰'通明宫'，予先祖十山公（即范国禄）隐居处，后归张（謇）氏。"[1]南通词人周曾锦也在《卧庐词话》中说："朽道人陈师曾（衡恪）旅通时，寓城南（城东之误）通明宫，古刹也。荒坟老木，杳无人烟。小楼三楹，道人与其夫人汪春绮女士居之。有时会客，亦在楼中，瓶花炉篆，超然脱俗。"[2]

　　师曾与夫人春绮感情弥笃，在通州度过了他们一生中难得的幸福时光。岳母姚蕴素以"清贫梁孟成真隐，合写冰姿托素心"[3]的诗句，描述了他们举案齐眉、诗情画意隐士般的生活，有"夫妇风雅，闻者羡之"[4]之论。

　　汪春绮不愧是出身名门的大家闺秀。她承担着继母的责任，照管11岁的封怀入小学就读。尤其可喜的是春绮很理解师曾对原配夫人孝嫦的情怀。她曾步师曾悼亡诗韵奉和七律一首，可惜没有保存下来。她与姚蕴素关系至深，是姚夫人的义女。

　　师曾与范氏兄弟也相处甚得。除偕同范罕参加"文美会"外，还为范罕画《留影图》四幅，范有诗述图，对范罕所作诗篇也多有切磋琢磨；又偕范铠之子范毓（彦彬）冶游"城南诸山"，有诗记游。

陈师曾佚诗

春绮能诗词绘画,得益于大君的导引。汪东回忆说:"春绮工绣。既归师曾,甚相得。""姊初不甚工辞翰,迨与师曾唱和,废寝食为之,猛进不已。每有所作,辄邮寄示余。其词较诗优胜,如《清平乐·咏梅》云(略)。又《庆清朝》用梅溪韵同师曾作云:(原略)皆可传之作也。笺末师曾为刻印钤其下云:'绮语'。"汪东与原配苏州名门闺秀费氏新婚时,"师曾画百合梅花,倩姐绣之,持以为贺,见者誉为双绝"[5]。伉俪绘画,多有合作,师曾辑有合作画册。春绮画梅,在南通颇有声名,常有文人学子求她作画。她为南通词人徐贯恂画的一幅山水扇箑,"着墨不多,而萧疏有致,题款字亦清挺秀拔,颇有黄山谷笔意"[6],后为南通诗人卢心竹所珍藏。

客居海之一隅,师曾伉俪每有思亲之情。汪夫人有"惆怅乡音信杳"之句,陈师曾也有七绝一首:"吴头楚尾老髯翁,千里烟波有故宫。日暮江亭不归去,犹将玉笛倚秋风。"这是一首未收入《陈师曾先生遗诗》中的佚诗。

陈师曾离开通师时,"通师众多学生为他开了欢送会,会上他也讲了话,并有临别赠言为:学科学必须时时学好图画"[7]。

民国元年(1912)十一月,陈师曾辞去南通教职,携夫人和次子封怀回到了上海家中。

注释:

[1]《哭师曾》七首之五自注,《南通范氏诗文世家》正编第十一册,范罕卷,第41页。

[2]唐圭璋主编《词话丛编》,中华书局,1986年,第5册。

[3]《题师曾夫妇合画梅幅》,《蕴素轩诗集》,《范伯子诗文集》,第711页。

[4]《画家陈师曾逝世》,北京《晨报》,民国十二年九月二十二日,第六版。

[5]《寄庵随笔》,第25—26页。

[6]卢心竹:《近代画家陈师曾在南通的二三事——补俞剑华〈陈师曾〉一书之缺》,《春水》,第494页。

[7]《陈师曾与南通师范》,《师范》,1999年,总第14期,第47页。

第二章 升华

执教"湖南一师"

癸丑（1913）新春前后，陈师曾在沪忙于探亲访友，还为画家颜伯龙画了山水。

4月中下旬，陈师曾应邀前往湖南第一师范学校执教。

陈师曾离开南通，范罕深感遗憾和惋惜。他说："斯人有教泽，积响惊儿童。时当鼎革初，好恶谁为公。微词落君耳，浩往如飞鸿。我实抱余憾，不为君谋终。"[1]从陈师曾鼓励南通师范校友会应像日本的学生会那样实行"自治"看，他对日本学校的教学理念和教学方法必有所借鉴，因而在"鼎革"之初，难免有"微词"入耳，这应该是他离开南通的原因之一。

同时，湖南是生他养他的地方，他经历甚至参与了祖父和父亲在这里开维新之先的全过程，有着浓浓的潇湘情结。湖南一师的前身，又是祖父亲手创办的"时务学堂"，有着优良的教育传统和深厚的文化积淀，去那里教学，便是陈师曾所希冀的了。

湖南一师后来是毛泽东的母校。民国三十四年（1945）秋，毛主席在重庆和谈协定签字后，国民党首席谈判代表张治中为他饯行。其时，陈师曾的三子陈封雄[2]，已是《国民公报》的记者，前往采访。当毛主席知道他是湖南巡抚陈宝箴的曾孙时，高兴地说："世家子弟，世家

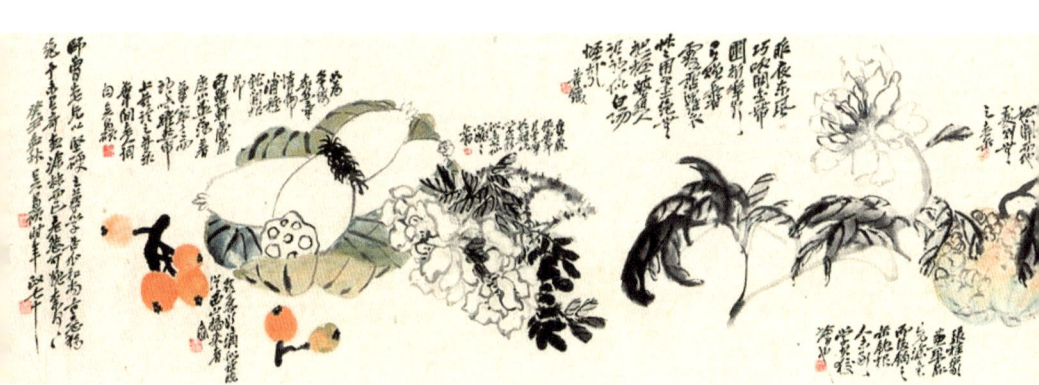

吴昌硕《果蔬折枝》

子弟，了不得哟！"又说："我就读的湖南第一师范就是你的曾祖父大人创办的，我的亲爷老子当年都是你曾祖父治下的子民呢。"说完，还接过陈封雄的采访本，签上了"毛泽东一九四五年十月十日"[3]几个大字。

陈师曾在湖南第一师范学校讲授博物学的时间并不长，当年秋天便离开了，但我们从他的作品可以看出，他仍然勤于书画。这年夏天，他在长沙会见了多年未见的留日同学杨钧。民初，杨钧长年独居长沙东门外五里牌，斋号"白心草堂"。陈师曾向他借临了清梅清（瞿山人）的山水册页。1914年3月，他将这些临作装订成10开册页，在题记中说："癸丑夏客游长沙假杨重子所藏瞿山人画册，留观数日，遂临其八帧，聊存仿佛，以识墨缘而已。"又记其所感道："《蚕尾漫录》载梅清画松天下第一，故册中画松者最多，盖得意之笔必时时流露也。"友人梅光远（梦蘗居士）观赏以后，题诗两首，称临作为师曾"自玩之本"，一并装入册页。这八帧临作，之二《抚松图》，师曾题"刘松年法"；之三用"不知李成是我师"印；之五题"此亦梅沙弥法也"；之六《秋江雁阵》，题"拟范宽"；之七题"法梅沙弥"，对梅瞿山的画学渊源进行了深入的研究。

陈师曾后来在题《梅花图》中还说，他"曾于长沙见杨补之卷子"，这也可能是在"白心草堂"看到的。

初秋，陈师曾离湘回到了上海。

7月，他学画了石涛的作品，向吴昌硕请益。吴昌硕作长125.5厘米、高40厘米的大幅横披设色《花果折枝》，画莲藕、枇杷、石榴、牡丹等六种，各为题识，分别抒写了自己的心得，以启迪弟子。跋曰："师曾老兄以坚硬之笔学苦瓜和尚，古意独绝。予未有奇想，涂抹而已，老态可愧，奈何奈何。癸丑孟秋，吴昌硕，时年政七十。"[4]

8月1日，吴昌硕七十寿诞，陈师曾画山水条幅为贺，用"冰川旧客"朱文印。这是我们迄今所知弟子之间最亲密的一段交往。

此外，陈师曾还画了《花卉山水册页》八帧，其中据留德的六弟寅恪从挪威养脚疾时寄回的照片临写的挪威盛夏积雪景观和据去年日本火山爆发而"想象成图"的《浅间余焰》，是别开生面的创作了。

从1900年起，历史的脚步迈入20世纪，陈师曾也从悲凉萧瑟的心境中走了出来，匆匆度过了13个年头，已经人到中年了。

这期间，他留学日本，超出常规，学习博物专业，为他的中国画奠定了自然科学的深厚根基。

他学习中国绘画，不按师承某家的惯例出牌，而是举凡知名有道之士，无不请业。

尤其可贵的是：他放眼世界，学习西洋绘画，熟知东洋画法，与钻研中国绘画相向而行，成就了他的纵贯古今，横通中外的丰厚学养，在中学与西学的内化中升华。

看来，发表在《太平洋报》上的作品，不过是小试牛刀，陈师曾正在等待时机，一展拳脚了。

注释：

［1］《哭师曾》七首之五，《南通范氏诗文世家》正编第十一册，范罕卷，第41页。

［2］陈封雄（1917—1999），翻译家、漫画家、资深新闻工作者，1940年毕业于燕京大学新闻系，抗战期间，任职重庆《国民公报》，后在天津与校友创办《新星报》。中华人民共和国成立后，先后任新华社国际部英文编辑，《人民日报》国际部编辑、高级编辑，1986年离休。曾应邀从事《中国当代漫画家及作品简介》（海外版）一书的全部英语翻译工作。

［3］叶绍荣：《陈寅恪家世》，花城出版社，2001年，第495—496页。

［4］徐文治：《陈师曾艺术年表》，《新美域》，2007年，第2期，第116页。

第三章　辉煌

第三章　辉煌

对任江西教育司长说：不！

　　1913年秋，陈师曾只身从上海家中来到北京履职。

　　"履"什么职呢？一些相关的辞书、陈师曾简介、年表和有关论著，几乎众口一词，说他1909年秋留日"归国"后，被聘为江西教育司长。但陈师曾1913年秋以前的行实，已如前述。此次来京，北洋政府内阁总理熊希龄确曾邀他"入官于京"，但被他婉拒，在京等待数月以后，才得以入职。他在北洋政府教育部亲笔填写了一份履历表，所填相关部分为：

　　"民国三年一月派充编审处编审员。"[1]

　　因此，陈师曾对任江西教育司长说："不！"[2]

　　陈师曾只身来到北京，住在春绮和汪东的长兄汪衮甫（名荣宝）家。汪衮甫为北洋政府民政部协纂宪法大臣，有"中国宪法起草第一人"之誉。已于1910年留日归国的汪东，原名东宝，后改名汪东，字旭初，号寄庵、梦秋，时任北京大总统府法政谘议。他说："癸丑（1913）秋末，余迎姐（春绮）同赴北京，侍先君杨仪宾胡同，即伯兄衮甫处也。师曾方任职教育部，亦来就甥馆。"这段回忆，虽说陈师曾"方任职教育部"的时间有误，但师曾在京等待"派充"实职却是事实。

　　汪东也爱绘画篆刻，与师曾"退食之暇，谈画刻印，于时最乐"。汪东曾向师曾问六法。师曾画力主雄浑，而汪东则师法被师曾视为"闺秀画"的清画家钱叔美。师曾为汪东作画很多，汪东《寄陈师曾槐堂》诗说："童稚交情得几人，与君心迹最相亲。"

　　那时，汪东的堂兄汪森宝在北洋政府教育部任视学兼秘书。汪森宝有一子二女，一家人也在北京。子星伯，名景熙，小名伏生，时年21岁，就读于清华学堂（今清华大学），课余与堂叔汪东"同时究六法"。陈师曾来京后，即从堂姑夫学画，"笔势苍莽，师曾极赏誉之"；其治印，师曾也以为"古厚劲健"。"乙卯（1915）残腊"，星伯有习作弃去，师曾拾起，"灯下"题识曰"内侄汪伏生从予学画，先以石田本导之，颇能用笔。此幅浑碎处大似石溪上人，伏生方欲弃诸故纸篓中，予甚惜之。因携归，漫题四韵。"

对任江西教育司长说：不！

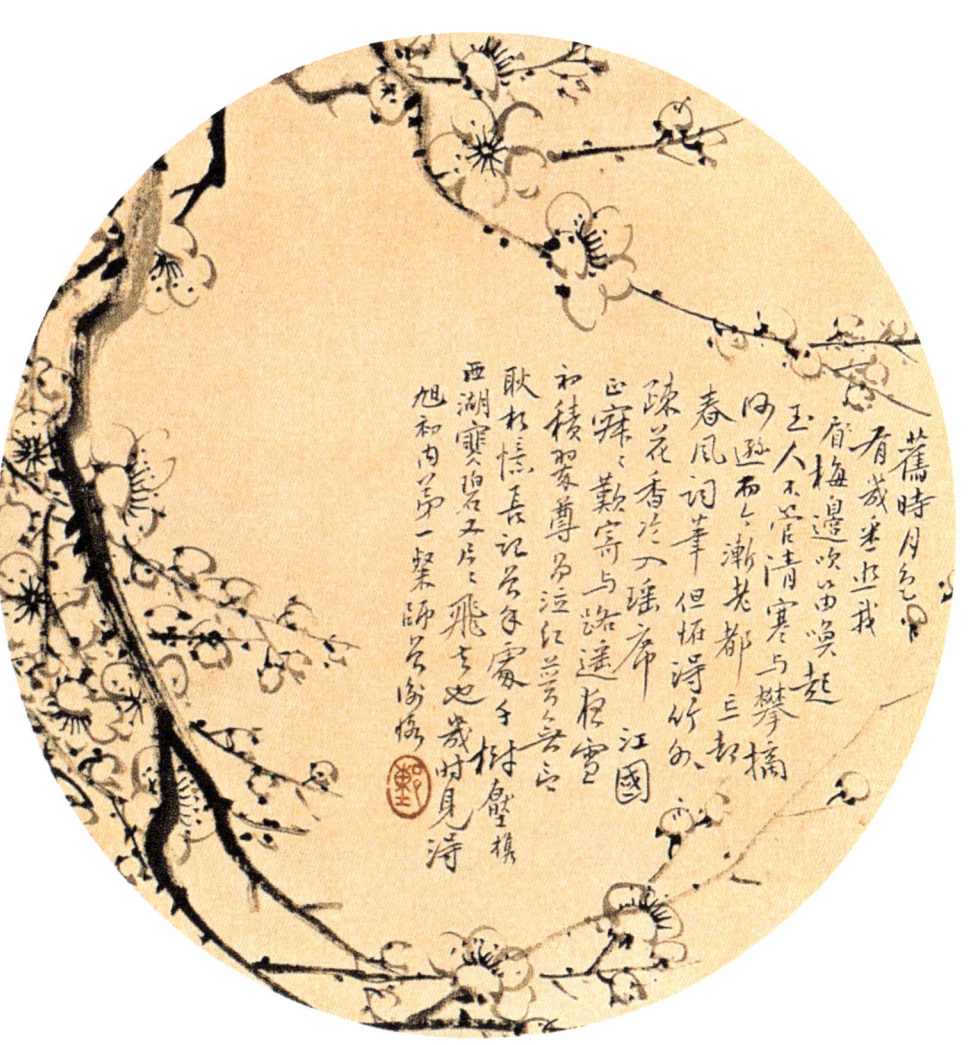

陈师曾赠汪东《梅》团扇

第三章 辉煌

《陈衡恪登记表》（刘经富提供）

果然，汪星伯肄业清华学堂后，成为沪上一位知名的书画篆刻家，与张大千、郑午昌等有"画中九友"之称，后又出任"停云馆书画会"会长。

汪星伯的大妹夫何墨，字秋江，江苏丹徒人，世居扬州，幼年随父寓居北京。何墨承家学能书画篆刻，陈师曾到京后，也"从师曾学画及刻印"。何墨十分钟爱陈师曾的画，残篇剩幅必收集家中，名其斋为"朽画"。陈师曾也对他青眼有加，1916年至1917年间，将所治印90方钤交何墨，供其琢磨研学。后来，何墨"弃官"居沪，"以艺自给，有声于时"[3]。可惜的是后来竟追逐于舞榭歌厅。

何墨的原配夫人汪华熙，字重英，从堂叔汪东学诗，亦能画，是一位才女。但与何墨婚后年余病逝，年仅二十有六。其遗诗和遗画数帧合刊为《璞庐诗草》。汪东在《璞庐诗序》中称其诗"清研安雅"，章太炎撰序赞其诗系"学古而见情性者"，"观其襟度，近代士大夫所不能拟"[4]。陈师曾有《山水》一帧赠重英，由汪东题写《西平乐（和清真韵）》一阕。

注释：

[1]《陈衡恪登记表》，《北洋政府教育部档案》，第63号。
[2] 详见本书所附拙作《陈师曾未任江西教育司长考》。
[3] 以上所引汪东语均见其《寄庵随笔》，上海书店，1987年。
[4]《章太炎全集》，卷三，上海人民出版社，1984年，第155页。

春绮"遽卒"

"梅未长寿"是陈师曾为夫人春绮镌刻的一方白文篆印。岂料,春绮竟因病被误治而猝然逝去,时在民国二年(1913年12月25日,癸丑十一月二十八日),年仅31岁。汪东说:"是年冬,姐发斑疹,西医注以麻醉剂,遽卒。"[1]

丧妻之痛,再一次降临到陈师曾头上。他将春绮的灵柩暂厝于京东的一座寺庙里,把他的凄苦哀伤,一发于诗画篆刻之中。1914年元月的一个冬夜,他挥刀镌刻了一方"深知身在情长在"的朱文印,边款是:"师曾悼亡,乃有此作,灯前自赏,不禁泫然。甲寅一月十三日夜。"他还两刻"菊梅双影盦"印并以此名其居。

汪春绮的猝死,也给亲友们带来了哀伤。《鲁迅日记》1914年1月13日载:"得陈师曾室汪讣,与许季上、钱稻孙合制一挽送之,人出一元四角。"远在南通的岳母姚夫人,已在北洋政府教育部任职的胡朝梁,到京不久时任农商总长张謇秘书的夏敬观,都有诗致悼。

己未十二月三十日(1920年2月19日),春绮灵柩落葬于南昌市新建县赵家塘,陈师曾撰写了《义宁陈衡恪继妻汪氏之墓碣》。墓碣的拓本,已由国家图书馆收藏。

在陈师曾的悼亡诗中,《题春绮遗像》一首最为感人。汪东说:"师曾悼之甚,始移居槐堂,盖不忍见遗容挂在壁也。"[2]此后,陈师曾即"赁居安福胡同五十六号",直至民国九年(1920)[3]。其时,教育部职员多寓居于这一带。汪东忆称"移居槐堂",当是以后的事。

注释:
[1]《寄庵随笔》,第25页。
[2]《寄庵随笔》,第25页。
[3]刘经富:《陈隆恪先生年表》,《陈隆恪分体诗选》,第229页;《陈衡恪诗文集》,诗注,第70页。

第三章 辉煌

槐堂纳新妇

——三娶黄国巽

1914年初，陈师曾的任职终于定了下来。据《北洋政府教育部档案·一九一四年职员薪簿册》载："编审员陈衡恪，一月二十八日到部。"[1]

陈师曾在二月二十四日致书岳母姚夫人也说："甥已得教育部编审处事，现审定教科书，尚未有所编也。"[2]

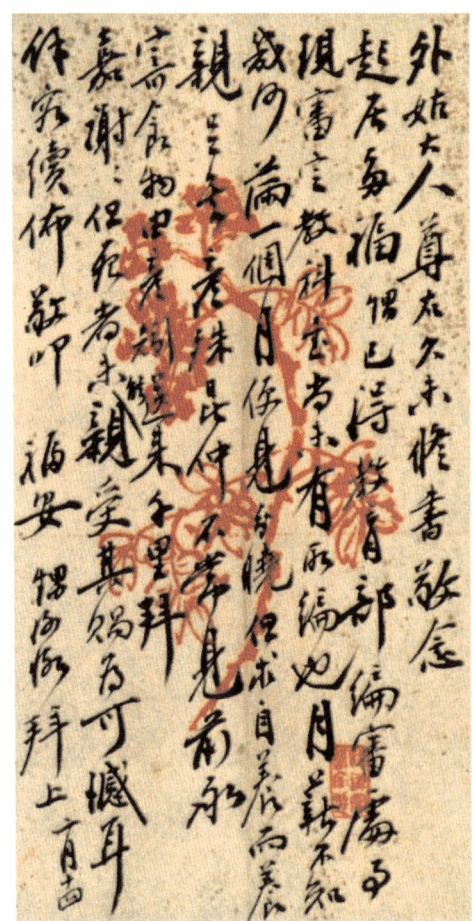

陈师曾致岳母范姚夫人函

工作虽然繁忙，起居尚不安定。1915年，陈师曾四十初度。这年秋，他思绪万千，画下了山水《溪居感旧图》，并题诗两首，第二首说："放浪中年意不谐，闭门诗书胜长斋。神皋满目摇风雨，稳结茅庵何处佳？"[3]恰在此时，他的留日同窗和挚友张棣生将自己寓庐的"一椽"供其居用，师曾有诗《张棣生于其所居之东葺堂一椽以居我，堂前有槐一株，因名之曰槐堂，赋此遣怀》咏其事。

张棣生，名孝栘，湖北鄂城人，时任京师总检查厅首席检查官。其宅寓地处宣南新华街，是京城人文荟萃之地。槐堂环境优美，院中有古槐、奇石、细竹之胜，又有"余畦"可以育花，清雅幽静。

厅堂的陈设，陈师曾的

槐堂纳新妇

侄女小从先生为我们提供了大约拍摄于民国八年(1919)秋的一帧照片:厅堂的左上壁,挂有师曾自己书写的碑体"槐堂"横额,额左跋曰:"堂前有楚槐一株,因以名之。乙卯秋八月陈衡恪题记。"右面自上而下悬挂的是唐中宗李显书《卢正道敕》长轴碑拓。别具特色的是:在新式书橱上,除竖立着一幅风景油画,还竖立着一幅女性坐姿裸体油画。小从先生说:"尤其是那幅女性人体画,居然出现在距今八十多年前的文人书斋里,如果没有敢为天下先的心胸和胆识,还有谁能做出如此惊世骇俗之举呢?"[4]照片中,

槐堂

主人师曾坐在以长轴碑拓为背景的茶几旁椅子上,双手扶着站在他两腿中间年仅2岁的封怀的肩上,很是温馨。

陈师曾有了"槐堂"新居以后,这里就成了诗朋画友时时相聚的地方,鲁迅先生也来过这里。但从陈师曾诗"坐叹张侯(张棣生)用意长"和胡朝梁《闻师曾移居槐堂》"赁庑作梁鸿,举案与孟光"的诗句看,似已有人为师曾作伐了。张棣生让屋一椽当是闻讯后"意"在供师曾迎娶新妇之用,而婚前,应是师曾的画室和居室。

果然,毛泽东夫人杨开慧的父亲杨昌济向陈师曾介绍了他早已相识的进步知识女性黄国巽[5]。

杨昌济与陈师曾是意气相投的留日老同学、老朋友。后来杨赴英深造,于1913年回国,此时正任教于湖南省立第四师范。

黄国巽出身于数代书香的官宦之家。父亲黄为煟,曾任湘潭候补知县,母亲湘阴郭氏,是郭嵩焘的女儿。黄为煟思想开明,1905年以其私宅供族人创办影珠女学,又将二女国厚、三女国巽作为湖南省选派的首批公派女留学生(共20人),随杨昌济前往日本东京青山实践女子学校留学,黄国巽入工艺科学习;杨昌济则以东京高师学生而兼该校教育心理翻译。黄国巽结业后考入日本女子大学教育科,1913年才回到长沙。

第三章 辉煌

陈师曾与夫人黄国巽

在日期间，经杨昌济的介绍，请陈师曾辅导学习日语。因此，他们是师生关系，早已相知、相熟了。

1916年7月，陈师曾来到长沙与黄国巽喜结连理。

1917年，黄国巽在安福胡同56号生下了第一个孩子封雄（师曾第三子），乳名福丁；此后又生了封举、封邦、封獃[6]，只是封举、封邦相继夭折了。

师曾夫妇感情深厚。后来，黄国厚唯一的女儿张梦庄嫁给了陈师曾的次子、孝嫦所生的封怀。国厚和国巽，既是同胞姊妹，又是儿女亲家。

1915年后，师曾的二弟隆恪、三弟寅恪、四弟方恪、五弟登恪或工作、或学习，都陆续来到北京。寅恪曾任经界局局长蔡锷的秘书，后又任教育部欧文编审。槐堂，也成为师曾兄弟欢聚的地方。

陈师曾在教育部的月薪，据《陈衡恪登记表》所见："原支150元，（民国）三年七月加给20元，六年三月加给20元，七年三月廿六日加20元，八年十二月卅一日加至260元。"

有了这么些"袁大头"，应该可以如他在致岳母姚夫人的信中所说，"但求自养而养亲足矣"了，但其实不能。他除了自己一家人的生计，六弟寅恪，1909年至1925年留学欧美；八弟登恪1915年至1919年就读北大，1921年至1925年留学法国；长子封可1917年留日，后又留德。而此时，父亲散原老人已年过花甲，不菲的家庭开支，仅仅靠父亲以文字而得的收入是远远不够的。挚友朱德裳在《三十年闻见录》中就说："师曾在京时，年必以千金养亲。"令人不堪的是：北洋政府还要经常欠薪。拖欠大专院校教师的薪水也司空见惯。

好在，随着商业经济的发展，书画篆刻已不只是文人余事，可以堂而皇之进入商品市场，书画家也大可不必耻言金钱。为了养家，陈师曾不得不在琉璃厂挂单卖画。

他自己的生活，也很清苦。1917年，他在画铜山水墨盒上，感叹自己：

"荏苒岁月，茅庵尚无立足地，惟于画中寄之耳。"[7]

到了1920年，终于改变窘境，有了自己的新居。这年仲夏，他在京城西城根库资胡同（旧称"裤子胡同"）觅得一处"小成结构辟双扉"的、颇为满意的宅院。据教育部民国九年十月职员册登记的陈师曾住址是："邱祖衚衕西头库资胡同三号。"高兴之余，他以《移居》为题，写下了七律四首。

在新居，有与画友相聚的欢欣，也时有儿辈啼笑、仆妇喧嘈声中泼墨吟诗的懊恼。迁入新居不久，师曾画了一幅很觉满意的山水，恰好几位画友来访，争着欣赏这幅新作。两位画友牵着画的两端，大家正在热烈地品评时，只见4岁的三子封怀突然溜了进来，看看牵着的画幅像是一个凉篷，便钻了进去，向上捅了一拳，将还有些潮湿的画，捅了一个大窟窿。陈师曾的气恼是可以想见的[8]。

在这里，兄弟间也不乏"伯氏吹埙，仲氏吹篪"之乐。五弟隆恪在其兄迁入新居不久，即前往四平铁路局任职，后来，与夫人喻徽重返北京，在西城租了一所小四合院住了下来，并且找了一份糊口的小差事。据隆恪之女小从回忆，伯父与其父时常聚在一起品画论诗、探胜访旧，父亲还经常得到伯父的墨宝，甚至让他左挑右选。

陈师曾在京城的生活，终于安定下来了。

注释：

[1]《陈衡恪诗文集》诗注，第197页。

[2]《致岳母姚绮云函》，《陈衡恪诗文集》，第197页。

[3]《陈衡恪诗文集》，第66页。

[4]陈小从：《图说义宁陈氏》，山东画报出版社，2004年，第34—35页。

[5]黄国巽（1888—1971），字顺中，湖南长沙人，17岁与其他湘籍女生随杨昌济留日，1913年回国。

[6]陈封猷（1923—1999），陈师曾幼子，1945年毕业于北京辅仁大学化学系，大连化学工业公司高级工程师，大连市政协委员。

[7]《茅庵》，《陈师曾画铜》，人民美术出版社，1996年，第6页。

[8]参见陈封怀《一幅国画杰作的损毁及其他》，《美术报》，2001年10月13日，第3版。

第三章　辉煌

虔心美术教育

任职教育部

中国历史上的第一个教育部是在辛亥革命以后，以孙中山先生为临时大总统的中华民国临时政府在南京成立的。袁世凯执政以后，临时政府各部迁往北京。

其时，鲁迅先生任教育部社会教育司第一科科长。第一科的主要任务是管理文博事宜，是文化艺术教育方面的主管机构。师曾到部不久，便与鲁迅有一次亲密合作，这就是组织第一次儿童艺术展览会和选送优秀作品参加巴拿马赛会。即"庆祝巴拿马运河开航太平洋万国博览会"。

为办好儿童艺术展览会，教育部早在民国元年（1912）九月即已明令各省，征集15岁以下儿童创作的文章、书法、绘画、手工、针黹、自制玩具等作品，实际工作由第一科负责，由鲁迅主持。1914年4月，教育部发文委任周树人（鲁迅）等70人为儿童艺术展览会干事，后又另委派教育部主事、视学钱稻孙（字介眉）和陈师曾等为审查员。

这次展览的目的是"审全国儿童之能力，暨各省教育之状况，以资教育家之研究"。原定1913年夏季举行，因反对袁世凯的"二次革命"爆发，延至民国三年（1914）四月二十一日下午一时开幕，共展出各省和日本神户华侨同文学校送来的展品82000余件，地点在教育部礼堂等5个会场。展览历时一月，至五月二十日闭幕，参观人数29166人次。

展览结束后，由审查员就文章、书法、绘画等门类，评出甲等奖151人，乙等奖423人，颁发奖章，以资鼓励。鲁迅和陈师曾又选出优秀作品送巴拿马赛会参展。《鲁迅日记》六月二日载："微雨，上午晴。与陈师曾就展览会诸品物选出可赴巴拿马者饰之，尽一日。下午雨。"这次审查于六月二十四日结束，共选出104种125件送展[1]。

又据北洋政府教育部档案《民国五年（1916）六月份审查图书一览表》载：《实用理科讲义》上下册，五年三月二十七日中华书局呈，《高小春季实用理科教科书》第六册及其教授书四、五、六册，五年四月二十六日商务印书馆呈，"以上共三种周庆修、陈衡恪审查已经发表"；《国

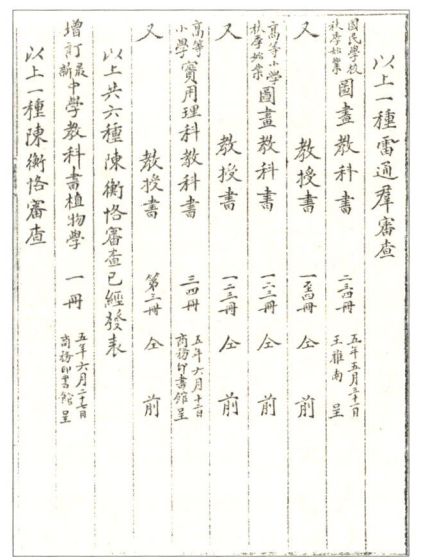
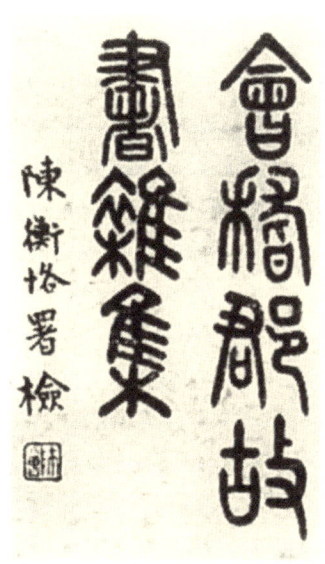

北洋政府教育部档案　　　　《会稽郡故书杂集》书影

民学校秋季始业图画教科书》二、三、四册及其教授书一至四册,五年五月三十一日王雅南呈,《高等小学秋季始业图画教科书》二、三册及其教授书一、二、三册,《高等小学实用理科教科书》三、四册及其教授书第三册,五年六月十二日商务印书馆呈,"以上共六种陈衡恪审查已经发表"[2]。于此可知,陈师曾既要审查理科教材,又要审查图画教材。

在教育部,正如周作人所说,陈师曾"很为鲁迅所重"。师曾到部时,尚籍籍无名的鲁迅,正在辑录古籍、搜录古碑、研读佛经,颇少说话,只有淡静而有风趣的陈师曾飘然而至的时候才谈笑风生。其时,还没有"鲁迅"这个笔名,大家都喊他的字,叫他"豫才",格外亲切。1918年,首次署名"鲁迅"的中国新文学史上第一篇白话小说《狂人日记》在《新青年》发表以后,鲁迅先生便一发而不可收,成为"文化革命的主将",但不论此前此后,他对陈师曾的字画都像在留日时一样喜爱。他总是"属""索"、请"允"师曾为他作画,从1914年到1921年的8年间,鲁迅获赠了师曾的10幅山水、花卉画,陈师曾是鲁迅收藏画作最多的一位画家。鲁迅还"托"师曾题写了他所辑录的《会稽郡故书杂集》书衣、书面和牌记,这是鲁迅著作中唯一的一本木刻书。鲁迅一生的译著,

第三章　辉煌

陈师曾北京中海"风亭月榭"照（陈小从提供）

仅有《域外小说集》和这一本书是请友人题写书名的，而这两种，都是请陈师曾书写的。就是友人要请人书写对联，鲁迅也会毫不客气地"携至部捕陈师曾写讫送去"[3]。一个"捕"字，活脱脱地表现了他们之间的真挚友情和陈师曾的平易随和。师曾还为鲁迅镌刻过"周树""俟堂""周树所藏""会稽周氏所藏""会稽周氏"5方朱文或白文印。师曾不善刻木，又在书写"会稽周氏藏本"和"俟堂石墨"两印面后属"同古堂"店主张樾臣篆印。他还将在搜集汉铜时得到的"周"字，赠送给了鲁迅。师曾还模仿汉人两个字的名字，为鲁迅二弟周作人三弟周建人刻了省去"人"字的白文印，又外加为周作人刻了一方古拙的朱文仿砖文印，师曾还为周作人所译波兰作家显克微支中篇小说《炭画》题签，所以周作人说"大家都想慢慢再揩他的油"。收集和研究汉魏六朝的碑帖拓片是鲁迅和陈师曾的共同爱好，他们经常一起逛"小市"、光顾琉璃厂，并互赠拓片。他们还不时相互探访或一起走访友人，并曾相约看望到京任平政院肃政使的鲁迅恩师、师曾大舅俞明震。

陈师曾与鲁迅的交往见于《鲁迅日记》的多达70余次。作为"文化革命的主将"，鲁迅主张彻底摧毁旧文化，建立向西方学习的新文化，却未忘其喜爱传统文化的初心；作为文人画的革新者，陈师曾坚守传统文化，却又能理性吸纳西方文化，他们拯救中国于衰败危亡之中的大方向是一致的，又深知彼此的人品抱负，他们追求美术的教育功能和美术家的高尚品德也是共同的，所以，他们其实是同一条战线上的战友。

注释：

[1]参见胡从经《沧海遗珠六十年——全国儿童艺术展览会纪要》，《柘园草》，湖南人民出版社，1982年。

[2]《北洋政府档案》第九十册[教育部(二)],中国档案出版社,2001年,第492、494页。

[3]《鲁迅全集》第14卷(日记),1916年6月22日,人民文学出版社,1982年,第223页。

北京女子师范学校　北京高等师范学校

陈师曾在京城的教师生涯也始于1914年。到部不久,他就应北京女子师范学校校长姚华[1]之聘,兼授该校博物学课程。该校的前身是京师女子师范学堂,民国元年改称"北京女子师范学校",1919年4月,经教育部批准升格为"北京女子高等师范学校"。姚华于1914年2月至1916年年底任女师校长,陈师曾则继续任教于女高师。

北京高等师范学校1916年的新学年,陈师曾又应聘兼任北京高等师范学校手工图画科教员。该校源于清光绪二十八年(1902)创立的京师大学堂师范馆,是我国首次独立设置的高等师范学校,现今北京师范大学的前身。

北京高师于1915年增设三年制手工图画专修科。担任手工图画科的教员主要有李毅士(西画)、郑锦(图案)、徐维哲(手工、用器画),以及美国人丁荫(手工)等。李毅士,原名祖鸿,江苏武进(今属常州)人,早年留英攻物理,兼习西画;郑锦,字褧常,又作絅裳,广东香山(今中山市)人,毕业于日本京都立美术工艺学校和西京艺术大学。第一届的学生于这年7月1日入学,有俞剑华、王道远、孙一青、石磊等十多人。

俞剑华,名琨,山东济南人,是陈师曾的高弟子,他说:"余于1915年肄业于北京高等师范手工图画专修科,翌年请陈师曾先生来授国画,初学山水,继学花卉,从学两年。"[2]

王道远,字履斋,号友石,山东招远人,也是陈师曾的得意门生。他是俞剑华山东第一高中的同学。王道远学习刻苦努力,无论是陈师曾教绘画,或讲篆刻,他都用心记录、消化,然后整理出版,使我们今天还可以读到陈师曾的讲学内容。他说:"道远从陈子游有年,陈子耳提面命,谆谆训诲,犹以为可教。"[3]他的画室名"我师造化",就是陈师曾题写的。

第三章　辉煌

注释：

[1] 姚华（1876—1930），字重光（崇光、荣光），号茫父，别署莲花龛主。贵州贵筑（今贵阳）人。光绪甲辰进士，1904年留日，入东京法政大学速成科，1907年学成归国，任职邮传部。入民国，先后任北京女师、京华美专校长。教育部读音统一会成员。著有《弗堂类稿》《曲海一勺》《元刊杂剧三十种校正》等。

[2]《陈师曾》，弁言。

[3]《槐堂摹印浅说》序，1962年，台湾版。

北京大学画法研究会

民国六年（1917）十一月二十九日，《北京大学日刊》刊载了一则通告：

"我国旧教育，礼乐并重；新教育科学并重。我国纯粹之美术，以书画为最发展。今请陈师曾先生（衡恪）于十二月一日午后三时在法科大礼堂演讲《清朝之山水》，陈先生并携有名画多帧临时展览，以资印证，届期务望出席。"

其时，北大校长是著名的民主革命家和教育家蔡元培。这年年初，他接掌北大以后，锐意改革，大力倡导学术思想自由，兼容并包。

蔡元培是西方艺术及其思想的传播者。他在任中华民国临时政府教育总长时，已把美育作为教育的宗旨之一；在北大，又主张以美育代宗教。在美育中，蔡元培又特别重视绘画的陶冶作用。聘请陈师曾讲演，则是他筹备成立"画法研究会"的肇始。

陈师曾的演讲，由蔡元培亲自主持，讲题是《清代山水画之源流、派别》（后更题为《清代山水画之派别》）。着重讲述了清代山水画"左右画界"的王派（四王）之成就、流变、不足以及末流之弊，并高度赞扬了"飘

蔡元培像

然世外而画名永垂不朽"的石涛、朱耷、髡残等画家。讲述中还展示了四幅古画,以具象地感染听众。陈师曾的演讲,"议论警辟,识见超远。莅会静听者约有三百余人,颇极一时之盛"[1]。

演讲之后,蔡元培当即宣布已邀请陈师曾参加画法研究会的筹备工作。包括蔡元培发布《提倡画学》的报名告示;公推狄福鼎、陈邦济为临时干事,负责起草画法研究会简章;请陈师曾审定会章;在陈师曾肯定简章草案"大概不出乎此",提出"似宜先指定导师数人,预为商榷一切办法,然后可资进行"[2]后,蔡元培请陈师曾介绍数人为导师,等等。

1918年2月22日,画法研究会召开第二次大会,逐条通过了简章,略有修改,并通告公布。简章规定,画法研究会是一个"凡是本校教职员及学生有志画法者皆可参加"的课余学习绘画的组织(后亦招收校外会员),宗旨是"研究画法,发展美育";学习内容分本国画和外国画两门,本国画又分山水、花卉、人物、翎毛4大类,下分若干小门类,外国画也分为3大类8小门类;导师的职责是"指点途径,讲演法则,写示范本,评骘成绩",学生则中、西画不能兼学,一门内限学1类,学2类需经导师特许。

在陈师曾物色若干导师之后,3月8日,蔡元培主持召开了第一次导师会,讨论了课程安排、教学方式、指导办法。到会者有陈师曾、贺履之(名良朴,号南荃居士,晚号篑庐)、汤定之(名涤,号太平湖客、双于道人)、徐悲鸿、李毅士、钱稻孙、贝季眉(名寿同)7人。

指导办法于3月11日公布,分别确定了导师所导门类及演讲时间。其中,陈师曾为花卉,每月演讲一次,每周评画一次。徐悲鸿当时还是一位翩翩年少的24岁青年,他"任中国画人物画及外国派水彩画。评讲期由会员商定"[3]。

3月28日,画法研究会在理科第一教室举行春季始业式。蔡元培在会上做了以《北京大学画法研究会旨趣书》为题的讲话,导师们略述了各门类的入手方法。贺履之虽未讲演,也有诗助兴。

始业式实际到会会员37人,其中,从陈师曾习花卉4人。秋季开学后,会员增至70人,从陈师曾习花卉者也增加到14人。

4月,陈师曾讲《绘画源于实用说》,论述了中国绘画由图案到图、到画的进步轨迹,探讨了绘画"源于实用"的本质。

5月,陈师曾讲《清代花卉画》,论述了中国花卉画的源流及其继承、发展过程和写形与写意的关系，提出了"取两者而会通"为"真妙"的艺术主张。

其他中、西画导师也有演讲。徐悲鸿5月14日的讲题是《中国画改良之方法》（后更题为《中国画改良论》）。

画法研究会的活动相当活跃。5月1日下午3—6时，会员和导师参观了章味三收藏展出的"小万柳堂"书画扇面，计240幅。

章味三是蔡元培的同年好友，时任北大教务长，也是画法研究会的会员。"小万柳堂"是江南名士廉泉居沪的一所知名园林别墅。廉泉，字惠卿，号南湖，别号小万柳堂居士、岫云，江苏无锡人，在沪期间，以收藏明清字画与扇面著称。这些扇叶，都是明唐寅、文徵明、沈周、仇英、董其昌，清高士奇、查继佐、毛奇龄等名家的精品，题材不同，风格多样，对会员和导师都有极好的学习和借鉴作用。

5月4日，画法研究会又组织了师生共50多人参与崇效寺赏牡丹雅集。这天，许多师生都在观赏牡丹时选择最好的角度写生。陈师曾在"微酣"中没有作画，留下了《北京大学画法研究会同人崇效寺赏牡丹》诗一首。

5月5日，徐悲鸿、贺履之、冯汉叔（又名祖荀）率领会员23人前往内务部古物陈列所故宫文华殿展厅参观。古物陈列所成立于1914年。这一年，北京政府内务部将从沈阳故宫和承德避暑山庄的文物计20余万件移来北京。1915年6月至1916年10月，文华殿改建完成后陈列书画，英武殿陈列铜器、瓷器等文物。他们观览了自五代十国至清的文物200件。徐悲鸿在参观中多有评论，写有《文华殿藏画》一文。

北大画法研究会的筹备，思虑缜密，细致周到；成立以后，国画和西画两部按照各自的不同教学特点分别以临写和写生为主，辅以参观、雅集等不同方式，办得风生水起，陈师曾在筹备中的筚路蓝缕之功殊不可没。

民国七年（1918）十月二十二日，北大画法研究会举行第二次始业式，蔡元培在演说辞中宣布："花卉导师陈师曾先生辞职，本会今后拟别请导师，俟决定后再行发表。"[4]

陈师曾早在北大画法研究会成立之前，就曾与在北大图书馆工作的画家陈年（字半丁，又字静山）商谈在北大创办书画研究室，现在北大画法研究会已颇具规模了，为什么突然辞职呢？论者多以为陈师曾辞职的原因,是他与蔡在革新中国画问题上存在认识上的分歧。这种认识上的差异确实是毋庸讳言的。蔡元培认为,"今世为东西文化融和时代",主张中国绘画"多作实物的写生",反对"文人名士"的"任意涂写",要求"去名士派毫不经心之习"[5],对文人画持否定态度;陈师曾认为,西洋艺术"可以借鉴"[6],但应"以本国之画为主体""抛弃古人之笔法,而独从事于写生""此照相片之所以无价值也"[7],极力维护作为中国绘画精粹的文人画。他们对如何评价中国绘画和如何革新中国绘画确有截然不同的观点。

然而,将此视为陈师曾辞职的原因,颇可商榷。

蔡元培在北大实施"思想自由""兼容并包"的办学方针以后,学术领域已经形成了"百家争鸣"的态势。众所周知,留长辫、穿马褂的守旧派怪才辜鸿铭,有"经学大师"之誉的刘师培都先后被蔡元培聘为北大教授,岂容不下一个陈师曾?事实上,陈师曾辞职以后,汤定之、贺履之等人仍在画法研究会担任导师,后来还先后吸收了陈半丁、胡佩衡等人加入导师行列。

陈师曾也并非心胸狭隘的等闲之辈。辞职以后,他与北大画学研究会频繁互动,对画法研究会的支持始终如一。

1918年12月15日,陈师曾为画法研究会主讲了《对于普通教授图画科意见》,论述了普通教育设置图画科的必要,提出了宜以本国之画为主体,舍我之短,采人之长的艺术主张,强调了"临画"和"气韵"之重要。

1919年元旦,北大画法研究会欢送徐悲鸿留法,陈师曾应邀参加。徐悲鸿是康有为的弟子,其《中国画改良论》持与蔡元培相同的学术观点,但陈师曾却在会上热情发言,"希望悲鸿此去沟通中外,成一世界名家"[8],并镌刻"江南徐悲鸿"白文印赠别,丝毫没有芥蒂。

1919年2月2日,蔡元培为筹措北大画法研究会经费,组织校内外文艺社团在北河沿译学馆法科举行游艺大会,并展出从各大收藏家借来的宋元名画和书画名家作品以及画法、书法两研究会会员习作,陈师曾也拿出了自己的作品参展。

1920年4月15日,北大画法研究会全体师生合影,陈师曾应邀出席。

1920年6月,北大画法研究所《绘学杂志》创刊,蔡元培亲自兼任杂志社社长,陈师曾在创刊号上发表了《清代山水之派别》等4篇画论,在《绘学杂志》第二期，陈师曾发表了重要论作《文人画的价值》，第三期又发表了《中国画是进步的》一文，并由他为杂志封面题签。

1922年6月24日，蔡元培拟将北大画法研究会附属于北京美术学校，并函请该校校长郑锦及陈师曾、钱稻孙至北大三院便餐以讨论此事。

北大画法研究会与书法研究会合并成立的北大造型艺术研究会，1924年出版《造型艺术》创刊号（仅出一期），陈师曾虽已去世，该刊仍然发表了他的《篆刻小识》和《遗墨》《印存》。

就是北大本身，也极为重视发挥陈师曾的作用。1922年3月，北大聘请陈师曾任"学生委员会"委员，分工在计画股负责"书画"[9]；同年8月，北大决定出版由胡适主编的《文艺季刊》，陈师曾又被聘为文艺组"编辑员"[10]。

此外，1920年元月，杨昌济在北大病逝，蔡元培、陈师曾、周大烈、黎锦熙等共同发布"为杨昌济逝世征集赙金启事"。

陈师曾辞职的主要起因应是父亲的重病。1918年夏秋之交，年已六十有六的散原老人，在南京宅寓生了一场"病血下泄"的大病，至重阳节后，仍卧床将养，据他自己说大病"几死"[11]。老人在《病中作》一诗中说："腐肠暴下薄秋期，内食阴阳鬼瞰之。"看来患的是当时死亡率还很高的痢疾。时任北洋政府财政部秘书的七弟方恪迅即南返随侍，卧病沪渎的妻舅俞明震愈后赶来探视，陈师曾也时时处在焦虑之中，亦当准备随时南下。

同时，他的第三任夫人黄国巽在上一年生了师曾三子封雄以后，1918年9月又生了四子封举。

而且，其时陈师曾还兼任北京高师图画手工科和北京女师教职。

这些都说明，陈师曾其时确实无力多方兼顾，不得不辞去北大画法研究会导师之职。那个时代，并非非"白"即"黑"的时代。蔡元培和陈师曾在认识上的分歧，并没有影响他们之间的合作。

北大中国画学研究会是中国现代绘画史上第一个新型的美术研究团体。为返本开新建立中国画走向世界的高水平文化推动平台，2010年年底，北京大学复立"中国画学研究院"，院长为陈师曾姑孙范曾。

注释：

［1］《北京大学日刊》，1918年2月21日。

［2］《致陈衡恪函》附二：《陈衡恪复蔡元培函》，《蔡元培文集》第三卷，中华书局，1984年，第137页。

［3］《北京大学日刊》，1918年3月9日。

［4］《在北大画法研究会之演说词》，《蔡元培全集》（第三卷），第208页。

［5］《在北大画法研究会之演说词》，《蔡元培全集》第三卷，第208页。

［6］《欧洲画界最近之状况》附按，《通州师范学校校友会杂志》，第二期，第35页。

［7］《对于普通教授图画科意见》，《绘学杂志》创刊号，"讲演"栏，第10、12页。

［8］《陈师曾在欢送徐悲鸿留法会上的讲话》，《绘学杂志》创刊号，第30页。

［9］《提议北大学生事业委员会名单》，《蔡元培全集》第四卷，第173页。

［10］《北大季刊编辑员讨论会议决之条件》，《蔡元培全集》第四卷，第230页。

［11］《俞觚庵诗集序》，《散原精舍诗文集》（下），第943页。

国立北京美术学校（北京美术专门学校）

民国八年（1919），陈师曾又应聘兼任国立北京美术学校（1921年更名为北京美术专门学校）"主任教授"［1］，这已是该校成立一年之后了。

1917年，北洋政府议决成立民国以来的第一所公办美术学校——国立北京美术学校，即现今中央美术学院的前身。该校筹备所由郑锦任主任负责筹备工作，后任校长。经过半年时间的筹办，学校于1918年4月15日开学，蔡元培应邀在开学式上做了重要讲话。

该校的办学目的是：学生毕业后"或于普通学校中任关于美术之教科，或于实业界，改良制造品，或于社会教育界提倡美育"。

第三章 辉煌

郑锦像

学校首次招生30余人,先设两年制中等部和师范班,中等部学生毕业后可升入本科。1919年,经北洋政府国务会议议决批准,学校本科设中国画、西画和图案三系(图案系1922年才建立),停办师范班和中等部。

学校教师有陈师曾、陈半丁、王梦白、姚华、萧俊贤、贺履之、俞剑华以及油画家吴法鼎(字新吾)、李毅士等人。

民国十年(1921),学校更名国立北京美术专门学校后,先后又有汤定之、萧谦中(名愻,号大龙山樵)、胡佩衡(号冷庵)、王悦之(原名刘锦堂,号月芝)、钱稻孙等来校任教。

学生中后来成为著名美术家的有高希舜(1919年以第1名考入该校)、刘开渠、张肇铭(1920年入学)、邱石冥(1921年入学)、方伯务、王雪涛、李苦禅(1922年入学)以及颜伯龙、苏吉亨、王羽仪等。其中,高希舜深得陈师曾器重,王雪涛、王羽仪是王梦白的得意门生,而邱石冥、方伯务则是姚华的高足。

陈师曾在该校除教授画法外,还讲授《中国绘画史》。这是一门在体例和有关内容上翻译了日本学者中村不折和小鹿青云的《中国绘画史》,又有新增材料,更有诸多新见解,对美术史的学科建设具有开山意义的课程。在讲授《中国绘画史》时,他一如既往地肯定了中国绘画的优秀传统和应当吸收外国美术的长处,善于"融合""会通"。

此外,1979年台北文心出版社曾出版《图画要诀》,据编者熊念祖在《编者的话》中说,此书乃陈师曾北平美术专门学校的讲义,尚待考。

他的弟子俞剑华1920年8月北京高师毕业后,应邀来到北京美术学校任手工、水彩画教员,师生同事。俞剑华说,就读高师期间,"以功课繁多,未能专心致力",所以现在又再次师从陈师曾学山水。他说:陈师曾"对于后学循循善诱,谆谆教导,苟有一技之长,无不曲予奖励。学生如有请教,无不详细指示。虚来实往,受益良多"[2]。雕塑大师刘开渠后来回忆这一段学习生活时也说:"他(陈师曾)是国立艺专最受学生欢迎的教员。""他的创新精神和作品对我们的影响最大。他是当时北京最有名望的画家。"[3]

陈师曾对学生不苟言笑而蔼然可亲，但要求也十分严格。据说有一次上山水课，一位同学忘了带小碟，受到他的严厉斥责。他又是性情中人。一位体育教师请他刻一印章，时过一年，仅刻了一个"孔"字给他[4]。

在此期间，俞剑华参考日本和西方图案书籍编著了《最新图案法》。陈师曾为之题词和撰写了序言。题词是："艺进于行。"序言指出：研究图案，"必取东西人之书以为津筏"，然后"不失诸己，亦不自封"[5]，该书由郑锦题耑，于民国十年（1921）四月在美专出版。

1923年，陈师曾还为弟子孙一青（名通汉）所译《写生画作法》撰写了序言。

1922年5月，因北洋政府长期拖欠教育经费和教师工资而举行罢教索薪、罢课请愿运动的北京国立8校决定提前举行学年考试，但北京美专师范科一年级学生因上课时日不多，申请不参加考试，校长提交8校校长联席会议讨论未获通过，考试如期举行，引发该班学生对校方的罢考并冲击考场。为此，校长郑锦开除了带头闹事的6名学生，陈师曾、

北京美术学校礼堂

吴法鼎、李毅士等教授不同意对学生的严厉处罚，联名辞职，以示不满，又引起学生对校方的抗议。郑锦担任首任校长长达7年，为此后其他美术学校的建立提供了可供借鉴的先例，是有历史功绩的。陈师曾与郑锦曾是教育部编审处的同事，又同任教于北京高师、北大画法研究会，接着又共事于北京美专，至少为郑锦刻过三方印章，他们私交甚好。

注释：

[1]据《追悼名画家陈师曾》，《晨报》，民国十二年十月五日，第六版。

[2]俞剑华：《陈师曾》，第33页。

[3]《雕塑艺术生活漫忆》，《文化资料》第三期，第133页。

[4]王森然：《陈三立先生评传》，《近代名家评传》二集，三联书店，1998年，第80页。

[5]《陈衡恪诗文集》，第202—203页。

倾心美术活动

西山画社

这是与妻兄汪东"读画刻印,于时最乐"的产物。汪东说:"丙辰(1916年)秋,余在北京,邀汤定之、吴待秋、金拱北、陈师曾及陶宝如、心如丈兄弟,同集寓所,预置笺纸扇面等,宴饮既阑,浑洒狼藉。定之曰:'此会当有名',遂命之曰'西山画社'。越数月,余赴浙江,社集竟未再举,是日所作,悉归主人,尤得饫观诸家点染之法,诚快事也。"[1]汤定之所画水墨山水,题记即为"西山画社第一集"。定之于1915年来京;吴待秋,名征,号春晖外史等,浙江崇德(今桐乡)人,清末名家吴滔之子,时鬻画京城;金城,原名绍城,字拱北,号北楼,别署藕庐,浙江归安(今湖州)人,时任众议员、内务部佥事,因提议和筹设古物陈列所而名动一时;陶宝如,名瑢,号剑泉,其弟心如,名洙,号忆园,江苏武进(今属常州)人,均擅书画。可惜,"西山画社"并没有延续下来。

宣南画社

1915年冬,京城司法界一群以北洋政府司法部参事余绍宋为首的书法绘画爱好者,以著名画家汤定之来京为契机,组成一个以汤定之为导师的画会。成员有林宰平(名志钧,又字北云)、胡子贤(名祥麟)、刘含章(字仲缵,号婉苍)、杨劲苏(生平不详)、蒲殿俊(字伯英,一字沚盦,笔名止水)、陈璇僧(生平不详)、刘崇佑(字原诚,号菘)等十余人。

他们大多出身士族,饱读诗书,国学基

余绍宋像

第三章 辉煌

础深厚，又都留日或在京城攻读法政，不少人在书法、诗文、鉴赏、收藏上已颇有成就，尤其是对传统文化和中国书法、绘画的传承有广泛的认同。

余绍宋，字越园（早年用樾园），后易号寒柯，浙江龙游人。他说："余识定之先生在乙卯之冬，时先生不常作画。余与子贤时怂恿之，偶有所得辄学蒙泉。既与余及子贤过从渐密，作画亦渐多，于是有画社之偶设，恒集于宣南敝斋。"[2]由于画社设在余宅，而余宅在宣武门南骡马市大街西街胡同5号，故名"宣南画社"；又由于1915年是乙卯年，故又称"乙卯画社"。

后来，又有司法界余戟门（名启昌）、梁敬錞（字和钧）、梁平甫（名锦汉，号洴夫、瓶父）、廖允端（名维勋），以及画家陈师曾、王梦白（名云，号破斋，别署彡道士）、萧厔泉、贺履之、汪慎生（名溶，号满川村人）、郁华（字曼陀，别署曼君、曼公）、书法家罗惇曧（字敷庵，复堪）等参加进来。其中，萧厔泉曾任两江优级师范学堂国画手工科教习，是我国近代学校中的首任国画教师。

陈师曾对司法部并不陌生。他抵京的时候，父执梁启超已是熊希龄"第一流人才内阁"的司法总长，梁启超又邀聘江庸任次长，而江庸，又是陈师曾的世交老友。从《余绍宋日记》和留存下来的作品看，陈师曾至迟在1916年夏已经加入宣南画社，并成为其中的核心人物。

宣南画社不设社长，由社员1人至2人任主席，不论职位高低，来不迎，去不送，社员有事也可缺席。导师、画家和社员的关系在亦师亦友之间。切磋书画，谈诗论艺，不涉时政，甚为相得。有时还有宾客参加。

画社活动主要由汤定之、陈师曾等即兴作画（或合作）示范，社员从旁观摩，有时也由画师讲解作画方法，或在社集之后做深入的交流，既似师徒制的传统方法，又渗入了现代绘画教育的某些特点。作品采取拈阄的方法分赠社员。为了促进社员的学习，1922年4月2日又约定此后每次社集每人必须作画一纸，下次交卷。

社集起始时，不定期进行，时间约从上午9、10时至下午5、6时，后定为一周一次，周日进行。汤定之南归或余绍宋南下考察司法、南归为母庆寿，也曾一度暂停。

随着阵营的扩大，安排社集地址、游憩去处和提供聚餐费用，均由轮值主席负责，已经具有传统的文人雅集性质，但对传统绘画的教育、学习、交流,始终是画社未变的内核,即使是京城屡经战乱,也没有中辍。

画社活动,增强了陈师曾与画友的情谊。汤定之,原名向,因倾慕石涛(大涤子),改名涤。他与陈师曾相识于"西山画社"后,很是热络。定之书法隶、行并佳,师曾画《姜白石词意图》13帧,请汤定之题耑;汤定之所藏曾祖父汤贻汾(谥贞愍)画,请陈师曾题诗。他们双双游览了江亭(陶然亭)和八达岭。合作的画幅也不少,后来又都是北京大学画法研究会的导师。陈师曾逝世后,汤定之和陈半丁还为其长子封可制定了《鬻画(润)例》,刊于《湖社月刊》。[3]

余绍宋与陈师曾的相交,有一个认识过程。1917年3月4日社集,汤定之先仿王蓬心画作一幅,接着由陈师曾画花卉数帧,余绍宋看后以为"皆粗枝大叶,顷刻而成,师曾之负盛名其以此乎"[4]?随着画社活动的频频展开,余绍宋绘画和欣赏水平的提高,认识逐渐有了改变。1919年7月27日社集,陈师曾画石大帧9幅,余赞其"极酣畅淋漓之致"[5];1919年11月2日社集,陈师曾为余画竹,余赞此作"颇有逸志"[6];1920年3月28日社集,余在日记中说:"众人作画甚多,惜鲜精者。五时许散,陈师曾独留与余作梅瞿山山水直帧为佳。"[7]浙江省博物馆至今珍藏着师曾题有"樾园社长吟正""樾园社兄属""余庐客散后写此""樾园先生鉴之"的画作《兰竹》《玉兰》《墨梅》等作品。随着认识的加深,他们过从极密。师曾时时往余庐谈艺、咏诗,余称赞陈师曾"剖析画理,极致精微"[8]。"喜以秃笔作山水,兴会一发,顷刻而成,又喜杂用诸色,时有奇致"[9]。"人品极高,天才卓越"[10]。1923年夏,余绍宋40周岁时,画家汪慎生为画小像,请陈师曾题额,师曾篆题"余樾园先生四十小像"。师曾赠《兰竹》,题:"君子同心,清风满襟。夐乎空谷,把臂从林。"他们已成书画知己。

宣南画社起于1915年,迄于1927年,长达12载,是民初京城较早出现的画会。它凝聚了从各地主要是从南方流寓京城的一批书画家和书画爱好者,对于振兴已经式微的北京画坛,起了筚路蓝缕的重要作用。南风北渐,对于北京画坛文人画主体的形成和新画风的产生,具有重要的开创意义。宣南画社在教育、学习、交流方法上的成功探索,对后起的"中国画学研究会"起了重要的借鉴作用。陈师曾通过他在宣南画社的活动开始显示了他引领北京画坛的"领袖"风范,尤其是为日后应对全盘否定文人画的西化思潮,做了实践上的准备。

第三章 辉煌

注释：

[1]《寄庵随笔》，第 37 页。

[2]《余绍宋日记》，第四册，1927 年 6 月 29 日，北京图书馆出版社，2003 年，第 790—791 页。

[3] 陈封可（1896-1971），1917 年留日，后又留德。归国后历任北洋政府国务院、外交部秘书。驻德汉堡领事、北师大德语教师。中华人民共和国成立后，曾任北京对外贸易学院副教授、国家建委翻译。1957 年退休。擅书画；与齐白石、黄宾虹、徐悲鸿等交往密切。

[4]《余绍宋日记》，第一册，第 84—85 页。

[5]《余绍宋日记》，第一册，第 614 页。

[6]《余绍宋日记》，第一册，第 649 页。

[7]《余绍宋日记》，第一册，第 709—710 页。

[8] 余绍宋：《书画书录解题》卷一，浙江人民美术出版社，2012 年。

[9] 余绍宋 1932 年为陈众孚作山水题款。

[10]《余绍宋日记》，第三册，1923 年 9 月 19 日，第 492 页。

中国画学研究会

1920 年 5 月 29 日，中国画学研究会成立于北京南河沿石达子庙（欧

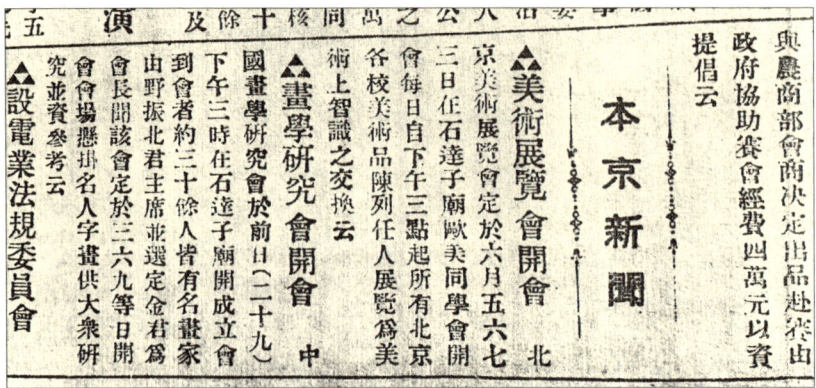

画学研究会开会（《晨报》，1920 年 5 月 31 日）

美同学会所在地）选定金城为会长。

中国画学研究会的发起人有金城、周肇祥、陈师曾和贺履之、陈汉弟（字仲恕，号伏庐）、萧谦中、徐宗浩（字养吾，号石雪）、陶宝如等。

早期入会的成员有姚华、王梦白、江南蘋（原名江采）等30余人。

中国画学研究会以保存国粹，精择古法，博采新知，与时代进化为宗旨，会址几经变化，1922年迁至中央公园（后改称中山公园）"来今雨轩"。

金城像

研究会的重要任务之一是培养传统绘画的后备人才。为此体制和教育职能上，除设会长主持日常工作外，设评议若干，并面向社会招收研究员（即学员、初级会员）。初期聘为评议的有陈师曾、陈汉弟、贺履之、萧谦中、徐宗浩、颜世清、杨葆益（字冠如，号观如居士）、金陶陶（名章，金城之妹）、金瑢等人。他们同会长一起，一面定期观摩切磋交流，一面作为导师采取集体授课和个别授课的形式辅导研究员研习绘画。科目分人物、山水、花卉、界画4科，如《画学讲义》就是金城当时的讲课稿，秦仲文（名裕）就是陈师曾的学员。评议和研究员之间，既有会员级别之分，又是一种明确的师生关系。研究员成绩合格的，可聘为助教，有成就的可晋升为评议，如江南蘋被聘为助教，胡佩衡、徐宗浩、吴镜汀（名熙曾，号镜湘）、秦仲文等被聘为评议。研究员实行考试入学、合格毕业制，五年期满成绩合格发给证书。教学方式上，实行旧式师徒传授与新的师生教学相结合，研究员可拜某评议为师，也可同时向其他评议请教。教学内容上，精研以宋元为代表的古代绘画传统，包括技法、画理、画论和画史等。教学方式上，以临摹古代名家真迹为主，每年举办成绩展览会。

研究会的另一重要任务，是与日本画家合作，在中、日两国轮流举办中日绘画联合展览。1921年11月至12月第一次联展，先后在北京和天津举行；1922年5月第二次联展，在日本东京举行；1924年4月至5月，第三次联展先后在北京和上海举行；1926年6月第四次联展，先后在东京和大阪举行。

第三章 辉煌

《花卉》（金城、江采、陈汉弟、凌文渊、萧谦中、姚华、陈年、陈师曾、王云合作）

　　此外，为全体画家谋出路，也是研究会的任务之一。除举办画展售出会员作品外，还可为画家制定润例。如1923年仲春，由陈师曾执笔、名家联合署名为画家汪蔼士（又名吉麟）制定的润例就是一例。

　　在画学研究会的初期活动中，陈师曾作为发起人和评议，发挥了无可替代的重要作用。他和金城相交于"西山画会"，此后志同道合；他与周肇祥也相识于1914年，多有往来。发起组织中国画学研究会时，与金城和周肇祥在政界的影响不同，陈师曾以其声名与书、画、篆刻、出版、收藏以及教育各界都有广泛的联系。他的发起和加入，必然产生广泛的社会影响；其丰富的美术教育经验，对于研究会培育后备人才也游刃有余；他留日8年，熟知日本美术的古往今来，与日本的一些著名画家多有往还，通过中日绘画的交流，扩大中国绘画的国际影响，推进东方艺术的发展，更是非他莫属。虽然金城强调摹古，提出以工笔为画学"常轨"，陈师曾重视创新求变，强调写意，力图摆脱传统束缚，但他们在继承和弘扬传统绘画艺术上有着高度的共识，这使他们坚定地站在了同一条战线上，私交也甚好。

　　中国画学研究会既保留了传统的摹古授徒方法，又吸纳了某些西方美术教育的长处，更参与了国际的美术交流，显示了它的巨大生命力。1926年，金城病逝以后，画法研究会由周肇祥任会长，陈半丁、徐宗浩任副会长，延至1947年才告结束；金城长子金开藩（潜庵）因与周肇祥不和，与金城弟子另立"湖社"，至1937年抗战爆发才暂停活动。它们虽然一分为二，但却保持了早期中国画学研究会的模式，在培养画家、传播书画艺术等方面发挥了重大的作用，是民国时期持续时间最长、规模最大、培养人才最多、国际交流最为频繁的美术社团，活跃于20

倾心美术活动

世纪中国画坛的许多有成就的画家,都得益于中国画学研究会的培养造就,因而也是影响最为深远的美术社团。金城也因其亲属及弟子参与绘画的人数之多而被称为"北平广大教主",又以其精心摹古而被誉为"南画正宗",末代皇帝溥仪曾赐给他"模山范水"匾额。

东京中日绘画联展

按照约定,中日绘画第二次联展在日本举办。

1922年3月,陈师曾收到了日本著名画家荒木十亩和渡边晨亩当月18日发来的关于在东京举行第二次中日联合绘画展览会的邀请函。他立即开始紧张地收集、挑选中国画学研究会导师和学员的参展作品,收集齐白石、林纾和宣南画社成员等画家的参展作品。他的老师吴昌硕和上海其他一些著名画家的作品也联系妥当了。他自己的作品,则请教育部同事张宗祥(字阆声,号冷僧,室名铁如意馆)助选,张说:师曾"初至日本作画展,邀余选其作品"[1]。至行前,已收集作品400余件(上海画家的展品到达日本较迟)。这些作品,

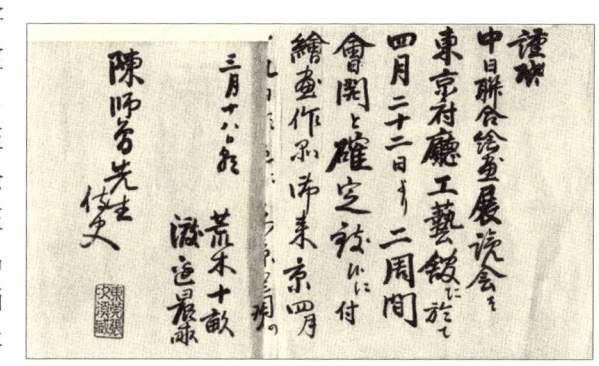

荒木十亩、渡边晨亩邀请函

第三章 辉煌

都由作者本人定好润例,凡不出售者均予注明。齐白石在《白石老人自述》中说:"我在北京,卖画生涯,本不甚好,有此机会,当然乐于遵从,就画了几幅花卉山水,交他带去。"

陈师曾留日归国已经13年了,想到异国知己的邀请,他忙里偷闲,写下了《将之日本之先,以诗呈又玄社诸君》的诗篇。又玄画社,是大村西崖为复兴文人画而创设的一个绘画团体。大村西崖来北京时,已邀请陈师曾加入又玄社。

收集作品期间,4月3日上午,宣南画社余绍宋来师曾处看画。他在这一天的日记中说:"九时到陈师曾处看各家送往日本求售之画,最佳者为师曾、萧谦中,最恶劣者为林纾、齐璜,而齐尤为荒谬,令人作呕。十一时半归。"看来,余对齐、林之作大不以为然。

准备工作大体就绪,4月15日,画友贺履之、萧屋泉为陈师曾、金城饯行,邀余绍宋等画家作陪。余绍宋此时才与金城相识。

4月18日,金城、陈师曾、吴镜汀及金城之子金勤伯携带参展作品,由大村西崖派来欢迎的人陪同,从北京启程,经朝鲜前往日本。4月21日,抵达大阪,受到大阪市长及日本各界的欢迎,并参加了欢迎宴会。到达东京时,又受到大村西崖等人的热烈欢迎。4月25日,日本《中央新闻》刊载了他们到达东京站和大村西崖、渡边晨亩、小室翠云前往欢迎的大幅图片。

这次展览,得到"日本实业协会"的资金支持。参展作品除中国画家作品400余件外,日本画家有79件参展。日方为展览印发了宣传单,举办了招待会。5月1日(一说2日)至5月15日第二次中日绘画联展在东京府厅商工奖励馆隆重举行,

1922年,金城、陈师曾等赴日举办"中日绘画联合第二次展览会",前排中右坐者为陈师曾,左坐者为金城。

上海《申报》于5月6日做了报道。

展览顺利进行，日本友人在日式温泉旅馆红叶馆宴请金城、陈师曾一行。日本著名史学家、诗人内藤湖南也宴请了他们。他们还应邀参加了日本世臣岸崎男爵的清住园雅集。

最令陈师曾兴奋的是在小室翠云陪同下去日光道、华严瀑等地故地重游。他将游踪写入了《东游杂诗》[2]七绝9首之中。一同前往游览的金城，也有数诗和韵记游。

师曾极重友情。这次见了许多日本新老朋友，他别出心裁地准备了小册页，请这些朋友作画，以为纪念，其中有翠云、玉堂、秀亩、西崖、晨亩、天泉、春举、玉邨等，他又请日本友人题签"怡情"。

另据北洋政府教育部第三十八号令："本部编审员陈衡恪现赴日本，应令就近考察该国美术教育状况，仰遵此令。"[3]可知这次赴日，陈师曾还负有公务，对日本美术教育现状当与日本画家多有探讨。

展览结束后，日方出版了纪念图录，刊载中国画家展出的作品330幅，日本画家展出的作品66幅。由于联展同时展出了一批法国画家作品，经过挑选，还出版了超大6开珂罗版画册《佛（法）国及支那美术展览代表作集成》，除收录法国画家约40幅作品外，中国画收录了齐白石、吴昌硕、颜世清、金绍城、陈衡恪、凌文渊、陈半丁、陶瑢、贺良朴、萧逊、陈宏泽、马晋等人作品，由日本日新美术社印行。

注释：
［1］《画人逸话》，《铁如意馆碎录》，第36页。
［2］《陈师曾遗诗（下）》。
［3］载教育部《教育公报》，1922年，第四期。

花阴画会

以文人画家而习西洋油画，陈师曾是其时绝无仅有的第一人。

在北京美术学校，师生组织各种业余绘画社团以提高艺术水平如雨后春笋。由郑锦、李毅士、吴法鼎、姚茫父、陈师曾、王梦白、萧俊贤、徐复初、韩子极、伍灵等中西画教师组织的"花阴画会"就是其中之一。该会成立于建校不久。1920年6月刊出《花阴画会第一次夏期绘画传

第三章　辉煌

《花阴画会展续闻》（《晨报》，1920年6月4日）

钱稻孙《花阴画会的洋画》（《晨报》，1920年6月6日）

习所简章》招生,"以传授中西画法以期普遍美的技法及思想为宗旨","分中国画、西洋画两科,每科限一百人,只一人许学一科",招生"不拘男女及已未学过绘画,年龄在十五岁以上品行端正"即可,"各科设初等、中等、高等三部""各科四元(五十个半天),每星期日上午讲演美术上各种科学",达到学习要求者,"赠予教员作品以为褒奖"[1]。

与招生工作相呼应,花阴画会在石达子庙召开欧美同学会,同时举行了一次画展,时间是6月5日、6日、7日下午,展出画作200余件。《北京大学日刊》于6月4日、5日、7日连续三天刊载了《花阴图画展览会启事》,并在6月4日二版刊登《花阴画会致本校函》,欢迎北大师生前往参观。

为了扩大这次展览会的影响,钱稻孙在他们布展的6月4日,"就先进去看了一回",次日就写了洋洋数千字《花阴会的洋画》的评论文章,刊载于6日和7日出版的《晨报》"评坛"栏内。展出的油画共30余幅,分为风景、肖像、裸体、静物四部分,钱稻孙一一作了评析。

陈师曾展出了三幅风景画油画作品,它们是《中央公园》《道旁小庙》和《广济寺》。钱稻孙的评论说:

"风景画中,我特地把陈师曾诸作提开来论。因为陈师曾是中国画家,世人都不知道他于油画也有研究。我想推举他今次出品诸作中的优点:《中央公园》优点在阳光树影,缺点却在色值(Uaiue)不大对的样子,但并不是不调和。《道旁小庙》取材不像中国画家的创作。破烂的房子,湫隘杂乱的街巷一角,岂是专重诗趣的中国画家所见为美的么?与吴新吾作《南池子口外》是一类的取材。要知物美和艺术美,是两事,不是一事。物之不美,一经艺术家之改造,便美了。艺术的价值,此其一也。《广济寺》是我以为师曾今次出品洋画中最佳作。早晨的阳光树影,表现出清爽活泼的感兴。这画还有装饰的美。红、蓝、绿三极色彩配在一起,都用极饱和的值量,是极俗气的。这幅画正用这极俗的配色,而能表现极饶诗趣的景象。你看这幅有一些些俗气没有呢。"[2]

我们从以上的评论中,大体可以窥到这些作

李毅士画《陈师曾像》

品是对"画虽用西法，而敷色布局仍以我法行之"的探索。刘开渠就曾见过陈师曾用油画颜色画中国画花卉。

展出的图画作品，则有郑锦《花阴画会读画记》的评论，刊于《北京大学日刊》1920年6月8日第三版，对陈师曾的画评价甚高。

学中画和西画的画家们共同组成"花阴画会"，并且办展览、育人才，也见证了他们的友谊。展览会上，"肖像"部分，展出了李毅士精心绘制的油画《陈师曾像》和《王梦白像》。从这两幅肖像的背景看，是对师曾、梦白极为熟悉的李毅士的精心构思之作，为中央美术学院至今所珍藏。

注释：
［1］《北京大学日刊》，1920年6月18日。
［2］《花阴会的洋画》，《晨报》，1920年6月6日，7版。

中华美术协会

说到师曾画油画，他还是"中华美术协会"的一员。"中华美术协会本部纪念摄影"便是在国立北京美术学校大礼堂正门前拍摄的。

中华美术协会的渊源，最早应是由在东京美术学校学习美术的陈抱一和江小鹣、严智开、汪洋洋、雷毓湘、方明远、李廷英、许敦谷、胡根天等人于1915年所创立。

1919年3月1日天津《大公报》第七版"美术协会之成立"报道："近有美术专家李洋洋者，由山东赴京，联络美术家组织一协会团体，昨在美术学校开成立大会，办公事务所暂附设该校，闻此会成立，全赖陈师曾、郑裦裳、黄喃喃、

美术协会之成立（天津《大公报》，1919年3月1日）

白常龄、潘子杰、韩子极诸大家之热心也。"据此,照片拍摄的时间应为1919年2月28日,参加拍摄的应是上述报道中提到的7人。

北京美术学校(北京美专)的"中华美术协会",对该校的创立和发展有什么贡献?开展了哪些美术活动?陈师曾在其中发挥了怎样的作用?这些都有待深入发掘。

中华美术协会本部纪念摄影(左二为陈师曾,右一为郑锦)

济南参会与讲学

中日绘画第二次联展后不久,1922年暑期,陈师曾又赶赴济南,出席中华教育改进社第一次年会。

中华教育改进社于1921年12月成立,以调查教育实况、研究教育学术,力谋教育改进为宗旨,蔡元培任董事长,陶行知为主任干事,总社设在北京。该会虽仅存在约5年时间,但在20世纪20年代是极具影响的民间教育社团,有力地推动了中国教育的现代化,对壬戌新学制的建立起了决定性的作用。

这次年会主要讨论教育改革问题,1922年7月3日至8日在济南举行,参加会议的有全国18个省区,47个城市。出席年会的有梁启超、马寅初、胡适等370多人。由蔡元培、张嘉森、刘海粟提出的"请政府创设国立美术展览会"议案,经美育组议决通过,由中华教育改进社谘请教育部办理。

陈师曾除参加会议外,还应中华教育会的邀请在济南学术讲演会上主讲了《中国画小史》,内容共分六讲:1. 三代两汉之画;2. 魏晋六朝之画;3. 唐代之画;4. 五代两宋之画;5. 元明之画;6. 清代之画。

这次陈师曾再至景色秀美的济南,自然免不了作画题诗。《明湖秋荷》便是此次在济南的作品。

第三章 辉煌

支持上海美专扩建

从济南返京不久，陈师曾有一次南归之行。一是携夫人黄国巽和长子封可等几个孩子回南京庆贺父亲散原老人11月9日七十大寿；二是赴南通补祝岳母姚夫人六十初度。在南通看望李苦李时，正好与时任其母校南通七中教师的王个簃相遇。因岳母去了杭州，又赶赴杭州，追陪岳母游杭二日。然后便是逗留沪上，举办画展，以支持上海美专增建新校舍。

还是7月在京时，他就收到了上海美术专门学校校长刘海粟为筹建新校舍请师曾以书画协助筹款的信："拟邀法绘四尺立幅二十帧。并邀转乞王梦白先生及在京热心君子担任若干帧。"师曾随即复函表示："贵校事愿意极力帮助，请寄六吉棉料四尺单（即劈开寄来）宣纸（缶老常用此纸，价廉物美）来，定即与梦白协力涂抹。弟秋间决定回南一行，至于展览拙作尚未能预定，届时有信通告也。"

上海美专，是我国第一所正规的现代美术学校，1912年由年仅17岁的刘海粟和乌始光、张聿光创办。1922年，学校在上海徐家汇左近募得基地20亩，以新建校舍，扩大规模。为此，一面向社会募集资金，一面又由校长刘海粟致函海内书画名家张謇、郑孝胥、高剑父、陈师曾等征集作品。

刘海粟与陈师曾彼此心仪已久。早在北大画法研究会成立时，就曾知会上海美专，表示向美专学习。1921年7月5日，上海美专举办建校10周年绘画展，展出历年学生成绩和征集名家作品1300余件，陈师曾有作

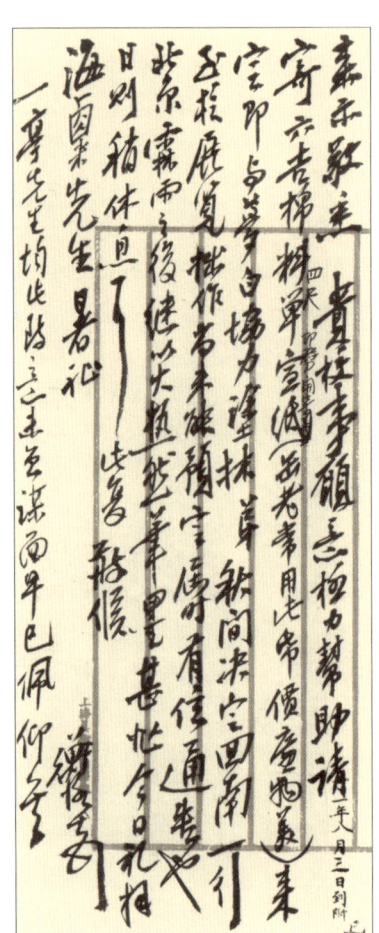

陈师曾复刘海粟函

品参加展出。1921年12月5日，刘海粟因延聘名师偕学生丁远抵达北京，入住东方饭店。因足疾住院的蔡元培致信刘海粟，建议他住到北京美术学校去，说"那儿画家很多，吴新吾、姚茫父、王梦白、陈师曾都是很正直的艺术家，你们可以切磋绘画，我给郑锦校长写了信，你去找他，他会接待你的"。刘海粟在京逗留20天。他说：入住北京美术学校期间，"我和姚茫父、吴新吾、王梦白、陈师曾、李毅士等名画家都在那儿探讨过文艺思潮"[1]，并与吴法鼎、李毅士、陈师曾纵论中兴中国艺术之志，所见相同。

这应该是陈师曾与刘海粟的首次交往。陈师曾比刘海粟年长20岁，他篆刻了一枚"百尺竿头需进步"的白文印相赠。刘海粟后来十登黄山，现存其最早的黄山之作、画于1935年冬夜的《虬松》，便加盖了这一方自勉印章。

陈师曾这次到沪，主要是携带自己得意的美术作品20余幅前来展览，经豫园书画善会和上海书画会的介绍，于11月22日、23日在虹口日本俱乐部展出2天。期间有"日侨以重金购求"[2]。或许，这次售画所得，就捐赠给了上海美专。

上海美专教授、教务主任江小鹣（原名新，系湖南学政江标之子）与陈师曾是世交。他是我国近现代著名的雕塑家，新兴美术团体天马会的发起者之一。民国十二年（1923）八月四日至十二日在上海美专二院举办的天马会第六届绘画展览会，有陈师曾的作品参展。师曾逝后，约在1925年，江小鹣雕塑了《陈师曾青铜半身像》，在1925年第七届天马会画展上展出，这是江小鹣第一件著名的雕塑作品，最早为他带来了声誉。

这年冬，以"保存国粹，发扬艺术"为宗旨的"中国书画保存会"在上海成立，陈师曾也是发起人之一。

注释：

[1] 刘海粟：《忆蔡元培先生》，《南京艺术学院学报（音乐与表演版）》，1983，第1期，第14页。

[2] 彭定安、马蹄疾编著《鲁迅和他的同时代人》（上卷），春风文艺出版社，1985年，第76页。

画人雅集

《癸亥》（王梦白、陈师曾、萧谦中、姚茫父合作）

雅集，是画家诗人交流思想、联络感情、切磋画艺的极佳场合。京城画人的各种雅集，陈师曾都是其中的重要角色，并且往往是第一个拿起画笔挥毫作画。槐堂，自然是雅集的场合之一。如1922年7月的一次雅集，师曾和梦白合作，画《花鸟图》，题记为"壬戌七月，同人雅集安阳石室，衡恪画萱草，梦白补麻雀、怪石以为纪念"。它如师曾女弟子江南蘋、吴静庵夫妇的"寒鲍簃"、王梦白弟子、京剧大师梅兰芳的"缀玉轩"、梅的诗词老师李释堪（名宣倜，号苏堂，晚号蔬畦）的"双棠馆"等都是画家们经常雅集的地方。此外，还有辛酉（1921年）六月六日凌文渊"简庐"和六月二十四日齐白石宅的荷花生日雅集、壬戌（1922年）为纪念苏东坡诞生885周年而举行的"罗园雅集"、中国画学研究会部分画人在女作家、画家凌叔华宅举行的"香岩精舍"雅集等。限于篇幅，兹不详述。

高张文人画旗帜

陈师曾历来关注和重视中西绘画的理论研究。1912年4月，他翻译了日本作者久米桂一郎撰写的《欧洲画界最近之状况》一文，发表于南通师范《校友会杂志》第二期。

19世纪西方绘画艺术的高峰期，是以法国为中心的欧洲绘画全面繁荣的时期。这一时期，不同的绘画流派接踵而起，影响遍及世界。久米桂一郎是东京美术学校的教授，与日本西洋油画的代表人物黑田清辉同时留法，是日本早期印象派"外光派"画家，并参与创立了以印象派画风为主流的"白马会"，对欧洲画界的状况是熟知的。该文介绍了法国19世纪末至当时从"尚古主义"（新古典主义）、"浪漫主义""自然派"（现实主义）到"印象派""新印象派""后印象主义"等艺术流派的不同特征和代表画家。陈师曾撰写了跋语：

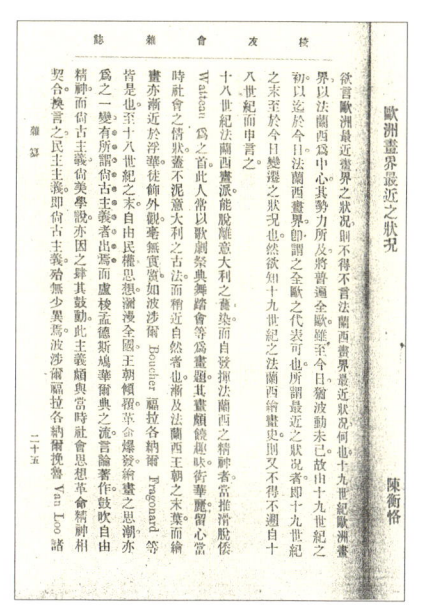

《欧洲画界最近之状况》，原载《南通师范校友会杂志》第二期（1912年4月）

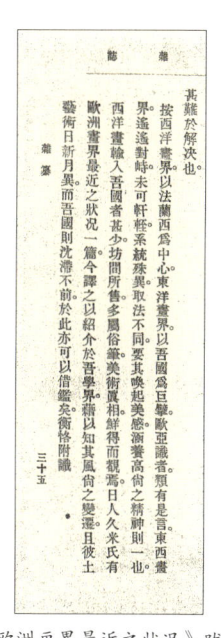

《欧洲画界最近之状况》跋语

第三章 辉煌

"按西洋画界，以法兰西为中心；东洋画界，以吾国为巨擘。欧亚识者，类有是言。东西画界，遥遥对峙，未可轩轾。系统殊异，取法不同，要其唤起美感、涵养高尚之精神则一也。西洋画输入吾国者甚少，坊间所售，多属俗笔，美术真相，鲜得而睹焉。日人久米氏有《欧洲画界最近之状况》一篇，今译之以绍介于吾学界，借以知其风尚之变迁；且彼土艺术日新月异，而吾国则沉滞不前，于此亦可以借鉴矣。衡附识。"

这虽是一则简短的跋语，却是高屋建瓴的一段中西绘画比较研究，回答了应当怎样评价中国绘画？怎样认识西方绘画？中国绘画能不能进步？怎样才能进步等一系列重大问题。他由衷地肯定中国绘画是东方绘画的"巨擘"，与西方绘画各有千秋，这无疑是对民族虚无主义者的否定；为了改变中国绘画的"沉滞不前"的现状，推动中国绘画的进步，必须借鉴"日新月异"的西方绘画艺术。

西方绘画有什么精粹可资中国绘画借鉴呢？陈师曾深刻地体察到中西绘画在艺术表现上有根本的相通之处。

在西方绘画史上，印象派绘画是划时代的艺术流派。印象主义认为"凡绘画唯表现物体之外形，非其究竟之目的"；新印象主义认为"人物之形无毫厘之差、光线之深浅、空气之浓淡纵逼真不少逊，而不得谓之画。色也，形也，不过画家发表其情感之手段而已"。后印象主义更认为"以照相为基础之画，其价值薄弱，故必求照相术所不可能之绘画"。而事实上，中国的文人画早自11世纪的北宋起，就主张写意重于写形，比欧洲早了七八百年，印象派的论点正与中国文人画的精神相通。跋语不仅敏锐地发现了文人画从传统通向现代的内核，而且深刻地指出了发扬光大的路径，其意义是十分重大的。

然而，即使在京城国画家的圈子里，认识也颇有分歧。1917年，就有过一次关于文人画"肖"与"不肖"的论辩。这年10月，陈师曾应书画知音姚茫父之请，为其友人孙琚之创作了一幅拟汉石刻故事造像《孔子问礼于老聃》扇面，对其创新之处，颇为自得，题款曰："拟汉画像而施之以彩色，不必前人所有，自我创之可也。"[1]姚茫父看后极为赞赏，立即在第二扇面写了一则题记，以为"其古拙直逼汉刻，不规规于工媚而自成秀逸。此在韵味上辨之，岂与俗工竞巧哉"[2]！

没想到陈师曾的这种创新招来了非议甚至诋毁，或谓之不肖，或谓之不美。于是陈师曾在扇面的另一面针锋相对而又心气平和地写了一段长达400余字的"放言",指出"近世欧西绘画渐又与图案混合之势,往往求之埃及、印度、巴比伦之古器物,而参用其体制、色彩。古人朴厚之风,令人玩味,极意工肖反致索然;心理东西相同,亦美术含蕴之秘奥也"[3]。

这是陈师曾借鉴东西方艺术的一次创作实践。面对非议和诋毁,姚茫父在扇面装裱以后,又写了一篇长近700字的题记,指出:"书画文章皆精神之所制作,故美不于其形质,而唯精神是求。"师曾之作,"能以不美为美""纳妍妙于高古之中""有以是为至恶者诋之甚,亦不过指其眉目,实儿女之所谓肖者"[4]。

无独有偶。陈师曾不久又画了一帧《问礼图》,题款:"陈衡恪拟汉画",为茫父乡人李国钰(字槲林)所收藏。1918年大年初七(人日),李国钰请姚茫父题跋。姚在跋语中又指出,师曾此作"奇古犹胜老莲。然而庸俗耳目见惯妍好,未有不望而却走者也。老子知不美之为美,斯为美矣"[5]。

两位富有学养的文人画家对文人画创作唯精神是求的艺术见解和以不美为美的美学追求,竟是如此的深刻和一致。

不过,这次激烈的论辩,仅仅是"山雨欲来"前一次有声有色的预演。不久,文人画就受到新文化运动思潮的猛烈冲击。1918年1月,新文化运动的领导者陈独秀高举"美术革命"的大旗,主张"革王画的命""输入写实主义",以"改良中国画";同年,维新派的代表人物康有为出版《万木草堂藏画目》,高呼"中国画学至国朝而衰弊极矣",主张"以复古为更新";康有为弟子徐悲鸿也说:"凡世界文明理无退化,独中国之画在今日,比十年前退五十步,三百年前退五百步,五百年前退四百步,七百年前退千步,千年前退八百步,民族之不振可慨也夫。"这种中国绘画"衰弊论""退步论",虽然没有在以《新青年》杂志为代表的舆论界展开激烈的辩论,但经历过那场"肖"与"不肖"论辩的陈师曾,深知文人画的革新不仅是时代的要求,更需要有理论的支撑。1918年5月,他在《清代花卉之派别》中说:"写真以求形似,写意以求笔墨。若趋于极端,皆有流弊。""纯正者,取二者而会通之。"在《对于普通教授图画科意见》中,又指出:"抛弃古人之笔法,而独从事于写生,工则工矣,其如非画何?此照相片之所以无价值也。何则?仅有

第三章 辉煌

形似而无神韵也。"经过这些和风细雨的论述之后,陈师曾终于将这场不可避免的论争归结为中国画是不是进步的?文人画有没有价值这两大焦点,在三论中国画是进步的和三论文人画的价值中,对"退步论""衰弊论"进行了反复的驳辩,捍卫了民族绘画的优秀传统,昭示了民族绘画的光明未来。

1920年12月1日,清华学校的学子闻一多(1921级)与梁思成(1923级)、浦薛凤(1921级)在清华园发起成立一个以希腊神话中司掌文艺的艺术女神命名的艺术社团"美司斯"(通译缪斯)研究会。

12月10日,"美司斯"在清华园举行成立大会。梁思成的父亲梁启超和陈师曾、吴法鼎、江小鹣、刘雅农应邀到会讲演。陈师曾第一个开讲,讲题是《中国画是进步的》;梁启超最后讲演,讲题是《中国古代真善美之理论》。可惜,由于五人的讲演共历时一小时,都未能展开申述,讲演记录或讲稿也没有留下来。

1921年8月11日,陈师曾又在北京美术学校"八校公共学术讲演会"上主讲《中国人物画之变迁》。他从人物画"性质的变迁"和"画法的变迁"两个层面展开论述,最后得出结论说:"现在有人说西洋画是进步的,中国画不是进步的,我却说中国画是进步的。""我们不能以他一时(按指宋至近代)的止步,就说他不能步行。安知中国绘画不能于最近的将来又进步起来呢?所以我说中国画是进步的;但眼下的中国画进步与否,尚难为切实的解答罢了。"[6]

陈师曾两次论述"中国画是进步的",仍觉意犹未尽。1921年11月,又在《绘学杂志》上撰文论述,题目仍然是《中国画是进步的》。文章论述了中国画进步的理论依据:"说到进步的原则,就是由单简进于复杂,由混合进于区分,不拘滞,善转变。动植物的繁殖,世界人类之文化以及各种学术之发达,都是由这个涂辙,

《中国画是进步的》,原载《绘学杂志》第3期"专论"栏,1921年11月

经这种阶级,缓缓儿往前进,所以我说中国的画也是这样。"据此,他从"中国画发达甚早"到"两汉的时代更比前兴旺,到六朝更进步",依次论述了人物画进步的"证据"[7]。

遗憾的是这篇论著只在1921年11月出版的《绘学杂志》第3期的"专论栏"发表了前半部分。按照行文的逻辑,他将分析宋以后中国画"暂告停顿"的原因,指出中国画"又进步起来"的重要途径,但因为《绘学杂志》的停刊,下半部分我们至今无法读到。

陈师曾三论"中国画是进步的"的时候,马克思主义刚刚开始在中国传播,他能把他谙熟的进化论作为其"进步"绘画史观的理论依据,论述中国画的历史发展无疑是可贵的。鲁迅先生在"五四"新文化运动中崭露头角的时候,在《新青年》杂志发表的一些《随感录》,不也是以进化论为武器,对封建文化进行过尖锐的批判吗?胡适文学革命的思想基础不也是文化进化论吗?

中国画"退步"论、"衰败"论的实质是对作为中国画精髓和代表的文人画的否定,并且要以西方写实主义取而代之。因此,只有充分肯定文人画的价值,才能昭示中国画进步的意义。

陈师曾正是这样做的。1921年初,即在清华"美司斯研究会"讲演之后不久,他就以白话文展开论述,撰写了《文人画的价值》,刊载于同年春发行的《绘学杂志》第2期"专论"栏。

文章开宗明义,首先界定了"文人画"的内涵。他说:

"什么叫作文人画?就是画里面带有文人的性质,含有文人的趣味,不专在画里面考究艺术上的功夫,必定是画之外有许多的文人的思想。看了这一幅画,必定使人有无穷的感想,这作画的人必定是文人无疑了。"

他阐释说:

"要晓得画这样东西,是性灵的,是思想的,是活动的,不是机械的,不是单纯的,要发表作者的性灵和思想。"

文人画,历来有"士人画""士夫画""士气画""文人之画"等种种说法,但对其内涵,并无明确的界定。陈师曾将文人画的基本内涵,概括为表现画家的"性质""趣味""思想",即重在画家主观思想情感的宣泄,而不专门考究艺术上的功夫,在中国绘画史上第一次明确地界定了文人画的基本特征。

接着他从文人画的历史发展进程、书法与绘画的关系以及写实与形似的关系展开论述,极具眼力地肯定:"文人的不求形似,正是画的进步。"这不求形似的画,是经过形似的阶段得来的。他观照西洋绘画,指出西洋人的画是极讲形似的,但现在新派的画,"全然打破从来的规矩,所谓未来派、立体派,这又像什么东西,不懂得的岂不反以为笑,以为可怪吗!"

文末他提出了文人画的四要素:"第一要人品,第二要学问,第三要才情,第四才说到艺术上的功夫。所以文人画的要素,须有这四种才能够出色。"这是文人画家必须具备的素养,是与文人画的内涵相表里、相呼应的。

1921年夏,陈师曾以文言文改写了《文人画的价值》,题目是《文人画之价值》。

该文坚持了《文人画的价值》的基本观点。但是改写之后,观点更为透辟,申述更为丰满,论辩更为公允,可作"二论"观。

关于文人画的内涵,他删去了"这作画的人,必定是文人无疑了"一层含义,避免了可能产生的"文人画即文人之画"的歧义。

关于文人画的基本特征,他在阐释"画之为物,是性灵者也,思想者也,活动者也"时说:"否则直如照相器,千篇一律,人云亦云,何贵乎人邪?何重乎艺术邪?所贵乎艺术者,即在陶写性灵,发表个性及其感想。"

他强调"文人画首重精神,不贵形式,故形式有所欠缺而精神优美者,仍不失为文人画",并且提出了张扬个性的艺术标准:"宁朴毋华,宁拙毋巧,宁丑怪毋妖好,宁荒率毋工整,纯任天真,不假修饰,正足以发挥个性,振起独立之精神。""喜工整而恶荒率,喜华丽而恶质朴,喜软美而恶瘦硬,喜细致而恶简浑,喜浓缛而恶雅淡",以及"以纤弱为娟秀,以粗犷为苍浑,以板滞为沉厚,以浅薄为淡远""都不达乎文人画之旨",将文人画创作重"精神"、重"个性"的观点发挥得淋漓尽致。当然,陈师曾并非反对形似,而是追求"其神情超于物体之外,而寓其神情于物象之中"。

文末，陈师曾将文人画的要素作了重要的修正，将"第四才说到艺术上的功夫"改为"第四思想"，更加凸显了文人画家思想修养的重要。

尤其值得注意的是：本文参用了西洋绘画理论和美学理论，对文人画的价值加以阐释。如将文人画的写意与西方绘画印象派、立体派、未来派、表现派的艺术主张相联系，将照相与绘画进行比较分析，这在陈师曾所译《欧洲画界最近之状况》早已作了推介；又如，用"象征(symbol)"手法来说明"离形得似，妙合自然"的"主要之点"，用"感情移入"来强调文人画四要素的重要，这些理论概念的正确运用和融会贯通是难能可贵的。

陈师曾在三论"中国画是进步的"的同时，又两撰文人画的(之)价值，使"进步"论与"价值"论的双重论述互为补充，以冲和的格调，对"退步论""衰败论"给出了有力的回应，其人无畏的反潮流精神可钦可敬。

就在陈师曾为继承和发扬中国优秀的绘画传统鼓呼的时候，在东海彼岸的日本，画家、美术史家大村西崖也在为文人画在日本的复兴而呼号。大村西崖，本名盐泽峰吉，别号无记庵，东京美术学校教授。为复兴文人画，"因（又玄）社中同仁之怂恿"，而"聊陈卑见"[8]，于1921年3月4日由日本巧艺社出版了他"辛酉（1921年）一月五日晨起稿，七日灯下搁笔"的《文人画之复兴》。

1921年10月27日，大村西崖第一次来到北京进行艺术考察，通过中国画学研究会会长金城的介绍，他拜访了陈师曾，"相与论文人画"，成为难得的知音，并相约陈师曾共同编写中国大美术史。陈师曾也决定将大村西崖所作《文人画之复兴》译成中文，与《文人画之价值》共同出版。

大村西崖在华也曾多次造访姚茫父。在他行将离华时，陈师曾又相约往访茫父，请茫父为之撰写序文。

《文人画之价值》和《文人画之复兴》，分别是陈师曾和大村西崖的原创作品。姚茫父在序中说师曾"草已成篇"和"意既相同，言必有合"亦可为证。异国两位画家的论述，堪称文人画的姊妹篇。

译文长达14000余字，从文人画的定义、特点到文人画在日本的盛衰做了论述。虽然大村西崖有在日本振兴文人画的良好愿望，阐释了"写实绝非艺术之本意"的基本观点，但他的某些论述却与陈师曾大相径庭。例如，关于文人画的界定，大村西崖认为文人画是"有文学人所作之画""文人士夫之画""非流派样式之名,盖由作者之身份区别之者也";关于写意,大村西崖视技巧为"末节",要求作者"置技巧于度外""摆脱写实之桎梏""蔑视写实""不必劳力费时而学此";关于西洋绘画,他认为都是博世俗欢心的"低级画名",日本著名的土佐、狩野、圆山——四条等画派"久为文人画所践踏",浮世绘"素不齿于画坛"[8],等等,其或囿于旧说,或偏于一端,是一目了然的。

民国十一年(1922)五月,《文人画之价值》和《文人画之复兴》以《中国文人画之研究》为书名,由上海中华书局以仿宋体字出版发行,系无标点聚珍本。陈师曾将己作附于译作之后。书面由巾帼女才子廉泉夫人吴芝瑛以瘦金体题签,廉南湖(泉)题辞并诗二首。原因是:廉泉于1914年至1918年携带所藏古书画和扇叶参加东京大正博览会并在此后开设扇庄经营古书画,期间大村西崖与廉泉交往,而藏品对大村西崖认识文人画特质助力极大,他们是"八年前旧交"。

《文人画之价值》,是陈师曾站在其所处时代的高度,以广阔的中西文化视野,审视中国文人画发展的历史进程,对文人画进行的开创性的理论总结。它发掘了以文人画为表征的中国传统绘画的进步轨迹,肯定了文人画的审美价值和教育意义,指明了文人画振兴的方向,是中国绘画史上一部不朽的经典之作,对于推进传统绘画的"现代"进程,具有重大的历史意义和现实意义。陈师曾也因此确立了其作为近现代文人画旗手不可撼动的历史地位。

陈师曾还有三论文人画之价值。1923年暮春三月,师曾接到家中继母俞夫人病重的电报,立即赶回金陵探视。幸好有惊无险,便抽空前去拜访任教于南京美术专门学校的梁公约。梁曾任教于思益小学,是陈师曾的"故交"。

南京美术专门学校成立于1922年6月,校长沈溪桥,国画教师有萧厔泉、陶冷月等,西画教师有胡根天、许敦谷等。

陈师曾到访后,校长拟请他去做一次讲演。于是梁公约特来师曾家相邀,约定在次日即5月6日进行。

这一天,正好是星期日。陈师曾穿着一件茧绸夹袍,高兴地与老友萧厔泉和其他教师一一相见,众学生也早已齐集讲堂。讲演会由沈校长主持,先由梁公约讲学诗之心得,然后由陈师曾接过话题,"就梁先生之所言诗者而言画",题为《学画之心得》。

他首先介绍了南北宗画的大致区分和发展变化。接着指出了事物发展的一个规律:

"大凡一方走上极端,必有一方以反其意。"以绘画而言:"过于重视物体必有重于主观之画,发表于世,亦思想变迁必然之势也。"指出西方绘画"后期印象派、表现派、立体派、未来派的出现,是重视客体之极,不得不从主观开辟新生面也。而中国主观之画,早已发见于西人之先"。是"摄其全神,得其概要(西人所谓象征正合此意);成竹在胸,妙合自然"。更说:"尝谓西人之画,目中之画也;中国人之画,意中之画也,先入手目而会于意,发于意而现于目,因具体而得其抽象,因抽象而完其具体,此其所以妙也。"[9]

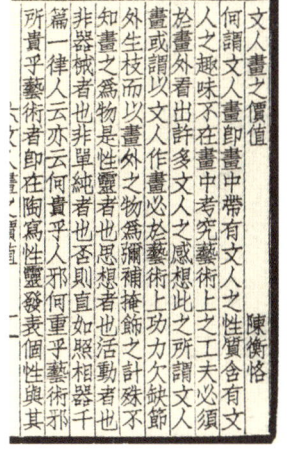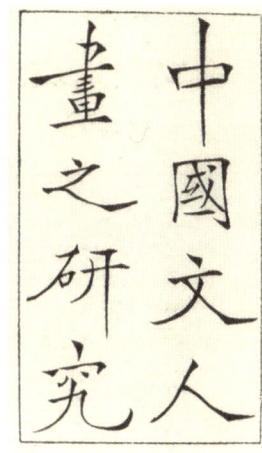

《中国文人画之研究》书影

这次讲演,是陈师曾"三论中国画是进步"的和两撰文人画的(之)价值的继续和深化。从目中之画到意中之画,从具体到抽象再到具体,陈师曾从哲学高度对文人画的创作过程及其价值进行了阐述,精彩简妙,是前二论所没有的。

陈师曾的讲演进行了一个多小时,在"全堂听众欢喜赞叹"中结束。随后,参加了校方在秦淮河利涉桥旁举行的午宴才回到家中。

著名翻译家、美术评论家傅雷称吴昌硕和陈师曾是"把中国绘画从画院派的颓废风气中挽救出来"的"两位大师"[10];陈师曾的世交瞿兑之则赞誉师曾论文人画一文"倾倒雅俗,其转移风气之力诚伟矣"[11]。眼光的是深邃。

陈师曾不仅在京城为振兴文人画鼓与呼,而且助力日本文人画的发展。

《文人画之价值》的发表和赴日参加中日第二次绘画联展后,陈师

第三章　辉煌

曾在日声名大噪。1922年10月，日本著名画家、东京美术学校教授平福百穗在日本《东洋》杂志"近代美术之研究号"以《陈衡恪》为题，撰文介绍了陈师曾和中国画坛的状况，"显示陈师曾于当时中日画界所受到的尊重，可说为中国第一人"[12]。

同时，该刊发表了陈师曾所撰《关于南画》一文。师曾首先对日本南画与中国文人画的关系以及两者与我国"南北宗"的关系进行了论述，然后分"法古""生新""去俗""辟异"，阐述了他的文人画观[13]。

民国十二年（1923年）三月十日，陈师曾又接受日本记者待晓庐幽人的来访，对中国当前的绘画风格缺乏生气、过于迂腐、索然无味，甚至连书道也腐朽衰落，这很大部分是由于科举制度，提出了批评[14]。

陈师曾高张文人画旗帜，影响已远及日本。

注释：

［1］《陈师曾自题拟汉画》注，《姚茫父画论》，第155页。

［2］《题陈师曾拟汉（故事）画扇面·其一》，《姚茫父画论》，155页。

［3］《陈师曾自题拟汉画》，《姚茫父画论》，第154—155页。

［4］《题陈师曾自题拟汉画·其二》注，《姚茫父画论》，第153—154页。

［5］《艺苑重光——姚茫父编年事辑》，第183页。

［6］《中国人物画之变迁》，《东方杂志》，第十八卷，第十七号，民国十年九月十日，第120页，《绘学杂志》第三期转载。

［7］《中国画是进步的》，《绘学杂志》，第3期，1921年11月，《专论》第1页。

［8］大村西崖：《文人画之复兴》，《陈师曾画论》，中国书店，2008年，第205页。

［9］陈师曾：《学画之心得》，原载《南美校友会》，1923年，第一期。按此刊仅出一期。

［10］《现代艺术之恐慌》，《傅雷谈美术》，当代世界出版社，2005年，第11页

［11］邱吾：《从陈师曾齐白石说起——京师艺苑沧桑录之一》，《四十年来之北京》（第一、二辑合刊），1949年12月—1950年2月

原刊，1978年12月香港大东图书公司重刊，第47页。

［12］卢宣妃：《失落的角度：陈师曾文人画理论外之画论、画史书写》，《议艺——2004艺术学领域研究生论文发表会》。

［13］卢宣妃：《失落的角度：陈师曾文人画理论外之画论、画史书写》，《议艺——2004艺术学领域研究生论文发表会》。

［14］待晓庐幽人：《与画家陈衡恪的谈话》，日本《中国美术》，第7期，第1卷，1923年3月，第2、3页。转引自高昕丹《陈师曾与北大画法研究会》，《新美术》，2008年，第5期，第46、47页。

第三章　辉煌

慧眼识英才

在广泛的美术教育和美术活动中，陈师曾十分重视发现和培养人才，老、中、青无不如此。

堪称国际级艺术巨匠的齐白石（璜），离不开陈师曾的"提拔"。

1917年，木匠出身的齐白石，应在京为官的大诗人樊樊山之邀，来京卖画自给，在城南千年古刹法源寺如意寮住了下来。这年他已五十有五，幸好与同乡熟友、书法家杨潜庵（昭儁）同居一寺，可以得到杨的关照。不过，生意却是清淡得很。他写了《杂感》诗三首，"人谁替我担竿卖，高卧京师听雨声"就是他的自我写照。

在这样的窘境中，友人朱德裳陪同陈师曾突然来访。

此前，据张宗祥回忆，齐"民国初年至北京，寓法源寺小屋中，出其技鬻于琉璃厂，月余，无问津者。亲至清閟阁、荣宝斋问曰：今京师画何人最享盛名？则曰陈师曾。全国何人最享盛名？则曰吴昌硕。陈吴之画，可得观乎？则各出所画示之。齐恍然悟，归寓，尽弃其向之所谓草虫花卉工而无生机者，放笔作鱼虾草草。不数日，又以所作投诸肆中，遂有售者。师曾见之，且惊为得此奇笔，邀予共访之，予无暇，师曾自访之，遂订交"[1]。可知其时齐白石已知陈师曾的声名，而陈师曾也很欣赏齐白石的画作。

齐白石像

齐白石亲至清閟阁、荣宝斋云云，感人至深。师曾邀张宗祥往访齐白石应是事实，但据齐白石在自述中说，是"我在琉璃厂南纸铺挂了卖画刻印的润格，陈师曾见着我刻的印章，特到法源寺来访我"。陈师曾也说是"刻印知齐君"的。

不过，起桥梁作用的却是他们的老友朱德裳。据朱德裳的孙女朱运谨在《先大父事略》中说："公（朱德裳）官京师，同邑齐璜白石，善绘画、金石、篆刻，顾士林未之重也，公与义宁陈师曾旧交，介璜与之友，师曾遂为之延

180

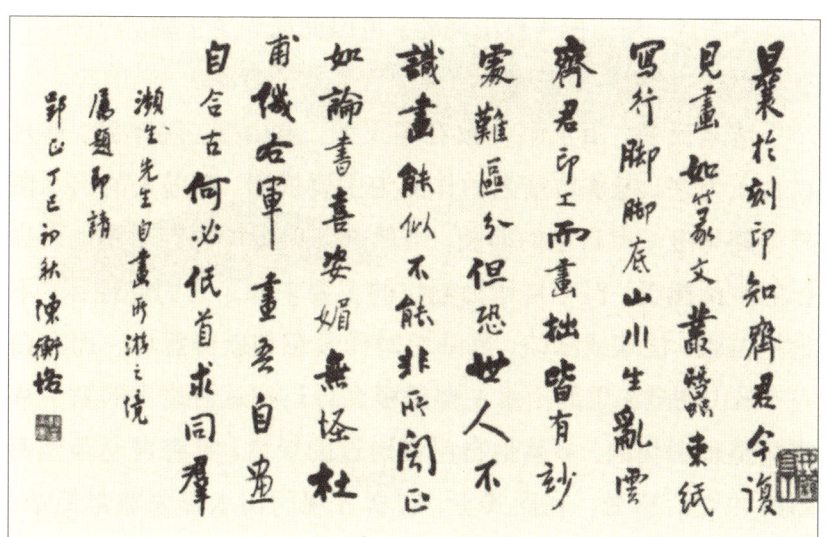

陈师曾《题齐白石借山图册页》

誉,名乃大噪,璜为公治印,镌边款云:'余由师晦,得识师曾,师晦有命,无不从也。'其宏奖风流又如此。"[2]

初次见面,他们相见恨晚。齐白石拿出了他不肯轻易示人的《借山图卷》52帧,请陈师曾点评。这是他从5次出游名山大川的写生稿里选出加工整理的小幅工细山水画。陈师曾逐幅欣赏以后,十分喜爱,兴奋地肯定了齐白石的画格是高的,同时又指出还有不够精湛的地方。兴之所至,举笔题诗一首:"曩于刻印知齐君,今复见画如篆文。束纸丛蚕写行脚,脚底山川生乱云。齐君印工而画拙,皆有妙处难区分。但恐世人不识画,能似不能非所闻。正如论书喜姿媚,无怪退之讥右军。画吾自画自合古,何必低首求同群。"[3]

这首诗充分肯定了齐白石印作和画作的"妙处",又以韩愈在《石鼓歌》中讥讽"羲之俗书呈姿媚"为喻,鼓励齐白石"画吾自画",自创风格,不必跟在古人后面亦步亦趋,阿世媚俗。

师曾所言,正中齐白石下怀。七月二十四日,陈师曾、杨潜庵等来到齐白石居室,齐画《巨石图》后题跋:"凡作画,欲不事前人,难得也。余画山水恐似雪个,画花鸟恐似丽堂,画石恐似少白。若似周少白,必

第三章 辉煌

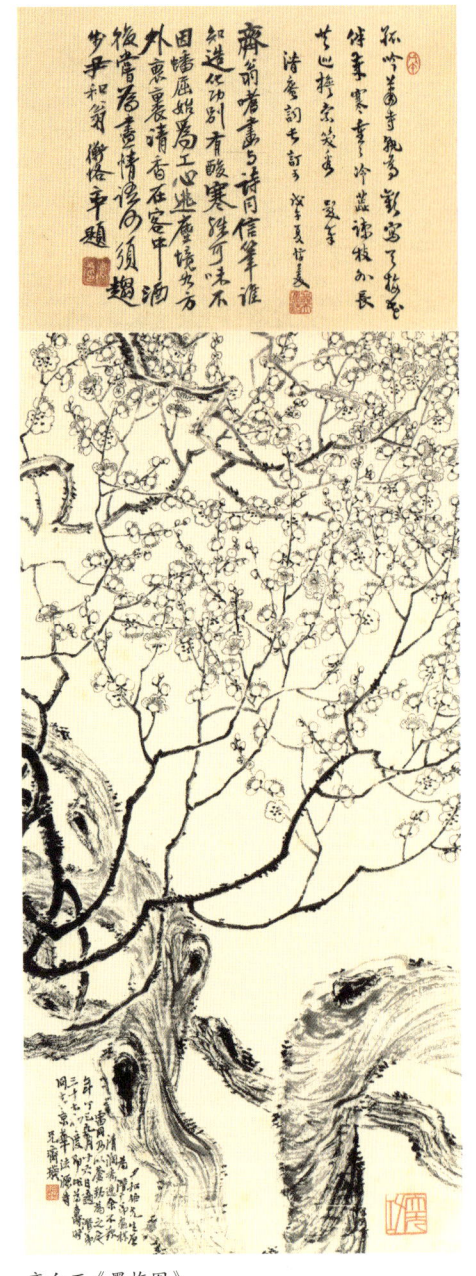

齐白石《墨梅图》

亚张叔平，余无少白之深厚，亦无叔平之放纵。"[4]可知齐白石虽想"画吾自画"，自辟蹊径，一时却无法破茧而出。

九月十六日，杨潜庵37岁初度，齐白石画《白梅花》相贺，自题"不欲雷同"尹和白，陈师曾看后，又题诗一首，支持齐白石坚持走"画吾自画"的路："齐翁耆画与诗同，信笔谁知造化功。别有酸寒殊可味，不因蟠屈始为工。心逃尘境如方外，里裹清香在客中。酒后尝为画情语，何须趋步尹和翁。"[5]

陈师曾对齐白石的篆刻风格也颇为喜爱。七月，陈师曾将友人周养庵赠他的一方石印，磨去自己两面所刻，请齐白石重刊，齐为刻"五石堂""朽木不折"白文两面印并三刻边款；又将陈师曾另一方自刻后磨去的印石，刊为"陈师曾所藏金石拓本"朱文印，亦刻有边款。不过，陈师曾也指出了齐白石篆刻的不足，鼓励他以汉砖刀法入印，不必像过去那样，模仿《飞鸿堂印谱》《小石山房印谱》。陈师曾在教育部编纂处的同事、齐白石的老友黎锦熙在其《瑟僴斋日记》中说："（1917年）十月二十五日，师曾来谈及濒翁近所刊印，纵横有余，古朴不足。画格甚高，然能赏之者即能评出其未到处。"[6]

知音难觅。虽说齐白石比陈师曾年长13岁，但他们"晤谈之下，即成莫逆"。从此，齐白石常去"槐堂"与陈师曾谈画论世，晚上总是带着自己的作品请求指教，陈师曾对齐白石寄予厚望也不时来访法源寺。

九月底，齐白石南下还湘。离京之前，他写下了这样的诗篇："槐堂六月爽如秋，四壁嘉陵可卧游。尘世几能逢此地，出京焉得不回头。"[7]

齐白石只身再次来到北京，已是1919年3月初。原来，他在湘潭的一年多时间里，兵乱日甚，匪盗横行，他不得不下决心告别年迈的父母和家人，定居北京。

齐白石是三月初四到达北京的，杨潜庵早已代他租好法源寺羯磨寮的三间居室，再次开始了他的卖画刻印生涯。但是，生涯仍很落寞。他自定的润格，一个扇面银币2元，只有一般画家价码的一半，也很少有人问津。1920年秋，陈师曾向他索画助赈，他在所画《菊鸟图》的题记中说："余自知画不值钱，师曾之命未可却也。"[8]

齐白石的画为什么少人问津呢？他自己说："冷逸如雪个，游燕不值钱。"[9]说白了，是其时齐白石的画

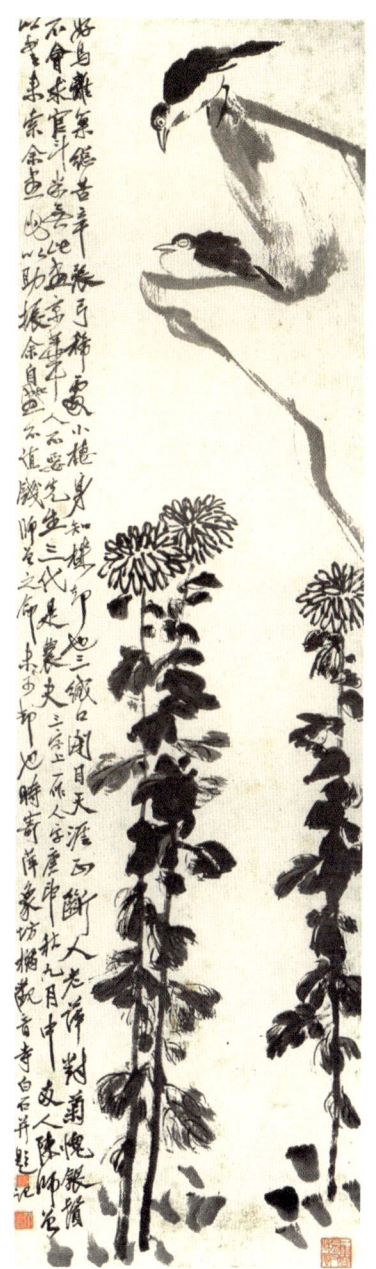

齐白石《菊鸟图》

还没有完全摆脱匠人之画的藩篱，虽说已经掌握八大山人的风格，但还没有从摹古中突破。

在齐白石生计困难的时候，是陈师曾伸出了援手。琉璃厂有一家出售刻铜名家陈寅生等作品的"万礼斋"墨盒铺，陈师曾介绍他去，在墨盒、镇纸上画花卉、山水并自己上手刻铜；又向荣宝斋的掌柜庄虎臣引荐齐白石及其作品。陈师曾还对胡佩衡说："齐白石的借山图，思想新奇，不是一般画家画得出来的。可惜一般人不了解，我们应该特别帮助这位乡下老农，为他的绘画宣传。"[10]

为了帮助齐白石"破茧而出"，陈师曾力促齐白石自出新意，变通画法，自创风格，自闯新路。他在看了齐白石早年的人物画作品以后说："仁兄性情日见疏放，笔下易出'丑'相，怎能再画美人，莫若画好大笔写意，以丑为美。"[11]

1920年，陈师曾看了齐白石当年正月至三月所绘《花果画册》中的梅花，再次劝齐白石改变画法。齐在题记中说："余画梅学杨补之，由尹和伯处借钩双钩本也。友人陈师曾以为工真劳人，劝其改变。"[12]后来，又在《花果画册》的《自跋》中说："予五十岁后之画，冷逸如雪个。避乡乱，窜于京师，识者寡。友人师曾劝其改造，信之，即一弃。"[13]在《白石老人自述》中，他还说："他（陈师曾）对于我的画指正的地方很不少，我都听了他的话，逐步地改变了。"这一年，陈师曾还为齐白石所画草虫、蛾、蝉、蜂题诗4首，以资鼓励。作为吴昌硕的得意弟子，陈师曾不但自己学吴，而且鼓励齐白石改学吴。他将自己珍藏的20余幅吴昌硕作品借给齐白石仔细揣摩体味。

齐白石没有辜负陈师曾的厚望，"衰年变法"的决心很大。在画作题记中说："即饿死京华，公等勿怜。"在日记中又说："余昨在黄镜人处，获观黄瘿瓢画册，始知余画犹过于形似，无超凡之处，决定从今大变。人欲骂之，余勿听也。人欲誉之，余勿喜也。"他临摹吴昌硕的原作很少，总是仔细琢磨吴昌硕的笔墨、构图、色彩，吸收他精炼的创作手法，自己的画稿哪笔好，哪笔不好，都要征求陈师曾和画家胡佩衡的意见。

经过大约10年的努力，作画万余幅，刻印3000多方。齐白石以借鉴吴昌硕为主，在摆脱"凡格"上下功夫，"突出用色，相对弱化水墨；亲近吴昌硕，远离八大山人；探索大写意画法，疏离工笔画法"[14]，自创了"红花墨叶"的一派,走出了一条"超凡"之路,完成了从"过于形似"的"匠人之画"到"不似之似"的"文人之画"的转变。

果然,在"衰年变法"的过程中,齐白石就有了意想不到的重大收获。陈师曾带去第二届中日绘画联展参展的9幅画作全部售罄,并且卖得"善价",而且"其所作曾选入巴黎艺术展览会,而日人亦将翁之作品及艺术生活摄为影片,献映于东京艺术院,名动海外"[15]。

这是齐白石所不曾想到的。在北京和天津举行的第一次中日联合绘画展览,他拿出了《藤花》《凌霄花》《梅花》等8件作品参展,并没有引起什么反响;三月初二,托远在沪上的吴昌硕为自己撰写了润格,卖画仍然没有什么起色;想不到这次在日本一炮打响,他心潮澎湃,禁不住写下了《卖得善价复惭然记事》诗:"曾点燕脂作杏花,百金寸纸众争夸(陈师曾壬戌春往日本,代余卖杏花等画,每幅百金,二尺纸之山水得二百五十金)。平生羞煞传名姓,海国都知老画家。"

确实,据5月6日《东京朝日新闻》第6版《第一回日华联合绘画展览会》(按在日展览为第一次)中虽认为中国参展作品"小品太多,其中光凌文渊、金绍城等人每人就占了二十幅""缺少力作""让人失望",但却评价齐白石的作品说:"《桃花坞》富于气韵,墨色变化妙不可言⋯⋯相信可以说乃本次展览的杰作之一。"对陈半丁的参展作品也认为"雅趣横生,非常出众"[16]。所以,这次中日绘画联展以后,外国人来中国买齐白石画的很多,国内求买他的画的人就更多了。

一路走来,他不能忘记陈师曾对他的一手栽培。民国二十五年(1936),他把这些都一一记在他的《自述》里,末了说:"这都是师曾提拔我的一番厚意,我是永远忘不了他的。"

齐白石还不止一次对四子齐良迟说:"如果没有陈师曾的提携,我的画名不会有今天。得交陈师曾做朋友,是我一生最可纪念的。"又说:"在穷苦的日子里,对我帮助最大朋辈对我友情最深挚的莫过于陈师曾,他是第一个。我把这事讲给你听,现在这么多人晓得你爸爸,这都是搭帮了陈师曾喽!"[17]

齐白石的十二孙齐展仪也回忆说:"(1951年)一个夏日的晚上,跟家人在院子里乘凉时,爷爷忆起故人旧事,不免伤感:'穷苦的日子里,朋友中对我帮助最大、与我友情最深的莫过于陈师曾,他是第一个劝我改变画风和帮助我开画展的人,不知道他的后人现在过得怎么样?'"[18]

第三章 辉煌

王梦白像

年到花甲的齐白石大器晚成,一举成名,是他"衰年变法"初见成效的重要标志,也为他1928年前后完成"衰年变法"提供了新的动力。同时,陈师曾向国内外推出齐白石这样一颗完全是中国气派的文人画新星,对于推进中国绘画的历史发展,对于书写近现代中国绘画史的辉煌一页,都具有极为巨大而深远的意义。

王梦白,是陈师曾发现齐白石之后识拔的一位中年英才。

梦白生于1888年,江西丰城人。父母移居浙江衢州后,生于衢。幼时曾为灯笼店学徒,又在上海钱庄学过做生意,但他酷爱绘画,得到画家黄山寿、吴昌硕指授。1919年,王梦白来到北京。他挂单卖画,却无人问津,因金城之介绍,在司法部谋得了一个录事的小差事,十分懊恼。是陈师曾看了他的作品,发现了他。由于"陈师曾揄扬缙绅间",这才"声誉日起"[19]。经陈师曾举荐,王梦白于1920年任北京美专教授,后又任国画系主任。

梦白山水人物皆能画,尤擅画动物,着墨不多,而神态毕肖。与他有同乡之谊又有在艺专同事之雅的著名戏剧家熊佛西称他"为一代奇才""在近百年之国画中,梦白应推为第一翎毛能手"[20]。

他善画飞禽走兽,得益于常往动物园仔细观察默写,爱看动物影片,琢磨动物特性,故而作品充满天趣。他天赋极高,但较疏懒。陈师曾"劝他专心作画,以求在艺术上得到进一步提高",又指导他说:"'作画用功时应先以古人为师,然后还要师法造化',并就他用笔还不够沉着,劝他纠正这种缺点。"梦白"听从师曾的劝告,努力改除旧习,以徐青藤、华新罗、李复堂、金冬心等人为法,朝夕临摹,发奋钻研,常常忘了睡觉和吃饭,这是他第一次真正用功""他除作画外,并且专心学习李复堂书法和郑板桥、李复堂、金冬心的七绝诗,文艺更见大进,诗、书、画都能相映生辉,自成一家风格"[21]。

他"自谓生平知己,以陈师曾为第一"[22],对陈师曾礼敬备至。而师曾也揄扬他为新罗山人以后第一人。吴昌硕为他所定的润格说他"古

王梦白《十猴图》

意横溢,活泼生动"。

梦白与师曾自宣南画社以来合作最多。因为他动物画得好,多为师曾花卉竹石补鸟禽。

梦白猴画得最好,与师曾也有合作。由梦白画猴、师曾施彩的一幅《猴技图》,后经茫父以重金从收破烂者手中购得,并题诗一首。又有一幅他们三人在李释堪合作的《猴技图》,梦白画猴人立而骑羊,师曾补衣彩,茫父补面具,师曾相约茫父共同赋诗,而未题先逝。两年后,师曾长子封可检出,请梦白乞茫父题诗,茫父又题七绝一首。

王梦白以阮籍为同调,自负甚深,喜使酒骂座,面挞人非。他的斋名,师曾为书"破斋",后又自名"骂斋"。这与他自幼身处逆境,愤世嫉俗有关,也是性格使然。据说,刘海粟询问他为什么爱画猴时,他说:"北洋政府名公巨卿皆猿公同类,此辈冠盖满京华,我辈能不憔悴吗?"他画猪,也因曹锟贿选总统,参众两院议员有"猪仔"之号。他画的《龟、鱼、虾》和《鼠》,陈师曾都有诗题其讽刺夜郎自大、鼠窃狗偷之辈的寓意。

著名美术评论家、美术史家陈传席对王梦白的艺术成就评价很高。他将王梦白与曾被称为"被遗忘了的一代大师"蒲华做比较,以为"他的画和诗比蒲华好得多,某些方面可能也比陈师曾好一点,其才气和对传统的理解,显然超过和他同时但比他年长25岁的齐白石"。又说:

第三章 辉煌

李毅士画《王梦白像》

王梦白的作品"有吴昌硕的气势而去其粗浑,有陈师曾的劲健而增其生动,古意厚重在齐白石之上。可以看出,他在对传统的理解和运用上,超过吴昌硕和齐白石"[23]。他1929年应邀赴东京和大阪举行画展,被日人赞为"中国画家第一",为他出版《王梦白画册》,这并不是偶然的。

可惜,天不假年。王梦白晚年穷困潦倒,因痔疾在天津奥田肛门医院割治,为日本庸医所误,逝年47岁。

江南蘋,是陈师曾发现的一位青年才俊。

1919年春季的一天,在陈师曾参加的一次雅集上,一位秀雅素净的年轻女子,在名家合作挥毫时,落落大方地补画了花卉,受到大家的称赞。她就是年方十八的江南蘋[24]。

江南蘋早就想学绘画。一年以前,她拜画家陈半丁为师,学画花卉。这次补画,正是遵师命而握笔的。

陈师曾在一旁认真地看着她画完以后,觉得她当众挥毫,毫无惧色,画得很有笔力,要收她为徒。江南蘋求之不得,即席拜师,成了陈师曾的第一个入室女弟子。

江南蘋是一位江南才女。幼时家居苏州,是父母的独生女,因而悉心培养。她的书法功底很扎实,尤精小楷,作家施蛰存说她"早岁即工于书法,小楷《灵飞》,一时独绝"[25]。因为母亲绣花,她渐渐对绘画产生了兴趣,并且借来画谱学画。南蘋的外祖父家在北京。1917年,母亲因为身体欠佳,母女俩就从苏州来到北京,住在外祖父家。不久,便开始向陈半丁学画,又教冯国璋的后代六个孩子的古文、书法、算术等。

江南蘋即席拜师以后,陈师曾嘱咐她准备好几幅画送给他看。师曾仔细端详了江南蘋送来的4幅花卉后指出,其中3幅很有笔力,只是气韵不足，要求她多画，多观察，常揣摩章法，讲究用笔。看了这3幅画上的题字以后，又嘱咐说：书画同源，相辅相成，题款以行书为宜，要临石鼓，练习篆隶笔法，把篆书的金石气融化到行书和画里。要随时研究落款，做到书画布局合理，字体与画面协调。

接着，陈师曾又拿出自己所画的十几幅国画，让江南蘋评论，当江南蘋不解地问："为什么有些画枝茎间没有紧密衔接的痕迹"时，陈师曾指出：这在国画中就叫作笔断意不断。临了，陈师曾给了江南蘋两张自己画的小幅山水，让江南蘋拿回去对临。

在往后的教学中，陈师曾常常自己边画边教，进行示范教学。如画牡丹，先画什么，后画什么，着什么色；如画山水，山分平远、高远、深远，山水设色应分季节、气候，以便于江南蘋观摩如何构思，如何布局、用笔、着色，领会绘画技巧。

临摹，是初学中国画必要的基本功训练。陈师曾嘱咐江南蘋，对古今画家的作品，要先领会其特点，然后一丝不苟，不掺杂半点自己的东西。画好以后，还要写明临摹谁的什么作品，什么时候临摹的，临摹人也要自己盖章，要十分严谨。

陈师曾劝江南蘋重点学山水花卉，要求江南蘋一定要走出去多观察体验实物和景色。因此，江南蘋每月初三日都要去土地庙下斜街的花市看盆栽、折枝等应时花木，把折枝买回分插花瓶，仔细观察，乘兴写照；又先后去西山、寿安山、汤山等地观察山水景致，用铅笔勾勒画稿。

1921年农历四月，20岁的江南蘋，与吴静庵[26]结婚。静庵出身于书香门第，执业于京城银行界。吴氏是一个大家庭，长兄吴庠是一位学者。江南蘋婚后尊兄命辞去馆职，继续学画。静庵与师曾早已相识，不但极力支持，而且自己也随陈师曾学起画来。婚后，江南蘋与陈师曾交往更为频繁。陈师曾有设色《杨诚斋诗意图》册十六帧和汪春绮墓碣拓本赠吴静庵。《杨诚斋诗意图》后由杨天骥（字千里，号茧庐，笔名东方）题签《陈朽画册》，于"庚申正月"[27]出版。陈师曾从日本归来，还将他记录了中日画家友情的小册页《怡情》赠送给了吴静庵、江南蘋伉俪。他不无自得地题记说："此册吾东游日本时请彼邦画家各写一叶，多为酒阑歌罢乘兴之作，归以遗静庵，足证吾之墨缘也。"[28]据江南蘋回忆，"画册不盈握，非常精美，前有序言"，他们很是珍爱。

1920年秋，南蘋又向老师求教画竹方法，师曾为她画了水墨绢本

《墨竹图》册12帧,并撰题记:"静庵仁兄精于鉴别,收藏亦富。其夫人南蘋女士工六法,山水、花鸟无不精妙。近又询余写竹之法,为写风晴雨露诸式,得十二帧,并乞静庵正之。"[29]南蘋以为"此卷用墨淋漓,气势不凡,并有长题,堪称精品",因而珍藏身旁,时一展观。1958年7月15日,江南蘋将这帧手卷捐献给了上海博物馆,以"不负吾师栽培之恩"[30]。

1922年8月,友人将师曾比作清乾隆著名性灵派诗人、女弟子众多的"随园主人"袁枚,师曾又为南蘋镌刻了白文印"槐堂女弟子",在边款中说:"若拟随园,则吾岂敢。"

1922年8月,吴静庵集印了寒匏簃《画萃》,由京华印书局珂罗版影印线装出版,集吴昌硕、齐白石、陈师曾、陈半丁、王梦白、凌文渊六位画家的花卉作品28幅。这六位画家,都承吴昌硕一脉,陈师曾、陈半丁、王梦白是吴门弟子,凌文渊与吴常有切磋,齐白石则正在学吴以变法之中。六位画家画前附有小传,简介其生平和艺术特点。齐白石读过画册以后,将自己的作品与其他五位画家的作品比较,以为自己造诣不深,更增强了"衰年变法"的决心。

静庵夫妇还另藏有陈师曾的画册。梁启超题云:"师曾善以字作画,其画中有篆、有楷、有行、有草,此境昔人殆未有能兼擅者,未见其止,良可痛叹。兹册神理,亦既前无古人,静庵宝此可以与天地精神往来而不傲睨于万物也。"萧谦中题云:"近代画家才气最高者,莫过师曾,与余过从甚密,疑析奇赏,获益良多。"姚茫父谓:"读师曾画如古篆初变于金石,求之当以秦诏诸刻并美,此非故为放纵自喜者比也。"[31]

经过数年的努力,江南蘋渐渐有了画名,陈半丁和陈师曾为她定了润例。在中国画学研究会,她由会员升为助教。在第四次中日绘画联展中,其《黄月季》被日方购藏,并印成明信片在日发行。1930年,其作品获比利时"莱奇万国博览会"奖;1933年,鲁迅先生和郑振铎编印《北平笺谱》,选收了江南蘋所画的花卉10幅,她是选入作品的唯一一位女画家。

一代才女杨令茀[32]是陈师曾的另一位女弟子。杨令茀,名清如,江苏无锡人,她诗书画俱佳,宣统三年(1911)随时任清末度支部丞参的长兄诗人杨味云到京,拜文坛耆宿樊樊山为师,又从陈师曾、丁公、林纾、章一山、陈弢庵、廉南湖等学习文史绘画,曾任故宫文物陈列所画师,长期临摹历代名作。1920年,杨令茀曾与陈师曾、萧谦中合绘《雪堂图》。陈师曾逝后,她临过师曾一幅画,齐白石题诗:"开图即可乱师真,夺得安阳石室神。地下有知应一笑,倾心浊世有传人。"她也是江南蘋的画友。

"千里马常有,而伯乐不常有",陈师曾堪称画坛伯乐。

注释:

[1]《画人逸话》,《铁如意馆碎录铁如意馆读书杂记》,上海古籍出版社,2015年,第36—37页。

[2]朱德裳:《三十年闻见录》,第228页。

[3]《题齐濒生画册》,《陈师曾遗诗(下)》。

[4]胡佩衡、胡橐:《齐白石画法与欣赏》,人民美术出版社,1992年,图12。

[5]北京画院藏画所题。

[6]胡适:《章实斋年谱齐白石年谱》,安徽教育出版社,2006年,第172—173页。

[7]《京师杂感》十首之七,《齐白石诗集》,广西师范大学出版社,2009年,第47页。

[8]《齐白石文集》,商务印书馆,2011年,第254页。

[9]《白石诗草》自题诗,胡适《章实斋年谱齐白石年谱》,第175页。

[10]胡佩衡、胡橐:《齐白石画法与欣赏》,第38页。

[11]李季琨:《湘潭历史文化名人丛书·齐白石》,中信出版社,2010年,54页。

[12]胡适:《章实斋年谱齐白石年谱》,第175页。

[13]胡适:《章实斋年谱齐白石年谱》,第175页。

[14]郎绍君:《读齐白石手稿——日记篇》,《读书》,2010年,第11期,第157页

[15]黎戬斋:《记白石翁》,胡适《章实斋年谱齐白石年谱》,第178页。

[16]陆伟荣:《齐白石与近代中日联合绘画展览会——被介绍到日本的齐白石》,《东方艺术》,2013年,第6期。

[17]《回忆父亲白石老人》,北京市《文史资料选辑》,第三十三辑。

[18] 刘炬、林俊：《齐白石第十二孙齐展仪追忆老人生活点滴》，《长沙晚报》，2004年11月11日。

[19] 周肇祥：《王梦白先生墓表》，《艺林月刊》，第91期。

[20]《故画家王梦白》，《山水人物印象记》，海豚出版社，2011年，第86、81页。

[21] 胡佩衡：《王梦白和他的画》，《王梦白画选》，人民美术出版社，1959年。

[22] 王青芳：《王梦白画师》，《艺风》（杭州），1935年，第三卷第73期，第94页。

[23]《评现代名家与大家·续——王梦白》，《国画家》，2016年，第2期。

[24] 江南蘋（1902—1986），原名江采，斋名藻韵轩，因别署藻韵阁主，浙江杭州人。7岁开始读书习画，1930年从东北回上海，1934年参加何香凝创办的上海女子书画会，1954年入上海市博物馆，从事古画复制，1981年被聘为上海文史研究馆馆员。

[25]《江南蘋书画》，《北山谈艺录》，文汇出版社，1999年，第55页。

[26] 吴静庵（1886—1947），名定，兄弟排行第四，江苏丹徒人。先后执业北京、哈尔滨、长春、上海银行界，工辞翰，能书画，好收藏碑帖字画。

[27]《陈师曾艺术年表》，《新美域》，2007年，第2期，第137页。

[28] 龚产兴：《陈师曾年表》，《朵云》，第六集，上海书画出版社，1984年，124页。

[29]《陈师曾艺术年表》，《新美域》，2007年，第2期，第140页。

[30]《南蘋八十自述》，《朵云》第八集，1984年，第106页。

[31]《陈三立先生评传》《近代名家评传》（二），第79-80页。

[32] 杨令茀（1887—1978），名清如，江苏无锡人。8岁从吴观岱学画。通法、英、俄文，曾任南京女师绘画教师、故宫古物陈列所和沈阳故宫博物馆画师兼东北特区美术学校校长，1936年后侨居美国，任教于多所大学。其珍藏文物捐赠故宫博物院，字画捐赠无锡市博物馆，遗骨魂归故里。著有《茝怨室吟草》《山远水长诗集》《翠微嶂》等。

京城画坛领袖

作为京城最活跃的美术教育家、美术活动家、文人画画论家和画坛伯乐，陈师曾势所必然地成为人们信服的京城画坛领袖和文人画精神领袖。

然而，陈师曾把京城画家团结在一起，并非易事。俞剑华说其师在意见分歧面前"不作左右袒"[1]，就透露了其中的消息。

先说齐白石。王梦白和齐白石都出身贫寒，都曾为学徒，都经过自身的努力成为画家，又都被陈师曾所发现和提携，他们的相处理应十分融洽，但事实却不然。王虽比齐到京迟，年龄比齐小25岁，但已是北京美专教授，画名在齐之上。他率直猖狂、胸无城府，不屑与齐为伍，不但学齐白石口音取笑齐，甚至当着齐的面边作画、边谩骂。有一次，他在美专同事、戏剧家熊佛西家中画雏鸡，跃然纸上，他以"自负之语气曰：'我王梦白画小鸡与齐白石绝对不同，他喜欢用墨点鸡，我则喜欢用淡笔干皴，你看看——是不是比齐白石要高明？'"[2]又有一次，日本画家来访，中日画家荟萃一堂，陈师曾、王梦白、凌直支、齐白石

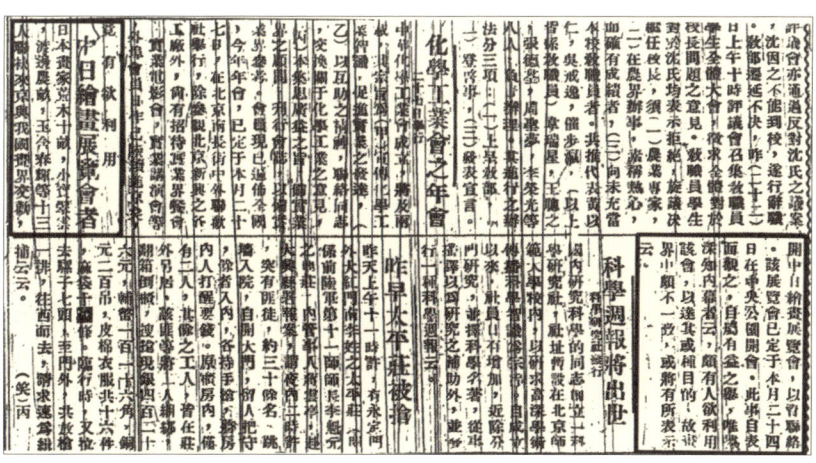

《竟有欲利用中日绘画展览会者》，《晨报》，民国十三年四月廿八日

第三章 辉煌

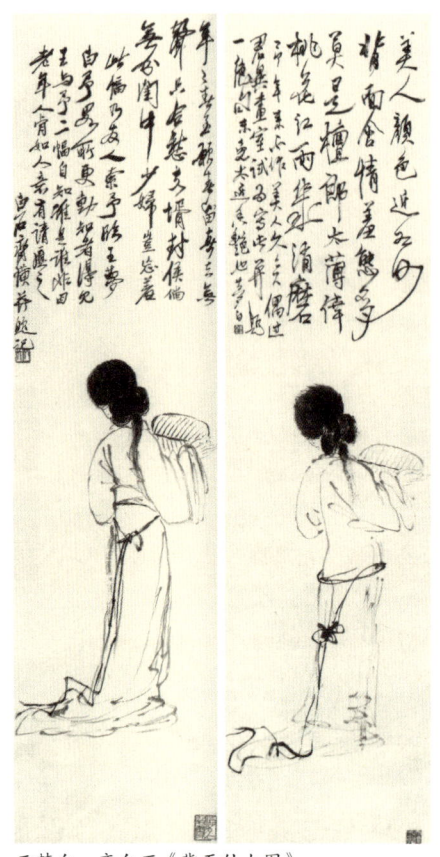

王梦白、齐白石《背面仕女图》

在座。据梦白弟子王青芳说:"先生于是画一猪,其头脸酷似某画家,未完,为师曾所见,师曾急以浓墨攘臂涂改曰:'白描不如没骨法也。'"[3]这不是画齐白石,就是画凌直支了。

姚茫父对齐白石也有歧见。他在与友人论及"以不美为美"时说:"然一言突破藩篱,以不美为美,则犷悍、粗豪、恶作皆可托之以雄一时,如时人齐山民之流是也。"[4]

周养庵也看不上齐白石的画,说齐作"不守古法,完全是野狐参禅",甚至劝说"湖社"的年轻人"千万不要学齐先生,他的画是骗人的"![5]

余绍宋看了齐白石准备参加中日绘画第二次联展的作品,说齐作"尤为荒谬,令人作呕"!

再说王梦白。齐白石也不服梦白。齐应友人之请,临过一幅王梦白的《背面仕女图》,略有更动,跋语中说:"知者得见王与予二幅,自知谁是谁非。"[6]画家王雪涛先后是王梦白、齐白石的高弟子,齐在题雪涛临陈淳长卷《墨花卷》中不指名地骂梦白是"疯狗""人品扫地,不成模样"[7]。他在《海棠八哥》中题句"等闲学得鹦哥语,也在人前说是非"[8],也是暗讽王梦白的。

王梦白爱使酒骂座,包括汤定之在内的一些画家,都避而远之。他与余绍宋关系本来不错,但后来关系恶化,余听说王逝世后,在日记中说:"可怜亦不足惜也。"

齐白石对姚茫父的不满,直白而又不指名地表现在《白石老人自述》中所言"只靠他的科名,卖弄身份"。

以上约略可见京城画界团结之不易。但陈师曾既坚定地识拔齐白石、王梦白,为什么学养深厚的画家们又都信服他呢?其重要原因是陈师曾的人品为人所折服。梁启超说他"高尚优美人格可为吾人的模范",蔡元培说他"品性高洁",是一位"正直的艺术家",弘一法师说他"不为俗习所溺,人以是多之",姚茫父说他"行宜雅洁",余绍宋说他"人品极高",凌直支说他"在性情上品格上令人望尘莫及",徐宗浩说他"为人和易而热肠,与人交始终如一",周大烈说他"人格高尚",所以,他和蔡元培在"文人画"的认识上虽有分歧,但支持北大画法研

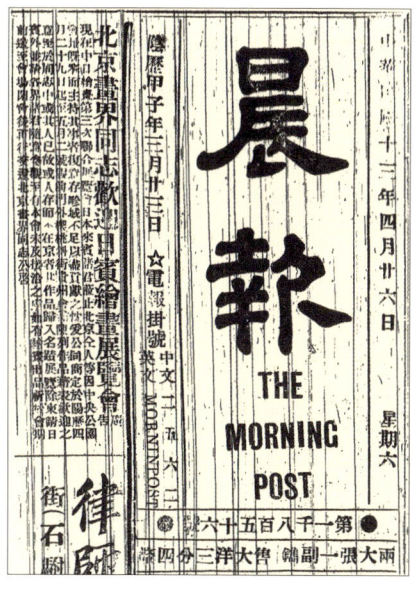

《北京画界同志欢迎日宾绘画展览会广告》,《晨报》,民国十三年四月二十六日

究会仍一以贯之;他和金城对振兴"文人画"的认识有所不同,但能为办好"中国画学研究会"而同心协力;画家们虽时有"文人相轻",却总能斗而不破:齐白石的三个儿子曾经向王梦白学画;各种雅集,画家们都能会聚一堂,合作绘画。而陈师曾的文人画"进步论""价值论"则是从根本上消除分歧,将画家们团结在振兴"文人画"旗帜之下的思想武器,使京城画坛之盛前所未有。所以,邱吾说:"自师曾出而所谓士大夫画始为人所重。""入民国后之艺术之进步实于此启之,师曾议论风采足以领导群伦,亦可于此征之。"[9]师曾逝后,画家派别日益分歧,画坛气象日趋衰微,京城画家也风流云散了。1924年,齐白石《题师曾为余画扇》诗"槐堂风雨一相违,君在欢愉变是非"。注曰:"师曾在日,文酒诗画之交流,此时已分为两党。"因为画学主张的不同,金城崇尚画家画,姚茫父等坚持文人画,在"中日绘画联合第三次展览会"期间,姚茫父、凌直支、齐白石、陈半丁、王梦白、凌宴池等人组成了"北京画界同志会",在贵州会馆另办展览。

说到领袖京城画坛,不能不说姚茫父的鼎力支持。后人在咏莲花庵

第三章　辉煌

姚茫父像

的诗中说："当年继起陈姚辈，图画诗篇韵事饶。"师曾的诗友黄濬有诗说："莫向旧京思乐事，姚陈相见定凄然。"可见师曾和茫父在京城画坛的地位和影响。

姚茫父精《说文》、音韵、金石书画、词曲乐律、考据鉴赏，有"一代通人""曲学大师"之誉。"大清邮政局"由他书额，玻璃厂店家和京师文人常将书画碑帖拓本求其鉴别。1907年留日归国后，寓居于城南莲花寺，几经增建，名其居曰"莲花庵""小玄海""弗堂""篆猗室"。1911年辛亥革命后，作《秋草六首并序》，又画《秋草图》题诗于后，和者多达数十人，以"秋草诗人"名重一时。

陈师曾与姚茫父留日时应已相知，但相交则在京城。1914年延聘师曾任北京女师教员的正是校长姚茫父。师曾在莲花庵作画，茫父忆他"昔年狂觅纸，对我手亲裁"[10]；在莲花庵刻印，自题"丙辰重午饮于小玄海微醉，灯下作此"[11]；在莲花庵习书，曾与茫父合临《师西敦》；对于绘画则"频年论画常有合"[12]。深厚的学养，共同的书画爱好，相同的艺术见解，加之又都留学日本，不乏世界性眼光，使他们很快便成为学术知己、艺术知音和捍卫与振兴"文人画"的战友。

陈师曾的业师周大烈，与姚茫父是最要好的留日同学和挚友。大烈归国后供职东北时，到京必居"莲花庵"；在京任国史馆纂修时，居莲花庵长达一年。大烈多购藏，每与茫父论碑拓、品字画、说诗词、话收藏，率真无间。师曾来京时，他已是以湖南省名额当选的众议院议员。莲花庵，也是他们与茫父时常相聚的地方。

1915年春，周大烈偶然发现了一幅先祖黄周星的山水画。黄周星，号九烟，是明末清初一位著名的戏曲家和诗人、画家，养父系周大烈先祖周逢泰。大烈拿来请姚茫父鉴别，结果是"画赝而值昂"，茫父提出由师曾摹写一本，说："予自信为能知师曾画者，今循是再为之，其神味必更有合焉。"[13]师曾画好，大烈看了，果然十分满意，并由师曾题诗，茫父题记。

其实，师曾与茫父相互多有题赠。茫父为师曾所题长赋、长诗以及词、曲题跋等多达60余篇。他说："予与师曾相为题识，百年以后必有据为故事者。"[14] 从他们的书画互题中，可以看到他们相同的艺术趣味、共同的艺术追求和自为渊源的创新精神。他们的山水画都喜欢"荒湾野水似同游"的艺术风格，师曾说"崇光画孤峭生硬与我同趣"[15]。他们都有笔简而传神的艺术追求，期盼"内家能出，外家能入"[16]。师曾赞茫父赠友人宋宝森之作"有独来独往之概"[17]；茫父赞师曾画梅"君之家法何自尔？斩然已意出清新"[18]，都独具自家面目。茫父由于治学较广而师曾专注于画，未免有"笔力远不如师曾"[19]之叹，因而希望"更能勉力事奇觚"[20]。比之师曾，茫父题师曾画尤多，"陈画姚题"成为京城画坛的一大韵事。茫父对师曾的揄扬和支持对于师曾在京城画坛的领袖地位无疑具有重大的意义。

尤其是面对文人画"世之所谈，或相水火"时，姚茫父挺身而出与陈师曾站在同一条战线上，为捍卫和振兴"文人画"而振臂高呼，更值得称道。前述关于"文人画"的"肖"与"不肖"之争，可见一斑。

1921年12月7日，陈师曾在完成了《文人画之价值》和《文人画之复兴》译稿后，相约大村西崖来到莲花庵，请姚茫父撰写序文。当时，茫父一气呵成，燃烛"未尽一炬"，完成了《二家画论考》，出版时更名为《中国文人画之研究序》，围绕"画家多求之形质，文人务肖其神情，生死之分两途，所由升降也"展开论述，指出文人画"翰墨所流，皆诗书之华，情性所托，多蕴藉之妙。旷世之思，轶凡之想，惟其有之"。文末说："予友师曾，草已成篇，将益以归堂之作译而代之。归堂自东京来游，与师曾联翩见访，意既相同，言必有合，语予此志属叙其凡。"[21]

茫父所撰，与师曾所论，其呼号有异曲同工之妙。高张文人画旗帜，有姚茫父的重要贡献。

注释：

[1] 俞剑华：《陈师曾》，第2页。

[2] 熊佛西：《故画家王梦白》，《山水人物印象记》，海豚出版社，2001年，第82页。

[3] 王青芳：《王梦白画师》，《艺风》（杭州），1935年，第三卷，第73期，第98—99页。

[4]《再复邓和甫论画书》，《姚茫父画论》，第51页。

第三章　辉煌

［5］《齐白石晚年透露：一生没有画过吴昌硕》，《新快报》，2017年8月13日，A18版。

［6］参见陈传席《评现代名家与大家·续——王梦白》，《国画家》，2016年，第2期。

［7］雪爪：《王雪涛画上有一段齐白石的有趣题跋》（搜狐网）。

［8］梁鸿：《胸中有墨须藏拙莫向人间论是非——王梦白历史地位再认识》，《荣宝斋》，2017年，第2期，第155页。

［9］《从陈师曾齐白石说起——京师艺苑沧桑录之一》，《四十年来之北京》，第一辑，录自"第一、二辑合刊"，香港大东图书公司，1978年，第47页。

［10］《题师曾丙辰写遗迹》，《姚茫父画论》，第227页。

［11］陈师曾刻"茫父"（白）边款，《陈师曾全集·书法篆刻卷》，第116页。

［12］《冰川梅花卷》，《姚茫父画论》，第216页。

［13］《陈师曾为周印昆拟黄九烟先生画记》，《姚茫父画论》，第185页。

［14］《茫父颖拓》，贵州人民出版社，2008年，第34页。

［15］《题姚崇光山水画》《陈师曾遗诗（上）》。

［16］《复邓和甫论画书》，《姚茫父画论》，第48—49页。

［17］《题画为宝森》，《姚茫父画论》，第173页。

［18］《冰川梅花卷》《姚茫父画论》，第216页。

［19］姚鋆：《莲花龛年谱》抄稿本，转引自《艺苑重光——姚茫父编年事辑》，第137页。

［20］《师曾十七竿竹扇面》，《姚茫父画论》，第218—219页。

［21］《姚茫父画论》，第29—31页。

自树旗帜

留日归来，陈师曾已在中学与西学的内化中升华。他对自己的"文人画"创作有何期许呢？约在1909年至1910年间，即归国不久，在致父执、"维新四公子"之一吴保初（彦复）[1]的信中，直抒胸臆地说：

"鄙人近日亦极力自树旗帜，终不能摆脱一切，深自诋恶，执事幸进教之。"[2]

陈师曾在祖、父的滋养下，孕育了其革新"文人画"的基因；留日之前，他以"飞雏"自喻，已有"安得凌虚翼，光彩照云天"[3]的抱负；学成归来，更以"自树旗帜"为职志。"自树旗帜"是他对自己，也是他对中国绘画的战略追求。

他将"极力自树"怎样的"旗帜"呢？我们且来看看他人物画、山水画、花卉画的创作实践——

注释：

[1] 吴保初（1869—1913），字彦复，又字君遂，号婴公、北山，安徽庐江人。广东水师提督吴长庆之子。

[2]《致吴保初函》（二），《陈衡恪诗文集》，第207页。

[3]《作画感成诗》，《图说义宁陈氏》，第53页。

第三章 辉煌

逼近"人事"的人物画

陈师曾的人物画，作于1909年春二月的《逾墙》已初露锋芒。其重要意义在于一反超脱世俗，聊写胸中逸气的"文人画"传统，把眼光聚焦到现实人生中来，既融入西方漫画面向现实，讽喻幽默的特点，又完全是一幅中国气派的漫画作品。其题记透露了不少的历史信息。其一，师曾在日本是重视学习人物画的；其二，熟知日本绘画，对日本"浮世绘"大师葛饰北斋有深入的研究，并深受其影响；其三，对西洋漫画有独特感悟，敏锐地意识到我国黄慎和八大山人的某些作品都具有漫画所必须具备的讽刺与幽默的基本特征，完全可以发扬光大；其四，日本绘画和西洋绘画的现实主义画风，给了陈师曾深刻的启迪和影响。《逾墙》开启了其漫画创作的先河。

如果说陈师曾发表在《太平洋文艺》上的漫画作品只是小试牛刀，那么，《北京风俗》则是陈师曾人物画创作的大手笔。

北京宣南，即宣武门以南地区，是近代北京地域文化的源头。清顺治五年（1648），清廷颁布谕旨，在京师实行满汉分城居住，宣南成为汉族官宦和各地赴京赶考士子以及来京参与纂修《明史》《古今图书集成》《四库全书》的博学鸿儒先后聚集之地；"公车上书"的莘莘学子，"四大徽班"的进京演出，国粹京剧的诞生，都离不开这方地土。琉璃厂、天桥、大栅栏在这里，各地在京所设的会馆大多也在这里。因而，宣南地区有"宣南士乡"之称。宣南文化藏珍蕴秀，也集士人文化、平民文化和皇权文化于一身，而以士人文化为核心。

就是在这里，陈师曾浸淫于京城丰厚的文化积淀之中。但同时蕴含在极具京城特色的民俗中劳苦大众之凄苦，清王朝败亡之遗踪，军阀统治之严酷，也一一映入他的眼帘。艺术良心使他久久不能平静。他以画家和诗人的敏锐眼光，对黑暗的现实进行了观察和思考。1914年前后，他陆续绘成了《北京风俗》图册34幅。

这34幅作品，绝大部分表现的是生活在社会底层劳动人民的苦难生活。画生存无依者，有乞讨的、拾荒的、收破烂的；画出卖劳力和技艺者，有淘粪的、扛肩的、拉洋车的、赶大车的、拉骆驼的、背紫炭的、给马路泼水的、拉冰车的、磨刀的；画以小买卖为生的，有卖针线的、卖烤白薯的、卖切糕的、卖水果的、卖菊花的、卖胡琴的，等等。就是那些在红白喜事等习俗中做执事的、做吹鼓手的、做压轿嬷嬷的，敲丧门鼓的，以及说书的，跑旱龙船的，放"话匣子"（留声机）的，又何尝不是劳苦大众？

在《北京风俗》图中，有一幅《人力车》。陈师曾别具匠心地选择了风沙漫天的初春时节，来描绘人力车夫的苦难人生。画面上，车夫头着毡帽，目戴眼镜，裤口紧扎，双手拉车，宽宽的肩膀显示着拉车的力量。坐在车上的乘客，穿着袖口镶有宽边的高领皮袄，腰部以下盖着车夫为他御寒准备的毛毯；为了挡住风沙，整个头部都用一块大白巾蒙着，看不见他眼、耳、口、鼻，却清楚地看见白巾在向后不停地飘动，显示着风速和车速。看了这样的画面，怎能不对人力车夫的劳作表示同情！

陈师曾《人力车》

由于北京的近代工业落后于其他大城市，特别是沿海城市，产业工人少；又由于人力车是靠人力挽拉而供人乘坐的，强烈地显示了贫富的分野；加之与人们的日常生活息息相关，因而人力车夫引起了人们的广泛关注和同情。"五四"新文化运动前后，革命家和文艺家都十分关注他们的生存状态。1917年2月10日，李大钊在《甲寅》日刊发表《可怜之人力车夫》一文，文中说："北京之生活，以人力车夫最为可怜。终日穷手足之力，以供社会之牺牲，始赢得数十枚之铜圆，一家老弱之生命尽在是也。"胡适是白话诗的倡导者。1918年1月15日，他在《新青年》4卷1号发表新诗《人力车夫》，写的是一个未成年人不得不为生计而拉车的无奈。1919年12月1日，鲁迅先生在《晨报·周年纪念增刊》发表了短篇小说《一件小事》，以第一人称手法，赞扬了人力车夫在事故面前勇于担当，敢于负责的高尚品德，并深感"教我惭愧，催我自新"。

而陈师曾，却早在新文化运动肇兴数年之前，就敏锐地把他的画笔指向了人力车夫。

值得与《人力车》同时领略的另一幅作品是《乞讨婆》。表现的是一个蓬头垢面、衣衫褴褛的老妪，左手拿着纸煤，右手拿着布掸，迈着她的三寸小脚，吃力地追随在人力车之后，希求为坐在车上的乘客点上香烟，或掸去身上灰尘，以求得若干施舍。画面并没有出现人力车夫，却画了约三分之一的车身，戴着礼帽的乘客，正冷漠地回过头来，讪然看着老妪怎样追来，毫无怜悯之心。

两幅与人力车相关的画，两类不同人的生存状态，对照何其鲜明！

清代覆亡后的蛛丝马迹，也为陈师曾所捕捉。《旗装妇》中的玩狗，《玩鸟人》中的斗雀，《品茶客》中的品茶，淋漓尽致地表现了没落王孙和遗老遗少们的百无聊赖，似乎在告诉读者：末代的封建统治已无可挽回地远去了。

袁世凯治下的首善之区又怎样呢？陈师曾也画下了浓墨重彩的一笔：《墙有耳》。

1915年是袁世凯复辟称帝的一年。他承清末之衣钵，倒行逆施，千方百计地剥夺人民群众的话语权。茶楼酒肆，到处张贴着"莫谈国事"的告示，还派出密探四处窃听。《墙有耳》正是对这种"白色恐怖"的深刻揭露。画面上，三扇中间是窗棂的门，上面挂着"雨前"的望子，告诉读者，这是一座茶馆。作者并没有画茶馆里的茶客，却在门外画了一瘦一胖、一高一矮、一个光头一个戴帽的两个密探在鬼鬼祟祟地窃听着里面茶客的议论。

理解这幅作品，应当读读朱德裳当时的所见所闻："北京有会馆，各省府县人士会试麇集之所。每晨有珠宝客人、文房小伙往来于各会馆中，携物以求售者，侦探也。戏园走卒，火车茶房，执鞭煮茗以侍候客人者，侦探也。茶楼酒肆，余初至京时向（尚）有红纸单帖揭示厅事者曰：莫谈国事。或曰：御史风闻，紧防言语。及于民国，以为言论自由矣。熟知有甚于胜国者哉！又有所谓娼妓侦探者……又有所谓志士侦察者……又有庸劣侦探……余时在北京，以吾友朱桂辛预戒，不赴友人之宴，不入沐浴之场。可笑如此。"[1]

逼近"人事"的人物画

陈师曾《墙有耳》

生活在"恐怖时代"的陈师曾，对这幅画极为重视，在《北京风俗》的所有作品中，只有这一幅，他用刚劲的篆体书写了"墙有耳"三个字，突出了主题。

收入《北京风俗》的 34 幅作品，都是陈师曾的采风之作。周作人回忆说："其时鲁迅在教育部，时常邀集二三友人到绒线胡同西口路南的回教馆楼上吃牛肉面……有一次适有结婚仪仗经过，师曾离开大家，独自跟着花轿看，几乎与执事相撞，友人们便挖苦他，说师曾心不老，看花轿着迷了，随后知道他在画风俗图，才明白他追花轿的意思。"[2]

《北京风俗》用松华斋普通木板夹封、经折装册页创作。封面有陈师曾竖行楷体自署题签《北京风俗》，金城为卷首篆书了"宣南风采"四个大字，程康于卷次隶书了"北京风俗"四个大字。

册页完成以后，不胫而走，在诗朋画友中引起了强烈的共鸣。他们怎么也没有想到，自己身边那些熟视无睹的物事，一经从陈师曾笔底溢

第三章 辉煌

出,竟有如此大的魅力。于是,他们也情不自禁地拿起笔来,在画面的左半片,纷纷题诗、填词、题句,多达61则。这些锦上添花之作,有金城题跋5则,其中《水车》一则,题于"丁巳(1917年)正月";程康题跋9则,其中《乞婆》一则,题于"乙卯(1915年)冬至";何宾笙题跋19则,均未落年款;陈止题跋18则,其中《糖葫芦》一则,题于"丁巳重九",这些题跋都是师曾生前的友人所作。另有郑午昌题跋3则,童大年、叶恭绰各题跋2则,马公愚、陈楼、张启后各题跋1则,共10则,其中已署年款的5则,计"癸未"(1943年)1则,"甲申"(1944年)4则。其时这些作者均居于沪苏一带,可知《北京风俗》已辗转至抗战中沦陷的上海,而陈师曾离世已经20年了。

《北京风俗》后,有跋文4篇。潘语舲跋作于"乙丑(1925年)暮春",张志鱼跋作于"庚午"(1930年)岁暮,王蘧和叶恭绰则未署年款,时间当在较后。

4篇跋文,回忆了作者与陈师曾的切磋交往,评析了作品的渊源有自和创造精神及其不朽价值。据张志鱼跋文披露,"任公(梁启超)手藏系用七百金得来,日人某又出千金索骥,竟未如愿"。可见师曾此作之"洛阳纸贵"。据中国美术馆研究员刘曦林说:"我在翻看原作时发现一旧签,文曰'收购废品',老一辈人说可能为该件来源之说明。"又可见其沧桑之变和弥足珍贵。

《北京风俗》的出现,在中国近代美术史上具有重要的里程碑意义。

在中国绘画思想史上,陈师曾以一位饱受传统文化浸淫的文人画家,而关注和回归现实,表现了强烈的民主主义思想和清代覆亡后的爱国情怀。正是这种思想上的高屋建瓴,使他有了不能不拿起笔来的创作冲动,而使作品留下了不朽的时代印记。

在中国人物画史上,陈师曾摒弃了表现释道人物仕女高士的主流,而以生活在京城底层的贩夫走卒为主角,诉说他们的苦难和挣扎,表现了同时代人难以企及的强烈的现实主义精神。

在民俗学、文化学、社会学上,几篇跋文均有所论述。潘语舲说它"于游戏之中,寓警世之意",王蘧说它"直可作民俗图志观",叶恭绰说"观者以其为《清明上河》也可,以为《东京梦华录》《武林遗事》之插图也可"。另如周作人则说得更为透彻:"其意义与《流民图》何异。"

在文人画的开拓创新上,这些以速写和漫画笔法出之的作品既继承

逼近"人事"的人物画

和发展了中国画不专注于形似、书法入画、以墨着色等传统技法，使作品充满了"书卷气"而又雅俗共赏；同时，从观察生活到采风默写、到铅笔画五官轮廓，以至画面的截取，明暗的区别，色彩的疏淡，都无不汲取了西画的长处。如《货郎》中货郎所穿的棉袄用飞白的手法表现光感，《旗装少妇》中人物形体的秃颖勾勒，《玩鸟》中玩鸟人未画五官，却显得那么专注，等等，舍我之短，聚彼之长，使整部作品达到了简拙传神的效果。

《北京风俗》的出现，产生了深远的影响。王梦白弟子、名画家王羽仪（雨簃）虽留美改学铁道工程，但以80高龄仍然师陈师曾风格，创作了《旧京风俗百图》，由著名作家端木蕻良配诗，于1984年由香港三联书店和东京东方书店同时出版。青年时代即加入"中国画学研究会"的侯长春，也在晚年创作了《旧京风情》130余图，于1999年由中国电影出版社出版，2008年人民美术出版社又更名为《画说老北京》出版。至于对丰子恺、蒋兆

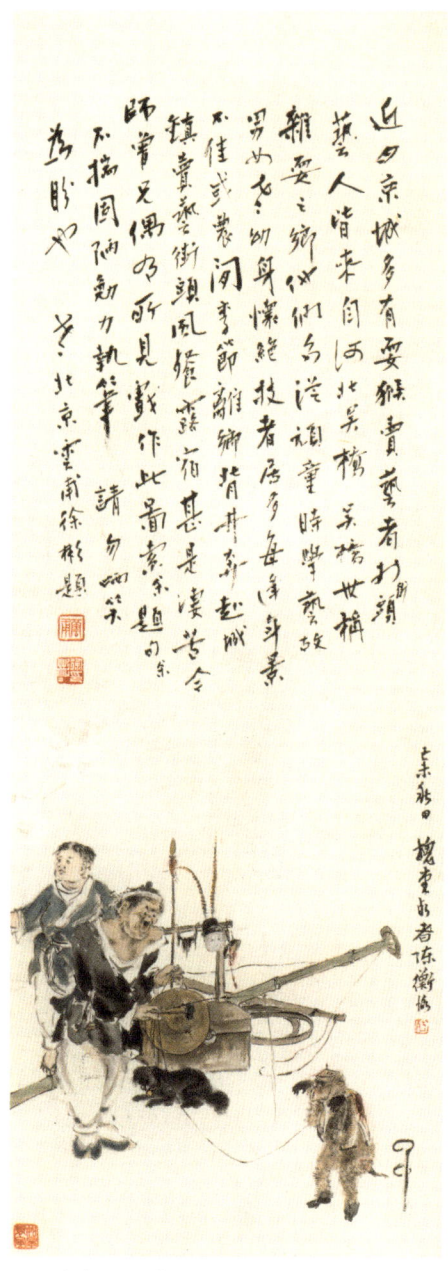

陈师曾《耍猴图》

第三章 辉煌

和等大家的影响,更是众所周知的了。

陈师曾还有一帧《耍猴图》[3],可以说是《北京风俗》图的续篇,时在"己未(1919年)年秋日"。

在京城街头,不乏以耍猴为生,博人一笑讨取几个铜板以为生计的民间艺人。著名的天桥,就是艺人们卖艺最佳的地方。《耍猴图》中的人物,是一个穿着打了补丁衣裤的中年汉子和他的稚子,所耍的动物除了有一只猴儿,还有一只黑色的小狗,还有装有道具的戏箱,挂有戏曲人物的假面。髯口、长枪,都是供猴儿表演的,地上还摆放着扛鼎、钻圈等杂耍的器具,不远处地上还有一个用铁条弯成可供猴儿坐着休息或表演的小桩。中年汉子正在敲锣指挥带着小帽的猴儿表演,小狗趴在地上待命,稚子正在向别处张望。从那些道具可以知道,在猴儿表演以后,还有小狗的表演,以及父子俩的杂技演出。人物和动物形象逼真,栩栩

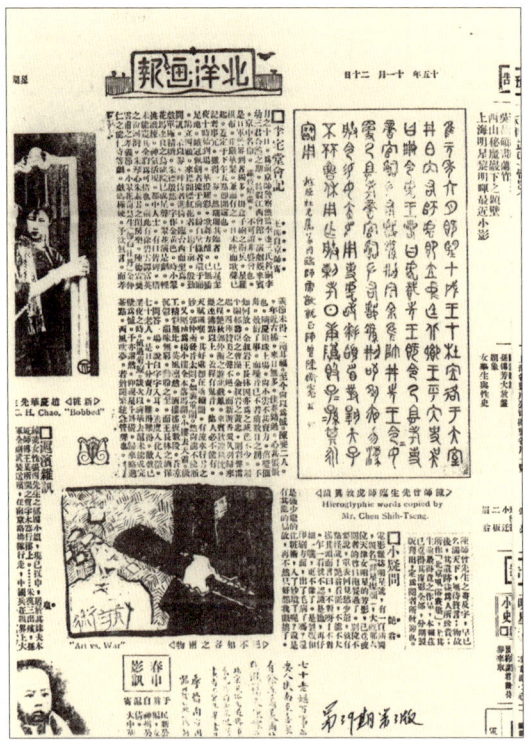

《北洋画报》报影

逼近"人事"的人物画

陈师曾《读画图》

第三章 辉煌

陈师曾自画（速写）像

如生，设色淡雅，画于下方，而将大部分空间留请徐凌霄题句，是一幅书画并美的作品。

徐凌霄是京城的著名记者，熟知京城掌故，其堂兄徐仁铸是师曾祖父陈宝箴任湖南巡抚时，接替江标的年轻学政，支持陈宝箴大力推行新政，是"维新四公子"之一。他的题句，不仅使我们懂得了画面无法表现的街头艺人的来历，更明白了陈师曾仍然在关注和表现社会底层人民的贫困生活。梅兰芳说："陈先生还画了一些描写天桥杂技艺人表演的画，也都是身临其境的观摩体验后才下笔的。陈师曾先生对当时社会上的形形色色做了观察，在他的风俗画里反映出来，他的目光是敏锐的，一种愤世嫉俗的心情是流于纸上的。"梅兰芳身居其境，读陈师曾画，体会是很深的。

还有作于1920年4月的两幅《妙峰山进香图》扇面。这是相约教育部同事、时任金事的徐森玉游览妙峰山的采风之作。两幅作品，一幅画的是进香的全景，另一幅则堪称特写。同《北京风俗》一样，先用铅笔勾勒了轮廓，也是作者的精心之作。

陈师曾反映现实生活的人物画，还有别具一格的《读画图》。

从1917年8月底开始，京、津、直隶（今河北）突降暴雨，霪雨连绵，造成永定河决口，津浦路北段冲毁，受灾面积103县，受害百姓达500余万人，大批流离失所的灾民涌入京城。为筹集救灾资金，京城文艺界开展了办游艺会、灯会、义演等各种募捐活动，书画界也以叶恭绰、金城、陈汉弟为首，组织了收藏家的藏品展。

叶恭绰时任北洋政府交通部次长，但因其富收藏、精书画，在书画收藏界广有人脉；金城时任内务部金事、众议院议员，既擅国画、知西画，又正在参与筹建"古物陈列所"；陈汉弟时任国务院秘书长，参与水灾督办河工善后事宜，也工书画，富收藏，他们义不容辞地负起了组织者的责任。

展览在这年旧历十二月一日（1918年1月13日）起在中央公园（今中山公园）举行，共七日，每日更换展品。

展出的藏品,都是京城收藏大家完颜景贤及其叔父衡亮生、叶恭绰、关冕钧、郭葆昌、颜世清等数十人收藏的稀世珍品,如苏轼《寒食诗帖》、王维《伏生授经图》、李成、王晓《读碑图》、燕文贵《江山楼观图卷》等。据日本著名史学家内藤湖南参观展览后说:参展的"收储之家廿有九氏""洵为艺林钜观,先是所未有也"。

对于这样一件极有意义的书画界盛事,陈师曾自不能不厕身其中,展出盛况,更令陈师曾兴奋难忘。他挥笔画下了一幅纵88厘米、横77厘米的纸本设色《读画图》。

《读画图》描绘了各界人士观展的实景。画面主体是多达12人拥挤地围着一张长桌在俯视桌面上摆放的长卷、册页;后面又有8人参差仰视墙上悬挂的两幅大型挂轴。参观者穿西服、戴礼帽者有之,穿长袍马褂、戴瓜皮帽者有之,穿大衣、戴洋式帽、着半高跟鞋的女性亦有之,还有高鼻梁、留八字翘胡、戴眼镜、穿貂领大衣的洋人。他们有正面、有侧面,虽姿态各异,却都全神贯注。诗友黄濬说:"审者一望脱口呼其姓名,莫不拊掌叫绝。"

这幅定格于丁巳年十二月的《读画图》,记录了作者和书画界同人以及参观者对灾民的人文关怀。这是陈师曾继《北京风俗》图之后的又一次人物画创新之作。用传统的笔墨,吸收西画的技法,以时人时装入画,有勾线,有着色,有明暗,有层次,富立体感,人物面部着笔虽简洁而个个传神,确是一幅与时俱进的现实主义杰作,是陈师曾发挥正能量艺术追求的一次新突破,在京城书画界无出其右者。

陈师曾漫画式的人物速写,也为人们所喜爱。为姚茫父所画"简而有神"的小像,除有茫父自撰题识和诗句,友人罗惇曼(复堪)、罗惇㬊(瘿公)兄弟、周大烈、胡惜仲都有题诗。师曾自己也有一幅自画像,同样是"简而有神"的速写。师曾为齐白石"写照"的扇面,则是一幅写意人物画,美术评论家朱万章称之为"近代美术史上一件重要的艺术佳构"。

陈师曾的人物画,极其重视文人画传统。潘语舲说:"(师曾)与予论画,每每以石涛、老莲为绝学。"[4]遐道人(叶恭绰)以为,《北京风俗》图"盖自石恪、龚开、徐渭、陈洪绶、雪个、金农、罗聘诸家融合而出"[5]。他的拟汉石刻故事画像扇面《孔子问礼于老聃》,姚茫父赞他与陈老莲、张士保"三百年鼎足而三"[6]。这在其古代人物画、

第三章 辉煌

神鬼佛像画、仕女画中更能看出。

1916年端午,师曾在莲花庵酒酣耳热之际,在镌刻了白文印"茫父",画了《设色花果图》之后,又画了一幅《鬼趣图》。图左,形象伟岸的钟馗,头戴翅帽,身着官服,向东双手捧笏而立,身后两个小鬼,一个手撑破伞,一个手执灯笼,都是钟馗的跟班。他们相向而立,应该就是民间传说"钟馗降五鬼"中的两鬼了。这幅画作于袁世凯死去的前一天,绝非偶然,可以说,是对率兵起义反袁的蔡锷将军的礼赞。

陈师曾的《罗汉图》自题"拟清湘大涤子"。石涛是山水画大师,但他的人物画甚至胜于山水画。石涛的道释人物密线细描,不着色彩,师曾的罗汉则是大笔写意,敷以淡彩,且富立体感,是一次再创作。他的另两幅无纪年《罗汉图》和《达摩面壁》图,也都是写意作品。

师曾的仕女画并不多见,但所作六尺大幅的《箜篌仕女图》颇有影响,日本人也很"叹赏"。有人怀疑箜篌画得不对,黄濬为此做了考证。他指出箜篌有手箜篌和擘箜篌两种,擘箜篌是胡乐,汉灵帝很喜好,并指出"今日本正仓院尚存仿制品。师曾留学日本,必睹其形"[7]。清代的仕女画创作,

陈师曾《箜篌仕女图》

千篇一律如病态美人。陈师曾所画的筓篌女,面部圆润,体态丰满,神情专注,着红色长袍,具唐人风韵,与旧的仕女画风完全不同。

师曾刻过一方"师曾画佛之记"的朱文印,但佛画作品也不多。为梅兰芳所珍藏的释迦牟尼佛像,是他仅存的一幅工笔佛画。

在《中国人物画之变迁》中,陈师曾论及南朝梁善画佛像的张僧繇学习印度西域佛画自创没骨法(染晕法)时说:"中国的人物画,是有骨法的,是有笔墨骨气的。"而没骨法"是以五色染就,不见笔迹的","不用双钩的,和西洋的水彩画画法一样"。我们看陈师曾的人物画,都是用墨线双钩的,而没有采用没骨法。这就启示我们,陈师曾的人物画创新是立足于中国传统的基础之上的。

人物画并非陈师曾的强项,他"极力自树旗帜",为什么要从人物画入手呢?这是因为人物画"关联人事最为密切"[8],是清代覆亡、民国肇兴的社会大变革时代所使然,是陈师曾"文人之感想""思想"所使然。在商品经济最为发达、贫富最为悬殊的上海,在军阀统治下民不聊生的京城,"文人画"作为文人士夫抒发闲情逸致"聊以自娱"的载体,已经日暮途穷。陈师曾所见所闻的黑暗现实和民众苦难,使他不能不愤而拿起画笔,自觉地开辟一条与现实"人事"紧密结合的"文人画"新生之路。以《北京风俗》为代表的人物画,充分显示了"文人画"的社会价值和时代意义,为"文人画"注入了新的生机和活力。

注释:

[1]《北京侦探时代》,《三十年见闻录》,第48—49页。
[2]《鲁迅的故家》,《关于鲁迅》,第138页。
[3]《耍猴图》,《新美域》,2007年,第2期,第160页。
[4]《北京风俗》跋一,《北京风俗》,北京出版社,2003年,第73页。
[5]《北京风俗》跋四,《北京风俗》,北京出版社,2003年,第78页。
[6]《题陈师曾拟汉(故事)画扇面·其一》,《姚茫父画论》,第152页。
[7]《画家陈师曾》,《花随人圣庵摭忆》(二),第786页。
[8]《中国人物画之变迁》,《陈师曾画论》,第157页。

第三章　辉煌

去弊立新的山水画

陈师曾的山水画，是从脱离四王藩篱而自创新路的。

他认真学过清初诚足楷模一代的"四王"的画。留日同学张宗祥说他"留学日本时，乃有仿恽（南田）、王（时敏）之作，后不复见矣"[1]。在京期间，也有拟麓台（王原祁）及奚冈、戴熙的作品，甚至将拟王学浩（椒畦）、王宸（蓬心）之作赠弟子俞剑华。但清末民初的北京画坛，居于统治地位以王原祁为旗帜的"娄东派"和以王翚（石谷）为宗主的"虞山派"末流都摹古成风，了无新意。陈师曾在《中国山水画之派别》中指出："学麓台的末流，专事堆砌，徒有形式，而无笔法气韵；学石谷之佳者，仅号秀润而软弱随之，搔首弄姿，都堕入不可救药的甜熟恶道。"所以，他不使一笔入"四王"，俞剑华说反"四王"末流，是陈师曾"最大劳绩之一"。

陈师曾山水画在破藩篱中追踪学习的是那些富有创新精神的个性派画家。他刻过多方"五石堂"朱、白文印。学明画家石田（沈周）、石天（沈颢）、石虎（蓝瑛），清画家石豀（髡残）、石涛（道济）是他的首选。

石涛，本名朱若极，别号大涤子、苦瓜和尚、清湘陈人，"清初四僧"之一，是极富创造个性和反摹古潮流精神的一位画家。他的画构思新奇，笔墨恣肆，生动多变。陈师曾看石涛的画最多，学石涛深有心得。1917年初春，杨昭儁收藏了石涛的一幅山水画，自题《清湘逸趣》，师曾"留观"后跋曰："石涛画古拙中含苍秀之气，看石涛画须于此着眼，学石涛画须于此着手"[2]；陈师曾在赠给俞剑华的示范作品《仿清湘笔意》中题曰："清湘笔力回万牛，中含秀润杂刚柔。千笔万笔无一笔，须在有意无意求。"都是他学石涛的体会。齐白石对陈师曾的善学极为赞佩，他在一幅师曾摹石涛山水的跋语中说："余友陈朽翁，制此画，亦系模仿，大能变更丘壑，畅快笔机，见者必曰：属大涤子本，此为善学也。朽翁山水胜于余……安得余得朽公之笔，时人亦不能为，或不为人窃笑也。"[3]

石豀，僧号髡残，也是"清初四僧"之一，画风苍劲浑厚，华润茂密，与石涛并称"二石"。1917年，师曾在《自题山水画》中题记："此幅意在石豀而似石涛，二师固无所服膺者也。"所作青绿《山水图轴》，

沈周《湖柳远山图》　　　　　陈师曾青绿《山水图轴》

第三章 辉煌

山重水复，松木繁茂，苍莽秀润，一派秋意，自题"意在石涛石谿之间"，是学"二石"的佳作。

沈周，号石田，明"吴门画派"开创者，与文徵明肇清代南宗文人画之端，对明清文人画影响至大。其画风由谨细而粗简，世称"细沈""粗沈"，而以晚期"粗沈"成就最大。师曾学石田最勤，功力最深。作于1915年的水墨画《拟沈周夏日山居图》，古树繁茂浓密，山峦左右参差，涧水奔泻而下，山居立于水上，极好地写出了"夏木浓荫白昼长，雨添涧水暗生凉"的诗境，是一幅学"细沈"之作。《岑岭万壑图》山峦层叠，林木茂密，皴擦点染，苍润厚重，是学"细沈"的佳作。学"粗沈"的，则为对临石田《湖柳远山》的《仿沈周山水》，盛赞"此本着墨不多，简淡苍远得画外味，非胸有丘壑者不能落笔"。1913年，师曾有《拟香光仿北苑渴笔山水》之作，学董文敏"细笔干皴，极生峭之致"[4]，

龚贤《山水图册页》

去弊立新的山水画

龚贤《松林书屋图》

沈周晚期专学元吴镇。师曾作于1921年的《山水册页之三》题曰："石田生峭沈厚从梅花道人得来,惟少润耳。"可见他在学沈中仍在追求生峭的风格。

师曾学田叔的作品,存世的有作于1921年的《山径松关图》。

陈师曾所学的,还有清初"四王"反对派龚贤。龚贤,字半千,号半亩,是清初反对摹古、主张革新的代表画家之一,居"金陵八家"之首。他画江南山水,沉雄苍秀,有林木繁茂、颜色黑重和物象简洁、颜色淡雅两种风格,世称"黑龚"和"白龚"。王派有人诋毁龚贤有钩斫之迹,缺乏风韵,陈师曾斥为"狃于王派画一偏之见"[5]。师曾学"白龚",注重学用笔;学"黑龚",注重学用墨。1923年学"白龚"的作品《山水扇面》,题记中曰:"龚半亩点画精严,皴染具备,凡来问道于蒙者,无不劝其以此入手。先质实而后空虚,则得之矣。"视学龚为学画的必修课。山水册页《暮烟疏雨野桥寒》,简笔写意,不施皴擦,题曰"龚半千疏隽之笔",也是学"白龚"的作品。其《墨笔山水图》作于1916年,用墨考究,反复皴擦点染,明显受"黑龚"的影响。

笔致简洁恣纵,风格冷寂孤傲的水墨写意大师朱耷(八大山人),也是陈师曾所师法的。他说:"学八大山人晚年之笔而不得其生峭,便堕入戴文节矣",可见其喜"生峭"之趣,八大作品是其重要来源之一。

当然,师曾也像上述大家一样,上追五代宋元诸家,如学与石涛同为"黄山画派"的梅清(瞿山),学梅清画松所本的王蒙(黄鹤山樵),学吴镇等"元四家",也学董源、巨然、董其昌、范宽、刘松年、马远以及明戴进、王西室、李流芳和清程邃、查士标等等之作。

以上巨子宗师都反对泥古不化,主张师法自然;强调表现主观情思,个性鲜明;笔墨随时代前进,富有革新精神。陈师曾吸收了这些精神营养,在庭院园林小品的创作上,走出了一条创新之路。1912年发表于《太平洋文艺》上的《紫琅一角》,画紫琅屹立浩瀚的江水之边,山顶佛塔高耸,绿树掩映,笔墨简括,其原型即南通紫琅山,即狼山。1914年,画赠鲁迅先生的《西山策蹇》,题曰:"策蹇西山中,往往得此景,不觉信手写出,夕阳归辔,仿佛犹闻钟声也。"鲁迅先生读了,怕也有相同的感受。还有街头所见的芭蕉、公园所见的枯木、庭园所见的蔷薇,以至中南海的瀛台、流水音、鱼乐亭等等,无不收入他的笔底。

令笔者惊喜的是:在拜读陈师曾业师周大烈的《夕红楼诗集》时

去弊立新的山水画

周大烈《题桂在堂》诗

周大烈《题老屋图四首》

发现，师曾所作《桂堂》《益香书屋》《藤瓦精舍》和《石坊》，也其源有自。原来，这4幅作品都是周大烈湘潭周家大屋旧居和城内景物的写照。桂堂，即"桂在堂"，是周大烈的祖屋，建于清康熙时周大烈的七世祖。院内有桂树两株。大烈《题桂在堂》有句"青青堂下桂，曾着康乾花"，可知这是两株有100多年树龄的老桂了。他在《题老屋图四首》之一《桂堂》中，还记述了周家特制的以老树桂花调以蔗汁为饼馈赠姻旧的往事。师曾所作《桂堂》，画面凸显的正是这两株树干虬曲、枝叶繁茂的老桂树。《题老屋图四首》的另外三首，分别题为《益香书屋》《藤瓦精舍》和《石坊》。从诗中可知，益香书屋在桂堂西院，以种兰多而得名，周大烈即诞生于此；藤瓦精舍，旧名"东塘"，因藤盖瓦而得名，是周大烈幼时课读之处；石坊，则在湘潭城内周宅门外，俗称"周家牌坊"。大烈曾祖周系舆（衡在）是左宗棠的岳父，28岁早逝，石坊系左宗棠为表彰岳母守节而建。陈师曾的这四幅画作，或笔墨粗放，或简淡清隽，都是学石田之作。其实，周家老屋院内花木繁茂，周大烈曾嘱师曾画《老木花屋图》，又嘱挚友、诗人黄节（晦闻）题诗，黄有《周印昆湘潭老屋有柏、枣、胡桃、木芙蓉数事，曾属陈师曾为绘〈老屋花木图〉属题》和《再题〈老屋花木图〉》两首。大烈所藏《枣树》

217

第三章 辉煌

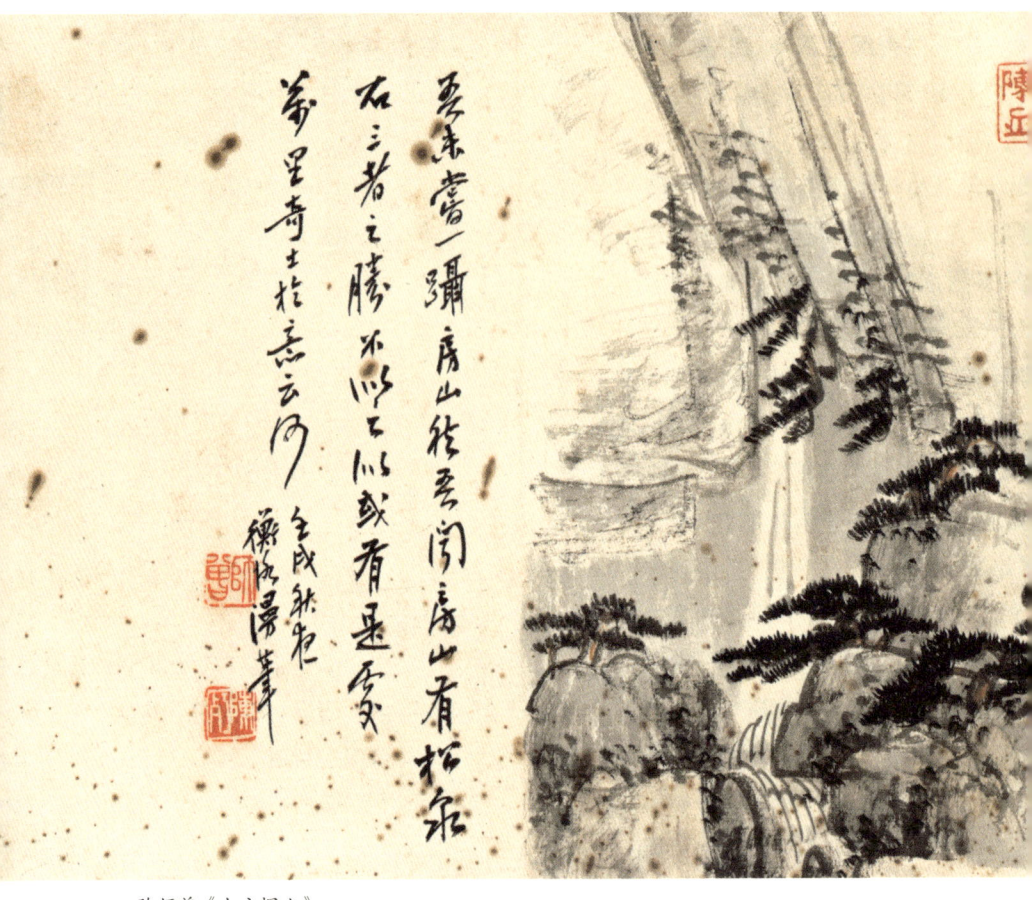

陈师曾《上方探幽》

《石榴》《水曹门外之柏》或许就是这其中的册页。遗憾的是这些作品，似乎并没有保存下来。

师曾所作目识心记、写意造型，是一种真正意义上的创作。这类来源于生活的作品，也更为读者所喜爱。为人贺寿，多画松画鹤，师曾也有这类作品，但他1918年贺知交张棣生40寿的画作《浅绛山水图》却别开生面。画面三组树的布局，前后参差，由浓密而渐稀疏，依稀可见的远树则叶已落尽，是一幅富有立体感的深秋景色。画面中间，是繁密盛开的菊花，菊丛深处的书斋，是几位文友正在为主人把酒贺寿，题曰

"陶然共醉菊花杯"。画面清隽简远,设色淡雅,既以菊贺寿,又以菊喻高洁人品,秋气满园,喜气盈庭,现实感极强。

来源于生活的还有《山边一楼》。其背景山势巍峨,枯笔干皴,近景树木繁茂,湿笔点染,林中两层小楼,虽仅以墨线勾出,却异常突出,笔墨中可见其构思之奇巧。这虽是画赠友人谷文的,但其实与至交经亨颐有关。经亨颐 1921 年在家乡浙江上虞白马湖创办私立春晖中学,即在校门口建了两层三间的白色山边一楼,作为校长宿舍。为此,经亨颐和陈师曾各刻了"山边一楼"朱、白文印一方。明白了这一故事,我们也就知道了陈师曾的这一作品并非出自虚构了。

陈师曾的山水画源于生活,又高于生活,《山水四轴》堪称其代表之作。其一《溪流浣衣》,近景是一户水岸人家,女主人正蹲在水中的石块上高举棒槌专心致志地捣衣,男主人坐在其左静静地垂钓。院内的柳树下晾晒着一件上衣,屋上的葫芦、后院的葵花和果树,处处显示这是一个勤劳和谐之家。远景是靠岸的两条船上,一位船家正在下放水桶从河中打水,另一位船家正在收拾渔网,静中有动。而两棵高大的柳树,枝条依依,既暗示了水岸人家久居于此,又似乎预示着这些人家还将在这里生生不息。这幅画笔墨浑厚健爽,设色淡雅清朗,

陈师曾《溪流浣衣》

第三章 辉煌

陈师曾《江乡秋获》

风格清新明丽,耐看耐读。其三《江乡秋获》,画的是一位农夫正在田里收割,农妇背着孩子站在田埂上,似乎在呼唤农夫收工回家,画面一派温馨。其四《村醪泥醉》,画的是山间深处的一家酒馆,一位顾客喝得烂醉如泥,一位老妇正拄着拐杖下得山来接他回家。而其二《山源行旅》,画的是两个汉子用肩抬着沉重的家什,奔走前行,一位男子独轮车推着行李紧随其后,表现了劳动者谋生的艰辛。这些表现劳苦大众真实生活的作品,读来令人特别亲切。

此外,1918年冬,陈师曾应友人刘健之之嘱所作《蜀石经阁图》,是一帧极具文化意义的作品。《蜀石经》通称《广政石经》,始刻于五代十国时蜀后主(孟昶)广政元年(938),完成于宋徽宗宣和六年(1124)。它以楷体唐开成石经为底本,兼刻注释,计刊刻十三经石碑一千余块,惜被毁于元军入川时。刘体乾,字健之,安徽庐江人,长碑版之学,致力搜集蜀石拓本,影印《宋拓蜀石经残本》计八册,各册前后附翁方纲、段玉裁、缪荃孙等百余名家诗词记跋和吴昌硕、陆恢、林纾、顾麟士、汤涤等画家所绘图十二幅,其中既有陈师曾之画,也有陈三立作于1920年之诗,是难得的一次父子同题之作。《蜀石经》不仅在中国书法史上具有重要意义,在校勘学上也极具价值。1965年,在周恩来总理的关怀下,北京图书馆从香港购回《蜀石经》宋元拓本一部,是现存的最佳本。

陈师曾的山水作品也融入了西画技法。如《山水图册》之四"庭院深深深几许",院内高大的桐树凸出画面,树旁的花架花卉也比后面的房舍高出许多,透视感极强。《园林小景册页》之四、之五,前者画园林一角,其建筑物便是用透视法画的,明暗也显然采用了西法,后者的园内景色,则采用了焦点透视法。

综上所述,陈师曾的山水画创新,首先表现在他的"入世"精神。一些画面上的人物、体力或脑力劳动者代替了古代的隐者、高士。画面上的山、水、树、石、林、田,也是今人眼中的景物,与其漫画和人物风俗画的现实主义画风一脉相承。其次,在这些山水画中,都充分释放了他的人文情怀。对普通劳动者平静恬淡的日常生活关怀而又欣赏,似乎这也是他所向往的时日。再次是表现生活,在继承传统的基础上,合理吸收了西画的某些技法,不着痕迹,妙合自然。可以说这就是陈师曾山水画为我们开创的一条新路。

注释:

[1]《画人逸画》,《铁如意馆碎录如意馆读书杂记》,第36页。

[2]朱翰:《杨昭儁属陈衡恪画松赠王湘绮墨盒》附图,《文艺生活(艺术中国)》,2011年,第2期,第71页。

[3]转引自龚产兴评陈师曾《溪流浣衣图》一文,《中国名画鉴赏辞典》,上海辞书出版社,1996年。

[4]龚产兴编《陈师曾画选》,第82图。

[5]《中国绘画史》,《陈师曾画论》,第119页。

第三章　辉煌

形神并美的花卉画

陈师曾的写意花卉，师承海派宗师吴昌硕。其金石篆籀入画和古拙明艳的画风，深为师曾所倾慕。师曾也同吴昌硕和其他海派画家一样，上溯宋元以来诸家，特别是沈周、陈淳（白阳）、徐渭（青藤）、石涛以及金农（冬心）、李鱓（复堂）、郑板桥，而近受赵之谦影响。在此基础上，学中求变，不为吴派所囿。缶翁惯用羊毫软笔，师曾喜用狼毫秃颖；缶翁着色浓丽，师曾用色淡雅。师曾学吴，任意挥洒而不失其真，富于变化而得其妙，走出了一条形神并美的创新之路。

陈师曾说："生平所能画为上，而兰、竹为尤。"[1]笔者却更愿从他的梅、菊说起。因为他对梅、菊有一份别样的情怀。

师曾爱画从荷开始，学画从梅起步。青年时代，武昌臬署"乃园"和东京大森晨光阁是他赏梅、画梅、咏梅的胜境。他与继妻梅末（春绮）是画梅、绣梅、咏梅的佳侣。留日归国前夕所画的《梅花扇面》，跋曰："金冬心先生云画梅当有风格。吾此作不知能得其风格否？归以质诸吾妇，幸勿掩袖匿笑也。"幽默调侃中可知师曾其时已学"扬州八怪"

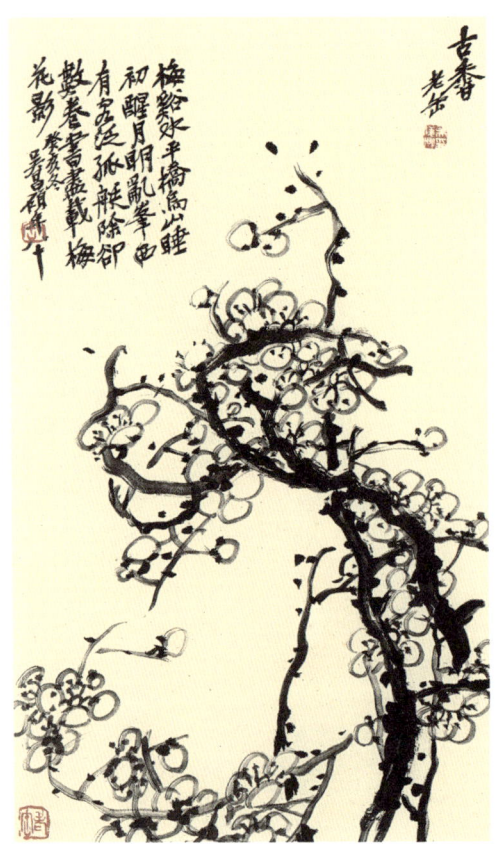

吴昌硕《梅花》

中的画梅高手金农。金农画梅,繁枝密叶,古朴秀雅。师曾的另一幅梅花扇面,题写的就是金农的诗句:"画梅须画晚来寒。"他还学过金农用胭脂螺黛写梅。"八怪"中的李方膺(晴江)画梅,以直笔出之,简中见奇。陈师曾赞其"飘逸之笔,有绰约临风之妙"[2]。他学徐渭,赞其画梅"孤峭冷落之趣出于笔端"[3]。师曾所作《墨梅》,枝干盘曲,又颇具缶翁画梅的风神。

师曾画梅的风格,大致有两种。一种是细笔圈花,或疏简清幽,或密蕊虬干,均瘦而不弱。赠梅兰芳的《为畹华画梅》和赠林宗孟(长民)的《梅花图轴》,都是这样的作品;一种是秃颖出之,笔墨恣肆,秀挺峭拔。《花卉册》之三《梅花》和另一《花卉册页》之十一《梅花》都是这样的作品。

师曾尤喜红梅,视红梅与水仙、石头为"三友"、为"嘉宾",愿"揖之上座,和墨调丹,以写其真"[4]。作于1913年的《红梅图》题曰:"画红梅须有古逸苍凉之趣,否则与夭桃秋李相去几何?一落凡艳,罗浮仙岂不笑人唐突。"此语出自吴昌硕,可知都喜欢红梅"古逸苍凉"的风格。师曾1919年所作《梅花图》,写明牛谅《红梅》诗意,画的是一株苍虬衰朽的老梅树,旁枝稀疏的红梅,在朔风中点点飘落,题牛谅诗曰:"陇头人未归,江南春几许。惆怅玉箫声,吹落胭脂雨。"陇头即陇山,借指边塞;玉箫声,会令人想起李白《春夜洛阳城闻笛》的诗句"何人不起故园情"。这一株红梅,极尽古逸苍凉,将闺人思念征夫和戎卒心系家园的情怀表现得淋漓尽致。姚茫父有长诗

《梅花图》

第三章 辉煌

陈师曾《墨竹》

题陈师曾《冰川梅花卷》，赞师曾画梅"秃毫错杂成秀韵"，此图亦然。

陈师曾的原配夫人范孝嫦小名菊保，遽逝后，他多有殇菊、怀菊、咏菊之作。吴昌硕画菊，常用西洋红点染，这是他的大胆创新，师曾虽偶尔为之，如他的《篱菊图轴》，但他的主张与缶翁不同。在南通，他曾与诸贞长等友人酒罢赏菊、论菊，他认为菊之"正色宜尚黄"，然"此意久蔽壅"，因此，他画菊花，多画黄菊。赠友人的《菊石》，细笔勾石，丛菊朵朵，沿石而上，清俊幽爽，高节坚贞；贺长辈寿的《菊石》，湖石笔力雄强，黄菊浑厚朴茂，尽显生命活力。另两幅分别作于1915年和1921年的《菊石》，都是写东晋文学家袁崧（小松）《菊诗》诗意之作，但风格迥异。前者画黄菊，巨石嶙峋，黄菊从巨石的洞隙和石后顽强地冒出；后者写墨菊，枝干挺立，墨叶清润，菊花盛开，以草书笔法勾石。如果说前者表达的诗境是"灵菊植幽崖，擢影（颖）凌寒霜"，后者表达的则是"春露不改色，秋霜不改条"。

师曾画兰，早有探究。他在1921年所作的《兰竹》中题诗曰："廿年前犹记寻诗兴，屐齿粘泥半未干。"此作石置于右，诗题于左，兰花绽放，一叶从石右上方飘然而至左下，占据画面的显著位置，笔墨简放，一笔钉头鼠尾螳螂肚的画法，尤见功力。他有学松雪（赵孟頫）画兰的作品赠梅兰芳，喜欢箨石老人（钱载）的"淡远之笔"。他多画墨兰，爱其"冷逸疏秀"的风格，在一幅《兰竹》的扇面上题"自以为得冷逸疏秀之致"。其画兰，笔法流畅飘逸，妙在风中摇曳自然。作于1921

陈师曾《赤竹翠石》扇面

年的《兰竹》，动感极强，拟人化的题句"兰幽竹秀，气味相投，涧磐自乐，不须人求"，更赋予兰竹生命活力。1919年所作《花卉四条之三》，柱石高耸，左右两丛兰花参差依石而立，兰叶相抱，整个画面以灰蓝为主色调，题以"幸得不锄去，孤苗守旧根"，尽显幽冷疏秀。

　　陈师曾何时开始画竹？他在赠经亨颐的《墨竹》上说："余来京始学画竹，于今已七年矣。古人作法茫无所知，乃取柯敬仲、李息斋之说，而读之愈不敢下笔，遂任意信手为之，仅守东坡自下而上之法，若篆若隶，不行不楷，不知涂抹绢素楮墨几何矣。"[5]其学画竹的甘苦，跃然纸上。但其实仅从存世作品看，早在1912年所作《花卉册页》之一《红竹》，就是学罗两峰之作。同年所作《竹石图》题曰:"尝见两峰道人画竹,勾勒之妙,自谓取法唐张立,用笔高简,不落常径,胸有成竹耳。"[6]并且还有一些其他画竹的作品在。因此,师曾在京再学画竹,是一次更深入、更系统的学习和研究。他自谓尤长画竹,当是情理中事。姚茫父题师曾在京画竹的诗有多篇,说他"落笔能争与可奇"[7],赞他"东坡、与可今仍在,芒角森然总未消"[8]。在题《师曾十七竿竹画扇》中,说师曾写竹爱写竿,"起伏龙蛇辨黄竖(章草用横写竹,用竖一笔势可并行之)""下笔已评金刚杵",而其源头则是"清湘(石涛)汲尽生惯楚(湘省)"。1916年末所作《槐堂竹谱》,汪东"庚寅(1950年)年十二月"有幸见到,题记有"今对此卷,不胜抚然"之句。这些都可见师曾在京学画竹的轨迹。《墨竹》画的是嫩竹,竹竿拔节而上,竹叶尖细华滋,玉树临风,题"最爱青青小竹竿"一首。另一幅《墨竹》,画的是老竹,浓墨写竹,老而无梢、细枝刚直、老叶丰满,正是"斫作钓竿"的好物件。《烟寒雨昏》,画的是雨竹,竹叶有浓淡老嫩,皆温润低垂。《赤竹翠石》扇面,以顽石衬红竹,迎风摇曳的红竹一派生机。

由于师曾长于画竹,经亨颐曾向他学习。经说:"今漫涂墨竹,非敢云远学东坡,实近取师曾耳。"[9]姚茫父也曾向他学画竹:"近从君手乞一竿,才可枝梢入毫楮。"[10]师曾还应询为江南蘋夫妇画风、晴、雨、露竹谱十二帧,供其学习。

师曾花卉,除梅、兰、菊、竹,画荷、松、柳、水仙、芭蕉、山茶、秋葵、紫藤、蔷薇、牡丹、芙蓉、芍药、月桂、萱草、栀子、桂花、玉簪、合欢、海棠、葵花、雁来红、白玉兰、绣球花、鸡冠花等多达五六十种。水仙是师曾的三友之一,有清幽如《群仙上寿》,莽苍如《水仙》;石也是师曾的三友之一,有奇崛如《菊石》,《墨荷白鹭》,荷叶和茨菇干湿浓淡相间,藏于荷花下的鹭鸶仅用线条勾勒、黑白相成,构思别致。《青松凌霄》于苍翠的松间点染红山茶三两枝,使画面鲜活灵动。《桃花》借题唐王涯《南浦杏花》诗,雨后夭桃,鲜艳欲滴。

师曾笔下的蔬果,时将古人不画的白菜、南果、茄子等入画。《蔬菜扇面》画大白菜一棵,红水萝卜两个,题旧作一首,可见其平民意趣。

陈师曾也画鸟禽。《紫藤鹡鸰图轴》中的两只八哥,形象准确生动;《鸡菊图》中的大公鸡,圆目紧盯,跃跃欲啄,栩栩如生;《携酒与鱼》又充满了生活气息。只是后来,他与擅鸟禽动物的王梦白多有合作,画面上的鸟禽几乎就成为梦白的"专利"了。

　　细读陈师曾花卉画,我们会发现,他在探索一条"简妙率放"之路。画梅,如题苏轼诗句"竹外一枝斜更好"的《梅竹》,以飞白画枝,圈点梅花数朵;画菊,如题恽寿平题画诗的《墨菊》;画荷,题清舒浩(则水道人)题画诗的《墨荷》,狼毫秃笔,率尔而就。再看《秋柳图》,以极简的笔墨画了几株柳树,无叶、无土、无景,一派萧瑟。《吃茶去》,仅用枯笔画了一把茶壶和一个茶杯,无明暗、无色彩,但我们如果知道"吃茶去"三字源于宋时中国佛教禅宗史书《五灯会元》就会明白,这是一句偈语,这幅画也是一幅充满禅机,教人丢去妄念的作品。陈师曾在《清代花卉画之派别》中说:"吾窃尝论之,花卉较山水易而实难,山水画可借山水之景致,得其援助,以成境界;而花卉之体制狭隘,全仗笔墨意态生出境界,此其所以难也。"师曾之作,迎难而上,从他以上诸作和画笺、画铜、画筩边的成果看,他的探索是成功的。

陈师曾《秋柳图》

第三章 辉煌

陈师曾花卉画的创新，有厚实的理论基础。除著有《清代花卉画之派别》外，仅对画梅的研究，就有作于1911年的《画梅歌》，提出了"画梅一幅墨如金"[11]的创作理念；作于1922年的题《梅花图轴》，论画梅的创作风格"努掠太甚，或流粗犷；软媚取姿，则病纤弱""总宜奇不伤正，怪不伤雅，乃称佳作"；作于1923年的《画梅诗》，就梅的创作方法，提出应"下笔纵横随意使""人各性情异其美""遗貌取神故应尔""用力转工神转死"。这些论述，虽指画梅，但其实不仅对花卉画，而且对"文人画"的创作，都具有重要的指导意义。

陈师曾花卉画的创新，有深厚的自然科学根基。因为学博物学专业，对各种花卉的生性和结构都了然于胸，为其他画家所望尘莫及，因而不但造型准确，而且往往会情不自禁地在题记中介绍花的特征。如在《四时花卉册》中对秋海棠的描述，在《花卉图》中对秋葵的描述，此外对月季、蔷薇、六月菊等也有类似的描述。甚至纠正恩师周大烈在《咏花木诗册·豆蔻花》中的错误说："豆蔻花为木本，高三丈余，产印度，草木豆蔻叶似芭蕉，亦非豆蔻植物也。诗人咏叹，不必征实，姑依原诗题名记之。"[12]这些简直是在对读者进行"科普"了。

陈师曾花卉画的创新，源于写生和观察。他教导女弟子江南蘋，花卉的千姿百态，如菊的正反、向背，只有经过写生的功夫才能把握。师曾的《木石图》，画京城中山公园所见，其木为枯木，题曰："中央公园有此奇景而千万游人未尝留意，特拈出之。若有僧问曰：枯木龙吟时作什么生，不知如何答话。""枯木龙吟"语出《五灯会元》，意谓灭绝一切妄念妄想，死而复生，得大自在境界。师曾此作，意在说明朽木不朽的生命力，所押"朽木不折"朱文印可见其意蕴。它如寓斋的梨花，院中的蔷薇，以至"藻咏轩"（江南蘋斋名）的菊石盆景等，都是他写生的对象。

陈师曾的花卉画，同样吸纳了西洋画法之长。《花鸟图横幅》，截取树的局部居于画的中心，花、鸟偏于一角；《梅石水仙》截取石的局部居于画的中央，水仙和梅左右展开，都颇似西画的构图。

这些构成了陈师曾形神并美的花卉画。

注释：

［1］吴庠：《陈师曾遗诗·跋》，《陈师曾遗诗（上）》。
［2］《陈衡恪诗文集》，第264页。
［3］俞剑华：《陈师曾》，第23页。
［4］《梅石水仙》，《陈师曾全集·花鸟卷》，第307页。
［5］经亨颐：《陈师曾遗画集》，第24页。
［6］《陈衡恪诗文集》，第229页。
［7］《题师曾墨竹遗幅》，《姚茫父画论》第226页。
［8］《师曾墨竹卷子》，《姚茫父画论》，第224页。
［9］经亨颐：《陈师曾遗画集·序》。
［10］《师曾十七竿竹画扇》，《姚茫父画论》，第219页。
［11］《陈衡恪诗文集》，第39页。
［12］龚产兴编《陈师曾画选》，第206图。

第三章 辉煌

"笔简意饶"的画铜、画笺、画笺边

陈师曾到京不久,就把他画花卉、山水的创新触角,伸向工艺美术领域:画铜、画笺、画笺边。

画铜,即为铜制墨盒和镇尺创作书画,供刻铜好手刻制。

京城刻铜始于咸丰,盛于同治年间。陈师曾教育部同事、著名民俗学家、戏剧家齐如山在《北京三百六十行》中,列有"墨盒作"一行,其中说:"刻铜墨盒始于陈寅生。"陈寅生是一位秀才,于同治元年(1862)在京城开设"万丰斋"。其刻铜主要在书而不在画,且并非书法大家。民国初期,以"同古堂"图章墨盒店店主张樾丞[1]为代表的刻铜艺术异军突起,进入了一个新的辉煌时期。

同古堂开设于民国元年,地在琉璃厂西街152号。其第一块匾额,便是张樾丞请陈师曾书写的。三字为篆体,古朴典雅,显示了店家的品位之高。其原稿一直由张樾丞的后人保存至今。

张樾丞治印,很受专家学者赞赏。治印之余,兼事刻铜,有"刻铜圣手"之誉。他的堂弟张寿丞[2]也是一位刻铜高手,后人认为堪称"刻铜亚圣"。

陈师曾出入"同古堂",为刻铜提供山水、花卉、人物画稿和书稿,很快就成为京城画铜的领军人物。画铜的方法,一是画在纸上,为刻铜提供画稿;二是在铜墨盒盖或镇尺上直接作画。师曾三子封雄有一段难得的儿时回忆说,同古堂前店后作坊,"先父去了就直接到后面找张老板。作坊案子上摆着许多新制成的光板铜墨盒和铜尺,上面已经均匀地涂了一层细白粉,等待书画家动笔。先父挑选了中意的墨盒或铜尺后,便在上面作画。通常都是画他最擅长的竹、梅、菊。有时墨盒体积较大(现在从所遗拓本中发现有一个圆墨盒盖的直径达21厘米),便勾勒一幅线条较繁的山水画"。张樾丞"刻出来的作品与原作不爽毫厘,能将先父的绘画风格完全表现出来"[3]。

陈师曾与张樾丞友情深厚。师曾不仅不取报酬,而且亲授金石书画知识,对同古堂开展业务也多有帮助;张樾臣也毕生视陈师曾为师。

与在宣纸上作画不同,画铜有其自身的特点。其一,只能在墨盒和

"笔简意饶"的画铜、画笺、画篮边

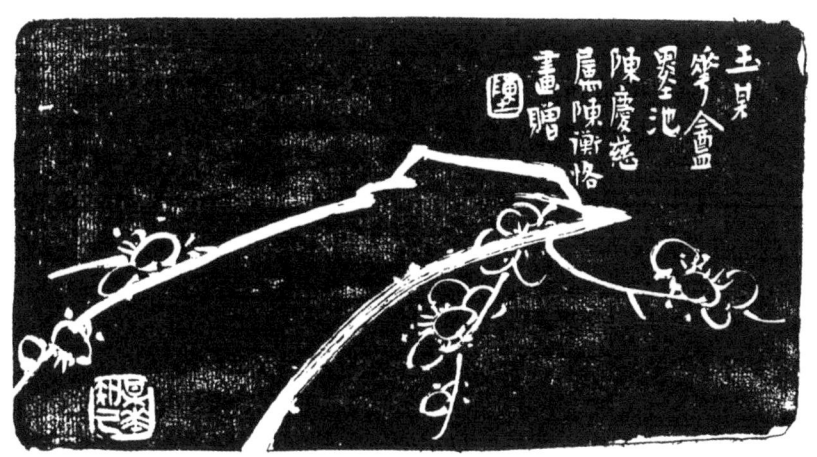

陈师曾《梅花墨盒》

镇纸的有限空间作画,还要题诗题句,题识题跋;其二,铜质相对坚硬,不易表现明暗,一般只能以不同的线条勾勒;其三,画铜之后,须经刻铜的二次创作,必须利于刻工奏刀之便,这就对构图和笔墨提出了新的要求。因此,必须在"简妙率放"上下功夫,而这正是陈师曾所追求的创作风格。如为父执李瑞清所作的《梅花》,构图简洁,画面清幽,"梅花知己"印压住边脚,有画龙点睛之妙;为傅鲁唯所作《明月松风》,无一闲笔,静谧中犹闻钟声;而镇尺则发挥其便于画松、竹、梅的优势,一般均较繁密。

"同古堂"张氏兄弟为陈师曾刻制了上千件作品。从内容上看,大多是应店家之请而画的售品。但就是这些作品,其中也不乏与用户的书画交流。如《拟迂翁(倪瓒)笔意》画松镇尺,自题"迂翁简淡高逸之笔,开后世无数法门";《鹭立空汀》墨盒,自题"逃禅老人画梅有此意境";仿吴镇《亭亭玉立》画竹镇尺,自题:"亭亭玉立,雨秀烟苍,文与可而后唯梅道人风标可继"等等,既告诉了读者作品渊源所自,又以画论、画史知识引导读者提高欣赏水平。

画赠友人或应友人之嘱画赠其友的作品也不在少数,友情溢满笔间。如《山水》墨盒,是应朱德裳之嘱绘制的,题句录戴文节(熙)论画一节,似是在与挚友促膝细谈,讨论这幅作品的疏密得失。

第三章　辉煌

绘制于1915年的《菊梅双影》自用墨盒，置诸案头，又寄托了对两任早逝夫人的深情怀念。

与陈师曾同样醉心于画铜的还有姚茫父，且与师曾多有切磋合作。除陈、姚外，还有章浩如、齐白石、吴待秋、王梦白、金拱北、陈半丁、张大千、吴湖帆、张伯英、袁寒云等一大批著名书画家的先后积极参与；除张樾丞、寿丞兄弟外，还有姚锡文、孙华堂等一批刻铜高手的辛勤劳作。他们的创作和再创作，使这一艺术品种达到了历史的最高水平，呈现出前所未有的辉煌局面。

将刻铜制品进行墨拓，也是陈师曾的首创。他将自己较为满意的画铜作品墨拓成册，使我们至今仍然能欣赏到这些作品"雅趣盎然"的风采。

随着刻铜艺术的蓬勃发展，陈师曾又将这一技艺应用于笺纸艺术。鲁迅先生说："及中华民国立，义宁陈君师曾入北京，初为镌铜者作墨盒、镇纸画稿，俾其雕镂；既成拓墨，雅趣盎然。不久复廓其技于笺纸，才华蓬勃，笔简意饶，且又顾及刻工省其奏刀之困，而诗笺乃开一新境。"[4] 郑振铎也说："民国初元，陈师曾先生为墨盒作画稿，镌成，试拓以墨，付淳菁阁制笺，乃别饶奇趣，后续成诗笺万千幅，无不佳妙。"[5] 可知陈师曾是先以画铜作品试于诗笺而后才作画的。

笺纸，即印有精美图饰的信笺，因古人常用以题诗，又称诗笺。诗笺始于南朝，盛于明代，至清康乾，《萝轩变古笺》《十竹斋笺谱》和《芥子园名笺》堪称传世之作，但至嘉道以后便渐渐凋零。到光绪年间，琉璃厂众多南纸店的各色笺纸，品位已很低俗了。宣统时，林纾（琴南）取南宋词人张炎、吴文英词意作山水笺，为文人作笺画之始，但终究孤掌难鸣。

正是在这样的背景下，陈师曾振衰去弊，为笺纸艺术"开一新境"。

"淳菁阁"是陈师曾来京以后开张的一家南纸店，位于琉璃厂西街北第一家。店主张恬，字研农，河北通县（今北京通州区）人，是陈师曾的弟子，擅花卉。"淳菁阁"开张，颇得陈师曾之助。

"淳菁阁"主要经营书画以及印章、笺纸、墨盒等文房用具。陈师曾的书画作品，包括笺画，多在这里印制销售，或经商务印书馆等处代售。

由于笺纸是用于书写诗词、信函等文字的，因而笺画一般均用浅色没骨法画就。陈师曾画笺，以花卉为主，也画山水，也有书法，从其所作《梅花》《红竹》《松枝》《葡萄》《蜻蜓》可见一斑。而写杜甫诗意《断桥无复板，卧柳自生枝》和《荒郊建子月，独树老夫家》的两幅山水，其柳和松则用极纤细的双钩画枝干。

陈师曾的画笺，深得文人学者的广泛喜爱。1928年元月，鲁迅先生致书弟子李霁野，希望他去"淳菁阁"代为购买几张陈师曾所画花样不同的笺纸，想选取一张，作为散文集《朝花夕拾》的封面"。1929年5月，他回到阔别14年的北京探视母亲，繁忙中抽出2天时间，搜罗了笺纸数十种；1932年11月，他再次回平探母，又购得笺纸若干。1933年春，鲁迅先生与郑振铎商定印行《北平笺谱》后，郑振铎即在京城琉璃厂多次觅购笺纸。他在"淳菁阁"购得笺纸后说："在那里很惊奇地发现了许多清隽绝伦的诗笺，特别是陈师曾氏所作的，虽仅寥寥数笔，而笔触却是那样的潇洒不俗，转以十竹斋、萝轩诸笺为烦琐，为做作。"[6]

丰子恺在读到陈师曾的画笺时，认为"它完全是中国画风的sketch（速写），有的只有寥寥数笔，淡淡的一二色，草草的几个题字，然而圆满调和，隽永有令人（我）把玩不忍释手者"[7]。

就是师曾自己，偶尔也会自鸣得意。所作《梅花》，梅枝昂然向上，枝杈遽然向下，花朵盛开，一挥而就，自题："空山梅树老横枝。朽道人神来之笔。"

当然，如同画铜要有刻铜者的"二次创作"一样，画笺也要有木刻高手的"二次创作"。"淳菁阁"的刻铜就得到"同古堂"张寿丞的支持。而陈师曾的画笺，则由居住在琉璃厂的山西人张启和，绰号"张老西"的首名刻笺高手刻制。

陈师曾画笺以后，姚茫父也很快参与进来。此后十余年，齐白石、王梦白、吴待秋、陈半丁、金拱北、张大千、溥心畬、萧谦中、马晋、江采等等作者辈出，多有佳构。

在琉璃厂的各大南纸店，折扇、扇面、扇骨也是必备的商品，以应文人学士之需。

京城始创北派扇刻的第一高手是张志鱼。他是篆刻名家，却着力于扇刻。一生刻扇8000余柄，曾将陈宝琛、梁启超、翁方纲等名人的书画手迹仿刻于笺边。所创"沙地留青皮雕法"，被张樾丞用于刻铜。陈师曾、寿石工称其竹刻"雄健、明快、形真、传神"。他的妻妾和一批以"庵"字排名的弟子都擅刻，在京城形成了一个扇刻群体，又设"寄斯庵美术社"于北平劝业场三楼鬻刻。

第三章 辉煌

陈师曾与张志鱼结识以后，将他的艺术触角伸向了篦边，为张志鱼提供作品。民国十九年（1930），张志鱼在陈师曾《北京风俗》跋文中说："其书刻，鱼又钦佩者也。时贤书画于篦边之上自师曾始。爰壬子（1912年）岁，鱼始制篦边，由书而画，均系名人为之。癸亥（1923年）春，师曾以所绘竹梅篦边委刻，其后各家仿效，始有今日之盛。"于此可知，陈师曾是将文人画创造性地用于扇刻的始作俑者，极大地提高了文人雅士夏不离手的竹扇的艺术品位。

可惜，因了陈师曾的早逝，他没有看到张志鱼所说的"今日之盛"，他们合作的作品，至今也很难见到。

"简妙率放"的创作风格，"笔简意饶"的艺术效果，开创了"文人画"介入人们日常生活的一条新路，这是具有深刻的启示意义的。

注释：

[1] 张福荫（1883—1961），字樾丞，河北新河县人。14岁进京学艺，18岁寄寓店铺设摊治印，1912年开设同古堂，后又合资开设"邃雅斋"书铺、"墨因簃"碑帖店。一生治印以10万计，曾为末代皇帝刻制玉玺8枚，中华人民共和国成立后曾刻制国印"中华人民共和国中央人民政府之印"等，著有《士一居印存》。

[2] 张寿臻，字寿丞，从堂兄学治印，曾为军政要人如阎锡山等刻制印章，40余岁病故。

[3]《陈师曾的画铜艺术》，《人民日报》，1997年8月21日，12版。

[4]《〈北平笺谱〉序》，《集外集拾遗》，人民文学出版社，1976年，第480页。

[5]《〈北平笺谱〉序》，张蔷编《郑振铎美术文集》，人民美术出版社，1985年，第22页。

[6]《访笺杂记》，《郑振铎美术文集》，第27页。

[7]《读画漫感》，《丰子恺文集·艺术卷》（三），第190页。

底蕴醇厚的书卷气

作为传统文化的艺术瑰宝，"文人画"以其诗、书、画、印合璧的特有样貌，散发着文化底蕴深厚、笔墨意象丰富、风格雅逸隽永的书卷气艺术特质和审美情趣。

诗、书、画、印，各有其独特的艺术美。它们各有其"个性"，又有其内在联系。画和诗一样，都是为了"托物寄兴""即物抒情"，都离不开比、兴艺术手法；刀虽为刻所专用，又犹笔之于纸；诗、画、印都离不开书法和中国独有的笔墨。传统文人无不能诗能书，诗、书、画、印的"个性"及其内在联系使文人画的产生和发展有了丰沛的艺术土壤。就画而论，诗词题识和书法印章均可为画增色，并补画之不足。这样，以诗为魂，以书为骨，抒情言志，在追求画面的生动、鲜明、和谐、统一中，高雅浓烈的书卷气便油然而生，而文人画与画人画的雅俗也自不同。

陈师曾是在中国近现代诗史上占有一席之地的古典诗人，有《陈师曾先生遗诗》（上、下卷及补遗）存世，计收诗264题350首，不含词、曲，大部分题画诗词亦未收入。他的诗歌活动，同他的文人画一样，相伴其终生。居京以后，与正在为《庸言》杂志撰写诗话的著名诗评家陈

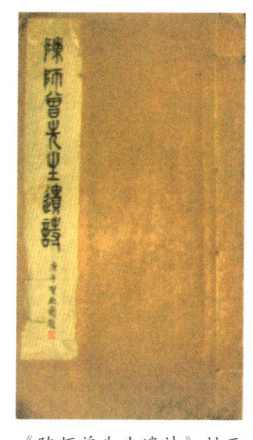
《陈师曾先生遗诗》封面

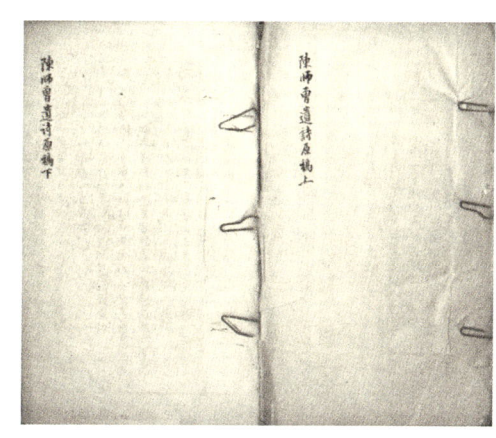
《陈师曾遗诗原稿》封面

衍和其诗弟子以及京城诗人们唱和不绝。1915年2月,在会祭北宋著名诗人陈师道(后山)逝世814周年的活动中,陈衍说"以师曾诗为佳","可谓笔笔正锋,墨无旁沈"[1]。此后,几乎每年旧历三月,或在壩河,或在什刹海,或在流水音,或在潞河,他都会与诗人们一起参加上巳修禊,诗酒唱和。他还不时参加京城"寒山社"的诗钟活动。

陈师曾的父亲陈三立,是宋诗派一代宗师,师曾虽诗承家学,但并不貌袭其祖其父。他的诗情真语挚,诗风清隽,诗笔疏朗,诗境空灵,诗味醇厚,悼亡诸作尤工,论者以为堪与苏轼、纳兰容若的挽诗、挽词媲美。词虽不多作,但缜密典丽。他始创集姜白石词为长短句联语,影响及于梁启超。国学大师钱基博所著《现代中国文学史》对陈师曾早有评述。汪辟疆在《光宣诗坛点将录》定本中,喻陈师曾为"地巧星玉臂匠金大坚",钱仲联在《近百年诗坛点将录》和《近百年词坛点将录》中,喻陈师曾为"地猖星毛头星孔明"。

师曾的题画诗,以浓郁醇厚的诗情与师乎造化的画意相融合为其特色。青绿山水《深山秋烟》是画赠同道金城的。画面远中近景丰润清新,赏心悦目,诗为"最爱深山结一椽,半黄林叶俯秋烟。昨宵又听潇潇雨,破晓银河落眼前"。诗叙了深山"昨宵"之景,画写了"破晓"之境,而作者与挚友的精神追求也流露于诗画之中。1921年,画赠经亨颐的横幅《红梅》,老梅凌寒盛开,篆题自度曲曰:"红云薄,前村约,春在阑干角。何处笛声和梦觉,峭寒珠错落。"可谓诗、书、画珠联璧合。

诗画册页是陈师曾喜爱的一种创作形式。一诗一画对开的设色《山水诗画册页》,多达十六帧,均以狼毫干笔湿出,泼辣率意,自成风格,

陈师曾《红梅》

当是其晚年之作。如册页之二，笔墨恣肆，山石奇崛，树石浑厚，设色淡雅。诗曰："秋意烘成浅绛山，不容下笔即荆关。兴亡何与村翁事，流水柴门亦等闲。"首联言绘事，次联抒时事兴亡之感，读者难免会想到这山这水的沧桑变化。册页之四，写山石间一径通达茅舍两三椽，自题诗曰："鸣者万里风，和者十里松，坐者两秃翁，听者两耳聋。"画中虽没有出现"秃翁"，却把山风、松声表现到了极致，诙谐幽默，余味无穷。

　　文学史上的名家名作，也是陈师曾诗画册页的绝妙创作题材。南宋著名诗人杨万里（号诚斋），与陆游齐名。其诗语言通俗，构思新巧，风格清新，饶有风趣，世称"杨诚斋体"。由于杨万里诗师法自然，观察仔细，描写生动，情感真挚，一些写景咏物的诗篇，便被陈师曾随手拈来。《杨诚斋诗意图册页》十六帧，以简爽之笔，画龙点睛，写出了杨诚斋诗的意境。据杨诗《西湖晚归》所画的长堤景色，以浅墨蓝色洇底，以墨线画柳，云烟氤氲，清新丰润，极好地表现了"絮不因风暖自飞"的诗境。据杨诗《午热登多稼亭（五首之一）》所作清风中摇曳的嫩竹，清隽可喜；据杨诗《小池》所作小荷蜻蜓，一派生机，都令读者神往。另据《陈师曾画选》（龚产兴编，人民美术出版社，1992年出版），收《杨诚斋诗意图》计十四帧，与上述册页比较，画面有所不同，题诗的位置、行数、个别字体亦有不同，题款、用印更不一样，应是存世的另一套册页。

　　南宋著名词人姜夔（号白石道人），精通音律，其词襟抱高洁风雅，意境清幽疏朗，语言清新淡静，手法多追求言外意蕴。作于1917年的《姜

第三章 辉煌

陈师曾《小荷蜻蜓》

白石词意图册页》十二帧,是画赠时任商务印书馆经理孙伯恒的。作品笔墨舒放,设色简约,表现了姜词幽深悠远的境界。册页之三《一蓑烟雨》写姜词《庆功春》首句"双桨莼波,一蓑松雨,暮愁渐满空阔"。作者以干湿叠加的笔墨画远山近树,饱满的墨色,尽显细雨莽苍、愁满青山之态。册页之九系写姜词《踏莎行·燕燕轻盈》末句。画面上,一轮寒月,映照着几多青山和一叶扁舟,何等清冷孤寂;那"归去"之人,又何其无助。

陈师曾又是一位书法家。他自幼随祖父陈宝箴识字学书。祖父酷爱乡贤、书法大家黄山谷的书法,醉心收藏黄的法帖。父亲陈三立的书法也取法黄山谷。从今存《寄调唐多令》看,师曾自幼就学习过黄山谷书法。他少年时代的朋友说:"我昔见君诗,君年未弱冠。字摹张猛龙,龙蛇走团扇。"[2]可证他稍长学过有"魏碑第一"之誉的《张猛龙碑》。青年时代,又从恩师范钟、岳父范伯子学过多体书法。这既可见其时碑学风气之盛,又可知陈师曾书法走的是碑、帖兼学的路子。居京以后,更得地利人和之便，从古物陈列所观赏书画，从"太老师"陈宝琛处观赏清宫所藏碑拓字画，从琉璃厂购藏碑版拓品，名其居曰"安阳石室""唐石簃"，如对汉《三老碑》的研究，师曾在其拓片包首题"汉三老忌日碑，静安（王国维）藏，槐堂题"，又有跋语，认为"此犹可作西汉观"（姚茫父亦有长篇题跋），所以，他的书法，上追钟鼎、甲骨、石鼓、秦权，下及汉隶、晋宋行楷，博学约取，力求创新，篆、隶、行、楷诸体皆工。

篆。师曾说："学篆莫如求金""求金即以求古，求古即以翻新"[3]。他习篆虽早，但受吴昌硕影响最深。不过师曾学吴，与吴笔力遒劲，诸体杂糅、浑厚朴茂的书风不同，自成一种雄浑圆润，苍劲高古的风格，从赠张樾臣所书《虢国公鼎》《伯文鼎》铭文和临《毛公鼎铭文》的《篆书四条轴》以及《篆书五言联》

陈师曾《临金文》

"凡史本心作，誉毁由他人"均可看出。姚茫父与陈师曾对书画多有切磋。师曾逝后，姚在称赞师曾"治篆依然铁笔仙"的同时，认为"师曾作篆往往不耐妥协，由其治印喜学汉铜欹斜之势故也。又任腕太过，能折而不能转"，腕与指不能偏废，"若一以腕当之，则师曾之病矣"[4]，此深知师曾所好之谈也。然从师曾1922年所书篆书七言联"冥心乍徇雕虫技，乱世能藏射虎威"看，是不是一种"翻新"的尝试呢？

隶。师曾坚持从"学隶两汉石"入手。他为友人书小铜尺隶书八字，"自以为颇有鲁峻（碑）意味"[5]。从传世的作品看，他似乎更喜好那些历经风雨沧桑的摩崖石刻。所临《汉开通褒斜道刻石》《汉西峡颂》和《汉杨淮表纪四轴》，运笔沉稳，气势雄强，醇厚古朴有金石气。五

第三章 辉煌

言楹联"咸阳秦造作,中散楚明光",圆笔纵逸,笔势遒劲,波磔变化,自成一格。七言楹联"暇豫威仪汉博士,源流礼乐鲁诸生"是《刘熊碑》的集字联,笔墨雄浑沉厚,藏锋内敛,与原碑相较,颇富异趣,已展示了自己的特有风格。

楷。青年时代,陈师曾函询大舅俞明震唐褚遂良喜财碑拓本之价值。他的楷书,既不"尊唐抑魏",也不"尊魏抑唐",而是碑帖兼学,参以隶意,为我所用。《临泰山金刚经摩崖四轴》,运笔圆浑,朴拙苍劲,隶楷参半,而又突出了楷意。《八言楹联》"苟能超然,投迹高轨;岂无他好,乐是幽居",出自陶渊明诗,洒脱随兴,纵控自如,而又极富隶意。

行。陈师曾的行书,浑厚清俊,风格多变。约撰写于1903年的《作画感成诗》,清劲厚重,刚柔兼济,明显受黄山谷行楷的影响。中年以后,行书取法明末清初书法家王铎,并博采李邕、杨凝式、八大山人等之长,晚年所书《黄山谷诗〈池口风雨留三日〉》,虽仍有黄庭坚书法中空收紧之遗韵,但舒放而又含敛,已脱胎于王铎。前述《山水画诗画册页十六开》,一诗一画,其行草所书诗,率性而作,潇洒奔放,用墨不避飞白,用笔绵连顿挫,甚至还有以篆隶之法入行草的痕迹。可以说题跋和信札最能代表他的书风。

陈师曾的书法,很得友人的喜爱。除鲁迅先生外,民国四大书法家之一的于右任,1916年从上海假道京城回陕联合地方力量反袁,也许是因为好友许修直的推介,陈师曾书写了流畅洒脱的行书《录柳州遗稿》相赠。1917年,又应周养庵之请,为其书写了自撰"为道爱身省愁念佛,无事静坐有福读书"楷书八言联。至于为梅兰芳等友人书写斋名、堂名、匾额就更多了。

陈师曾是一位著名的篆刻家。书法篆刻评论家王家葵在《近代印坛点将录》中喻陈师曾为"马军五虎将"之"天雄星豹子头林冲"。他学治印的时间并不早。据李苦李在所刻"木头老子"印边款中说:师曾"治印后余十五年",而苦李生于1877年,"十三岁遭父丧""乃发愤自学"[6],1903年,是师曾留日就读弘文学院时期。所以升入东京高师后,时听经亨颐谈治印。居京以后,陈师曾篆刻活动很多。在教育部,与曾从吴昌硕学治印的杨天骥、比师曾小10岁的寿石工、小16岁的乔大壮都是他的治印好友,交往甚多。师曾与金城的相识,始于为金城题《拓印图卷》

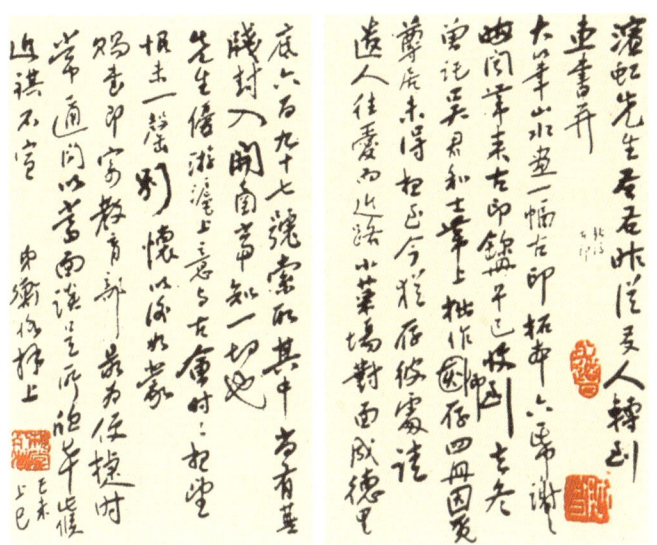

陈师曾致黄宾虹函

二首。1918年冬至1919年秋冬,师曾先后将所镌自编拓印本《染仓室印存》《印存》先后赠送挚友、古籍出版收藏家周叔弢(馥)、国学家王伯沆(瀣)和著名画家黄宾虹。他的印存为京城师友刻印最多,其中,为周大烈所镌多达数十方。他对印学理论也深有研究。

陈师曾在题金城《拓印图卷》中说:"未容小技薄雕虫,寸铁能通造化功。"其早期印风,颇受浙派"西泠八家"蒋仁(山堂)、黄易(小松)、奚冈(铁生)的影响。1919年所镌"拙修所藏",边款自诩"颇有蒋山堂意味"。但从现存的史料看,师曾受徽派黄士陵(牧甫)的影响最早。其一据王徽《二百年湖南印学简表》载,1893年,黄牧甫曾为陈三立刻"伯严"等印;1895年,又为师曾刻"陈衡恪、师曾"对印。按陈宝箴在广州任职时,黄亦在广州主持广雅书局,当有交往;其二,王伯沆在南京襄社所印《染仓室印存》跋文中说,他曾"出十六金符斋所藏印十巨册并观之,师曾评骘尤见理趣"[7],而《十六金符斋印存》,正是由吴大澂所集,黄牧甫主其事完成的;其三,1915年,师曾题杨天骥《茧庐摹印图》有句"牧翁复古趋方雅",并有诗注,可知师曾对牧甫早有研究;其四,师曾在《槐堂摹印浅说》中说:"歙之黄牧甫刻

第三章　辉煌

陈师曾"宴池"朱文印　　陈师曾"宴池"白文印　　陈师曾"中骞"白文印

印皆汉印之工整者，最可学"，其"不哗不伐"印边款题"黄牧甫印法，偶一仿之"可证。

陈师曾治印，最佩服赵之谦（悲庵、㧑叔）和吴昌硕。他在为周叔弢之弟周迥章所作《恶庵印谱·跋》中说："赵悲庵朴茂精严，吴缶庐奇古苍浑，可谓前无古人，衡恪生平最所服膺者也。"在《篆刻小识》中更认为赵㧑叔"最便初学，无甚流弊"。所刻"周大烈所藏金石刻辞"朱文印即"意在悲庵、缶庐之间"。

师曾认为赵之谦在后浙派中"独步一时"，但也深感浙派体制方整，过于求工，前徽派雕饰太甚，而深喜吴昌硕自然之趣，因而以吴为师以后，印风为之一变。他以"染仓室"名其斋，"妙造自然"印"拟老缶"，"三十称翁"仿"缶老晚年之作"，"静居士"边款为"缶老学让翁为多，特加苍劲耳"。当然，陈师曾并未囿于学吴。齐白石说："予独知师曾在戊午（1918年）己未（1919年）之间，渐远缶庐。周大烈语予曰：'观师曾画用印，戊午以前师缶庐作，以后之印刀法篆势渐远缶庐，苍劲超雅远胜汉之铸铁，亦非前代之削做。'周君所言正与予同。"[8]杨昭儁也说："（师曾）遂于缶庐外，别开生面，论者多以为有出蓝之妙，盖其风神淡逸，思致玄远，故涉笔成趣，迥绝时流云。"[9]

师曾以黄、赵、吴"印外求印"的创新精神为指归，从"印从书出"入手，举凡周玺、散鬲、石鼓、古陶、封泥、古泉、砖瓦、汉镜、汉印等文字无不入印，对汉凿印的"错落出奇""寓方于圆"尤为喜好。为挚友凌霄凤所刻"宴池"朱、白文印，以"宴"小"池"大便于留白和张扬"水"势，以"女"字首笔上伸到"曰"左以取得平衡，以"曰"呈圆形，"也"取双方形而形成对比，而底边粗线又使印面稳定持重。寥寥二字的变化，可见其章法的严谨和构思的精心。"放下便是"白文印，上二字占地较宽而又紧凑，有意识地置重心于上，下二字占地较窄，

"下"字着意使用简笔，计白当朱，给人一种"一切放下便是"的意蕴，余味无穷。此外如"夕红楼"白文印的留红、"会稽周氏"白文印线条粗细的变化以及"中骞"朱文印"中"字的上下加笔等等，都可以看出陈师曾在篆刻章法上对于虚实、疏密、粗细、方圆等的别具匠心，堪称"诗心造印"。

师曾篆刻，喜用冲刀，冲切配合，中锋出刀，追求以刀代笔、不事修饰的刀趣，不信种种所谓"刀法"。篆刻家李健（李瑞清之子）形容其"执刀几于握拳，锋则向鼻，运斤成风，砉然响然，下刀如蚕食叶，行无所事，其味醇然"。为凌直支所刻"文渊"白文印，冲刀镌刻，圆方殊异，厚重有力。"乔曾劬"白文印用刀快捷，酣畅淋漓。为姚茫父所刻"茫父"白文印，钝刀缓行，刀笔相融。"朽木不折"朱文印，笔笔如木，"不"字占地既高且大，又别有境界。

总之，陈师曾篆刻广纳博采，重笔意，弃雕饰，自然流畅，古拙秀雅，苍劲朴厚，独具面貌。姚茫父在《染仓室印存·序》中说："师曾印学导源于吴缶翁，泛滥于汉铜，旁求于鼎彝，纵横于砖瓦陶文，盖近代印人之最者。又不张门户，不自矜秘，或易之辄持旧说以求，则曰：刀法皆江湖门面语耳。"所论甚是。

陈师曾诗、书、画、印堪称"四绝"。他的画，是诗人之画；他的诗，是画人之诗。无论他自书诗词题识或题自历代名作，都追求画意与诗情的水乳交融和书与印的锦上添花，达到美美与共、各美其美的艺术效果，因而其画之书卷气在京城无出其右者，画坛文坛无不折服。张宗祥在《画人逸话》中说："其画以花卉擅长，师昌硕而有书卷气者。"邱吾在《从陈师曾齐白石说起》中说师曾之书画，"其中又涵濡书卷气，一望知为从学问中来"。周作人在《鲁迅的故家》中说："陈师曾的画世上已有定评，我们外行没有什么意见可说，在时间上他的画是上承吴昌硕，下接齐白石，却比两人似乎要高一等，因为是有书卷气。"著名散文家姜德明在《姚茫父与陈师曾》中说："一个艺术家的文化基础和修养是不能低估的，在这一点上齐白石的底子就远不如陈、姚两位。所以陈师曾一向把姚茫父作为知己，而齐白石更尊陈师曾，这并不是偶然的。"

第三章　辉煌

注释：

［1］《石遗室诗话》（二），辽宁教育出版社，1998年，第260页。

［2］转引自《陈衡恪诗文集》，第22页，诗注。

［3］《陈师曾全集·书法篆刻集》，第88页。

［4］杜鹏飞：《艺苑重光——姚茫父编年事辑》，故宫出版社，2016年，第334—335页。

［5］《陈衡恪诗文集》，第210页。

［6］李巽仪：《忆父亲李苦李艺术生活片断》，《苦李艺萃》，南通博物苑编。

［7］王瀣：《染仓室印存·跋》，南京襄社，1936年。

［8］齐白石：《槐堂摹印浅说·跋》。

［9］杨昭儁：《净乐宧印存·印人小传》。

"衷中鉴西"

写到这里,我们大致可以明白陈师曾在文人画领域要"自树"的是什么样的旗帜了。陈师曾由衷热爱传统,继承传统,发展传统,革新传统,其旗帜就是:衷中鉴西。

祖、父的滋养,孕育了他文人画革新的基因,从浩瀚深邃的优秀文化传统中收获了坚定和自信;基因蕴含的纳新的襟怀,使他成为最早读到《天演论》初稿的读者之一,又学习和研究了西画,领悟了创新求变是文人画发展的铁律;纵贯古今、横通中外的学养,又使他在文人画的创新上有着不懈的追求,在画论的突破上有了立新的胆魄。

凭借革新的基因,纳新的襟怀,创新的追求,立新的胆魄,他毅然决然地树起的"衷中鉴西"旗帜,其内涵是"以中国之画为主体,舍我之短,采人之长"[1];其方法是"博求中外之材料,或仿效,或修改,或扩充,或融化,不失诸己,亦不自封"[2]"善于会通""以发挥固有之特长"[3];其标志是优秀传统文化内化而流淌着的书卷气;其本质是走出书斋,回归现实,振衰去弊,开拓新途;其目的是重振文人画雄风,推动中国画进步,对于文人画乃至中国绘画的振兴和发展都具有深远的历史意义和现实意义。

注释:
[1]陈师曾:《对于普通教授图画科意见》,《绘杂学志》,创刊号,讲演栏,第9页。
[2]《俞剑华〈最新图案法〉序》,《陈衡恪诗文集》,第203页。
[3]陈师曾:《中国绘画史》,中华书局,2010年,第107页。

第三章 辉煌

"最怜玉树中年折"

1923年7月28日,陈师曾因为出差,有一次大连之行。行前4日,他往访住在三道栅栏的齐白石。其时,旅大尚在日本帝国主义的殖民统治之下。面对旅大之痛,师曾心潮起伏,写下了《大连写怀》七律三首。"风帆兴酣悉璧去,踌躇心苦望珠还",企盼旅大这颗东海明珠早日回到祖国的怀抱。在大连虽仅仅停留数日,却偶然遇见了日本诗人结成蓄堂和画家小室翠云。两位日本朋友请师曾宴饮于"湖同堂",因为得到继母俞夫人病重的消息,来不及回请他们,便匆匆赶回北京。在京数日,曾往余绍宋宅长谈,参加齐白石宅荷花生日雅集;赴宁当日,又在琉璃厂偶遇弟子江南蘋。

因为母亲病重,五弟隆恪、七弟方恪、大妹康晦都回到家中侍奉,只是六弟寅恪、八弟登恪分别留学德、法,没有归来。师曾在继母病榻前随侍汤药的时间并不长。8月11日,继母一病不起,享年五十有九。消息传到北京,师曾友朋无不唏嘘。鲁迅先生9月10日日记载:"师曾母夫人讣至,赙二元。"

陈师曾曾几次梦见与开创一代画风的明代画家徐渭论画。"吾今游艺将何次,七十三年或可知。七十三年或自熹,墨池游戏即天池"。这是1922年农历上巳前一夕,梦见自己可以像徐天池那样活到73岁,并取得像他一样的艺术成就所写的诗句[1]。然而,天妒英才。就在继母辞世一个多月以后,陈师曾于9月17日遽然逝于金陵,享年仅48岁。

陈师曾的死因,散原老人在《长男衡恪状》中说:师曾"素孱,哀劬触宿疴,又冲雨市棺,寝苫侵地气,病甚,亦卒"。只是说陈师曾有老毛病,并未说明究患何病。

9月22日,北京《晨报》第6版头条刊载《画家陈师曾逝世》消息,称"陈性纯孝,居丧哀痛,伤风成疟,延医治疗,迄未见效,复由疟病,转为下痢,两症交作,体益不支,竟于本月十八日在南京本寓逝世。"按十八日应为十七日之误。

《晨报》虽言之凿凿,但凌直支在陈师曾追悼会上却说:师曾"岂料误于医药,竟与我们长别,真是令人心痛极了。"[2] 1926年,陈师

"最怜玉树中年折"

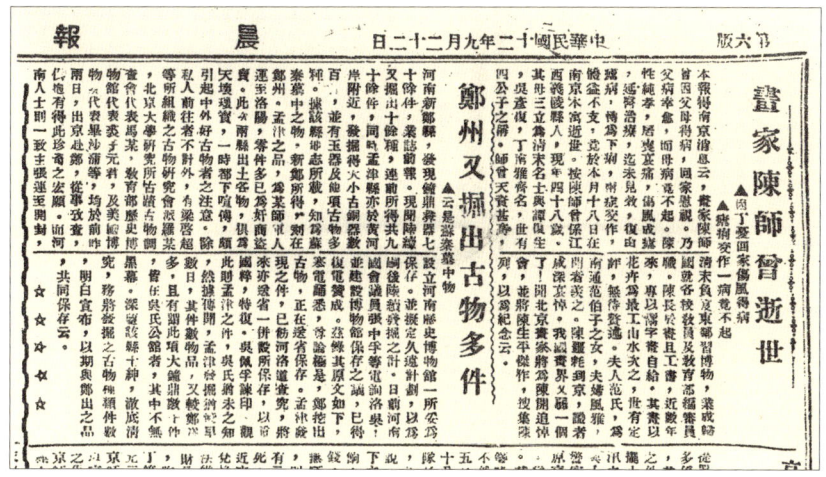

《画家陈师曾逝世》(《晨报》,民国十二年九月二十二日,第六版)

曾五弟隆恪有诗《八月七日大兄三周忌日》,其中说:"丧中未察医能误。"[3] 可知师曾之死,确为庸医所误。

陈师曾究竟患什么病被误诊呢?周作人说:"却不料他因看护老太爷(按应为继母)的病传染了伤寒,忽然去世了。"[4] 1981年,陈师曾的学生,其长子封可的好友、年已77岁的画家潘渊若面告学者邓云乡说:陈师曾回南京照顾父(应为继母)病,"却传染了伤寒,却又吃错了药,当疟疾吃了金鸡纳霜"[5]。

至此,真相大白。齐白石在《白石老人自述》中说师曾"奔继母丧,到南京后,得痢疾死了",当是据《晨报》消息。

夫人和长子接踵逝去,对于散原老人无异晴天霹雳。子女都担心他的身体和精神难以支撑,遂由七子方恪和长女康晦、次女新午陪同往杭州的明圣湖旁养病,"居于南屏山顾氏旧庄"。

师曾遽然辞世,师友尊长无不惊愕怆然。

挚友罗惇曧恰巧北归过金陵,去散原精舍吊俞夫人,才惊闻师曾已逝去三日,抚棺凄悼。

门弟子俞剑华从济南回北京,在火车上读报,惊悉恩师逝世。

余绍宋9月19日惊悉师曾病殁,"复为陨涕"。他检出师曾绘赠他的作品《兰石》,请江庸和黄节题诗,在当天的日记中说:"夜中凡

247

第三章　辉煌

（烦）闷醒四次，平明略睡去，作梦与师曾谈艺若平生，且与联句，才思甚捷。"有时觉后追思，还效师曾之体作画。

在京知音姚茫父、业师周大烈、至交陈半丁、夏敬观，父执陈宝琛、陈衍、陈颂万、孙雄等等或以挽诗，或以题识寄托自己的哀思。其中，夏敬观诗有句"随身一砚田，阖棺竟无济"。可知陈师曾有宝爱的砚田陪葬，这或许就是那方由吴昌硕题铭、陈半丁镌刻的蕉叶砚吧！

鲁迅先生送赠了赙仪。

沪上吴昌硕对弟子王个簃说："太可惜了，他是一个不寻常的人！"

远在比利时布鲁塞尔的蔡元培，撰写了《悼陈衡恪》一文，赞师曾"品性高洁，诗、书、画皆能表现特性，而画尤胜""在现代画家中，可谓难得之才"。

师曾举丧期间，弘一法师（李叔同）从浙江衢州赶来吊唁。他身着灰色僧袍，不通报姓名，一言不发，径至师曾灵柩前伏地叩首，然后飘然而去[6]。

"最怜玉树中年折"，是陈师曾1915年闻误传其仍在留日的同学丁宗一死讯后所作《闻丁宗一死感赋》中的诗句，想不到竟应在了他自己的身上。

注释：

[1]见《偶述》，《陈师曾遗诗（下）》；又见《花鸟图轴》，《陈师曾全集·花鸟集》，第133页，诗序文字简化。

[2]《在陈师曾追悼会上的演说》，北京《晨报》，民国十二年十月十八日，第六版。

[3]《同照阁诗集》，第86页。

[4]《俟堂与陈师曾》，《关于鲁迅》，第136页。

[5]邓云乡：《陈师曾艺事》，《云乡丛稿》，第272页。

[6]陈封雄：《热爱祖国的弘一法师——兼记法师和陈师曾的友谊》，《团结报》，1990年9月1日。

"中国文化界的地震"

9月22日,北京《晨报》刊载《画家陈师曾逝世》的消息中说:"闻北京画家将为陈开追悼会,并将陈生平杰作,搜集陈列,以为纪念云。"

追悼会由陈师曾在京友好陈汉弟、张海若、汤中、孙牡(壮)、郑锦、冯恕、杨天骥、罗惇曧、徐鸿宝、金绍城、周兆祥、陈任中等设筹备处于西城前京畿道美术专门学校,筹备关于追悼会一切事宜。

10月5日,《晨报》在六版头条,又以《追悼名画家陈师曾》为题报道:"现在京中陈君之亲友及同事等,定于本月17日(夏历九月初八日)在江西会馆开追悼会。"

10月17日下午2时,陈师曾追悼会在宣武门外江西会馆举行。会场上悬挂的挽诗、挽联多达数百件。

据《晨报》《都人士追悼名画家——陈师曾知交之追悼与讲演》报道,"到者三百余人",先由周养庵报告发起原因,再由梁任公、周印昆、凌直支、姚茫父、周养庵相继演说。

梁启超与义宁陈氏是"几代世交",他说:"前次日本的地震,大家深为惋惜,以为文化损失甚大,如今陈师曾之死,可说是中国文化界的地震。"他认为,创造的天才,不尽属于艺术方面,也是个人人格的表现,如今"以所知者论,陈师曾在现代美术界,可称第一人"。

《都人士追悼名画家》(《晨报》,民国十二年十月十八日,第六版)

第三章 辉煌

梁启超在陈师曾追悼会举行前，观看了陈师曾作品和遗物展。1924年，他在病中，集词家词句为联多达二三百副，正是此次看了陈师曾集姜白石词所写的篆书联，受到影响而集成的。余绍宋说：梁与余"立谈颇久，任公演说毕即出"[1]。据在场的诗人陈声聪回忆，"越园与任公历谈师曾近一年治艺之急忙反常情状，予在旁闻之甚悉"[2]。

凌直支、周印昆在演说中都称赞了陈师曾的品格。姚茫父在演说中就其在《朽画赋》中"不能详尽者"作了补充。指出："总括言之，师曾之画，取途渊博，用笔得之于书法，参之以西洋画法，于其作品中，随处均可寻出。"追悼会当日，姚茫父为陈师曾撰写了小传，接着，王梦白又在其后"追写"了陈师曾遗像[3]。

陈师曾逝世以后，他的作品一时洛阳纸贵。陈声聪在京时曾亲见厂肆"争购"[4]陈师曾作品；五弟隆恪也说："大兄去世，一时遗墨争购殆尽。"[5]

师曾遗孀和儿辈的生活是师友们所关心的。据周印昆六女，学者、作家许地山夫人周俟松回忆，其父曾"将所存师曾字画雕刻以及友好捐助的书画组织展览会义卖，将所得充作妻儿的生活和教养费用"[6]。

诗人徐志摩是梁启超的弟子，他的大伯父徐蓉初是一位藏书家，对书画颇有研究。他在致杭州大伯父的信中说："陈师曾（衡恪）画家的死，美术界很深惋惜。他现在身后萧条，只剩下一百多幅的画，他的朋友想一起拿来出卖，凑起万把块钱的样子作为他家庭的善后。梁先生叫我寄一份目录给你，盼望大伯也作成他一两件，师曾的画却是值得买的。目录已经画铅圈的已经卖去，大伯要买哪几张，请写信来告我。有便也可以问问阆声（按即张宗祥，时在杭州任职）和四老爷（张宗祥之弟，善山水、行书），我现在寄回他替我画的一把扇子给你们看。他的画意与笔致，我觉得他是最有胸襟的一个画家。"[7]

李肖聃在《星庐笔记》中说："（师曾）殁，遗墨数十帧，妇黄国巽鬻之得万金，资其息以养。"[8]

为了便于关照陈师曾遗属，其内眷与黄夫人过从频仍的江庸认师曾幼（六）子封猷为干儿；江棣生认三子封雄为干儿。[9]

这些均可见昔日友人间之风义，令人动容。

师曾逝世以后，南京家中的经济状况也每下愈况。1924年夏，卖去了"散原精舍"的房产，又由方恪将藏书运至苏州，开设书肆"含光阁"

售出。1926年10月末,军阀孙传芳部为北伐军所败,溃兵扰杭州,陈三立只得移居沪上,谋以卖字补助生计。

陈师曾,在短暂的京城十年里,在继承与革新中创造了辉煌。历史证明,他是中国绘画走向现代披荆斩棘的开拓者和筚路蓝缕的引路人!

注释:

[1]《余绍宋日记》,第三册,第512页。

[2]《兼于阁诗话》,上海古籍出版社,1985年,第98页。

[3] 故宫博物院藏《近现代书画名家作品集·陈师曾》,第12页。

[4]《兼于阁诗话》,第82页。

[5]《甲子春日》诗注,《同照阁诗集》,第70页。

[6]《湘潭诗人周大烈》,《湘潭文史》,1990年第8期,第73页。

[7]《致徐蓉初》,陈晓丹编著《文化百科知识·徐志摩文集》,第四册,中国戏剧出版社,2009年,第180页。

[8]《近代湘人笔记丛刊·星庐笔记》,岳麓书社,1983年,第7页。

[9]《图说义宁陈氏》,第106页。

第四章 永生

第四章　永生

长眠西子湖畔

继母俞太夫人和陈师曾的灵柩都将落葬杭州。

这是散原老人的遗愿。1921年，会葬三年前病故的妻舅俞明震灵柩落葬，有诗"我老亦无世可托，偕亡羡此一抔土"[1]。杭州又是最初孕育幼小的陈师曾日后成为民初文人画旗手的地方，更具有特殊的意义。

1923年11月，俞太夫人和陈师曾的灵柩由隆恪夫妇、方恪、安醴夫妇和周晓楚夫妇等一行护送，经长江和京杭大运河运抵杭州，暂厝于顾氏旧庄附近的杭州名刹净慈寺丙舍，择吉卜葬。

民国十三年（1924年）七月，为避江浙战事，隆恪、方恪兄弟护送散原老人离杭居沪，直至1925年秋，老人才携方恪、康晦、安醴及晓楚夫妇重返杭州，居于净慈寺内。

为了选择俞太夫人和陈师曾的墓址，方恪前往临安法华山夜宿寺庙卜葬，佳穴选在散原老人曾经游览过的著名自然景观九溪十八涧的牌坊山之原（俗称黄泥岭）。牌坊山地处六和塔与九溪之间。这里地势开阔平坦，背倚牌坊山，面向钱塘江，四周为茶山，实为牛眠佳壤。据说，勘定俞太夫人和陈师曾墓址，颇与师曾留日同学、谙熟勘舆之学的沈觐民有关。

安葬之前，散原老人撰写了《继妻俞淑人墓志铭》。老人得意弟子袁思亮[2]据老人《长男衡恪状》撰写了《陈君师曾墓志铭》，由长沙汪诒书[3]篆盖，茶陵谭泽闿[4]书丹。

陈三立、陈衡恪墓全景

12月3日这一天，家人和亲友安葬俞太夫人和陈师曾于牌坊山之原。俞太夫人墓居左，墓碑镌："诰封先妣陈母俞淑人之墓"，立碑人："子隆恪、寅恪、方恪、登恪。"墓碑两侧，有散原老人撰写的挽联："一生一死，天使残年枯涕泪；何聚何散，

254

誓将同穴保湖山。"穴左，预留了散原老人生圹。附陈师曾墓居右，墓碑镌："显考陈公讳衡恪府君之墓，"立碑人："子封可、封怀、封雄、封猷。"碑左上署："乙丑年冬十月。"

墓前，建平房三间，请墓园主家杨梅岭村农夫应氏一家人照看。

安葬以后，隆恪有《牌坊山原叩别母兄新墓》、方恪有《牌坊山述哀诗》寄托他们的哀思。

陈师曾陪伴他的继母俞太夫人长眠于西子湖畔了。

长眠，对于陈师曾来说，就是永生。

《杭州市文物保护单位》牌

注释：

[1]《八月十三日会葬恪士西湖吉庆山》,《散原精舍诗文集》(上)，第610页。

[2] 袁思亮（1879—1940），字伯夔，号蘉庵，湖南湘潭人，两广总督袁树勋之子。官至北洋政府国务院秘书，印铸局长。袁世凯复辟，弃官居沪。相从陈三立二十余年，著有《蘉庵文集》《蘉庵诗集》《蘉庵词集》。

[3] 汪诒书（1865—？），字颂年，号闲止，湖南善化（今长沙市）人。官至山西提学使署布政使、长沙关监督。工书，师欧阳询，曾邀齐白石游桂林，书写《处士齐白石墓》碑，著有《风雨庐稿》《闲止老人遗著》。

[4] 谭泽闿（1889—1947），字祖同，号瓶斋，湖南茶陵人，谭延闿之弟。清末授巡守道，分发湖北，武昌起义爆发归里不仕。工行楷，善书画，南京"国民政府"牌匾为其所书。

第四章　永生

"朽者不朽"

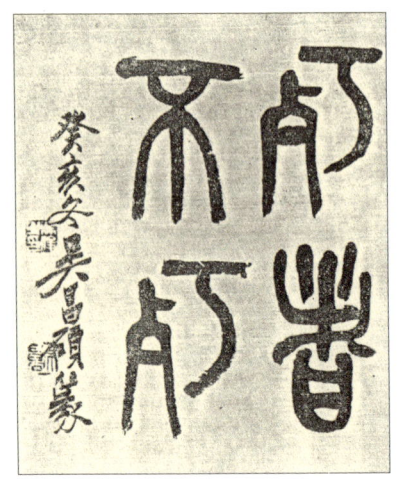

吴昌硕题"朽者不朽"

辑印陈师曾遗著遗作，是师友们的强烈愿望。

姚茫父以为："师曾所治甚博，要皆卓然可传。""于是知交徐徐议，搜其遗著可刻集者。"[1]经知交们商定，首出画集。

《陈师曾先生遗墨》由师曾门人、淳菁阁南纸店店主吴研农收集遗画，辑为10册，纸本线装，于1924年2月至1925年11月，由淳菁阁以珂罗版印行。吴昌硕题写"朽者不朽"于首页，姚茫父1923年9月8日手书其所撰《朽画赋》为序，并手书师曾生平，王梦白追写陈师曾遗像于其后。1938年，又以珂罗版印行第十一、十二集，内容为《北京风俗》图。

《陈师曾先生遗墨》陆续出版，知交和读者陆续前往琉璃厂购买。据《鲁迅日记》及所附书账，计1924年5月3日购买一、二集，1924年8月16日购买第三集，1925年2月10日购买第四集，1925年7月15日购买第五、六集，1926年5月28日购买第七至十集。鲁迅先生逝世于1936年，其时，《陈师曾先生遗墨》第十一、十二集尚未出版。

此后有：

《染仓室印存》1924年师曾逝世一周年时由淳菁阁印行，姚茫父撰序，周大烈题写扉页，每页一印，简附边款，无边框，总录112印，其中15印重录，另有"穷天子"一印，系经亨颐刻赠师曾者。姚茫父在序言中简介了出版始末。

《北京风俗图》天津《北洋画报》从1926年11月20日第39期起，开始不定期连载，至1928年11月13日第243期连载完毕。编者在按语中说此图是陈师曾"尤其生前最得意之作品"。

"朽者不朽"

《槐堂印谱》（二册），蔡公湛辑，叶恭绰跋；《净乐寙印存》《陈姚印存》，杨昭辑，收有陈师曾印作，并附小传。

《中国绘画史》本书有两个版本。一是俞剑华"校"本，由其创办的"济南翰墨缘美术院"于民国十四年（1925）印行，封面署"陈师曾撰俞锟校"。书前有"及门后学"俞剑华自序，称对"吾师所著《中国绘画史》详加考证，以贡献于吾国艺术界"，并附有陈师曾小传。二是陈师曾另一位弟子苏吉亨的"编校"本，由天津百城书店于民国二十三年（1934）印行，署"义宁陈师曾讲述天津苏吉亨编校"，扉页有"纪念陈师曾先生"题词，旁印陈师曾《墨荷》一帧。该书由李金藻题耑，赵光宸撰序。

周大烈题《染仓室印存》扉页

《陈师曾先生遗诗》民国十九年（1930）出版，收诗264题350首，分上、下两卷，补遗一卷，石印，蓝色函套。封面篆书《陈师曾先生遗诗》，署"庚午贺启兰题"。前有叶恭绰同年8月所撰序，后有吴庠（字眉孙，别号寒筜，吴静庵长兄）跋，交代了出版缘由和编辑始末，卷尾署"传画女弟子钱塘江采写"。

《染仓室印存》（南京襄社）民国二十五年（1936）夏，南京龙蟠里图书馆襄社同人为纪念陈师曾六十冥寿，筹资影印，一帙四册本百余套，分送各地同好。书首由胡光炜行书题耑，次页有王瀣"槐堂爪痕"题书，书口署篆书"染仓室印存"字样，版格粗黑线，每印一页，间附边款，总录103印（其中亦有经亨颐刻"穷天子"印），页背有"民国二十五年襄社借王伯沆先生藏本影印"。书末有王瀣跋文一则。1937年重印。

《槐堂摹印浅说》民国二十五年（1936）出版，石印，朱黑套印，署"陈衡恪师曾述招远王道远友石录"，按审字、定体、布局、印制、刻法、周秦印钵、汉印、泥封、碑碣、金文、陶文、砖瓦、邓派、后浙派、前徽派录师曾论印之说，王道远逐段"浅说"。后又在上海"巽社"主

第四章　永生

金城题《风采宣南》

编之金石书画刊物《鼎脔》周刊发表。

王道远所辑之《槐堂画语录》，因笔者眼界所限，未曾得见。俞剑华在《陈师曾》一书中所辑画语录，系其平日所记并"更集他人所记，汇为一篇"，可供参学。

此外，陈师曾还撰有《篆刻小识》，发表于《造型美术》1924年第一期（仅出此期）。据编者冠军按，此文系陈师曾答北大造型艺术研究会会员刘文机所作。

《北平笺谱》鲁迅、西谛（郑振铎）合编，1933年自费印行。装帧精美，一函六册，收笺纸332幅。其中，选收最多的是陈师曾作品，计梅竹、花果、山水、罗汉、字笺共32幅。鲁迅、郑振铎分别撰序，鲁序由弟子魏建功（署名"天行山鬼"）书写，郑序由郭绍虞书写，瓷青纸书衣题签和扉页分别由鲁迅挚友沈兼士、沈尹默弟兄书写，书尾牌记亦由魏建功书写。鲁迅和郑振铎的用印,则系齐白石得意女弟子刘淑度镌刻。

《中国文人画之研究》1922年5月上海中华书局初版印行后,至民国二十三年(1934)已重印至第七版。同年3月,《中国文人画之价值》收入姚渔湘所编《中国画讨论集》卷首;民国二十六年(1937)收入于安澜所辑《画论丛刊》。

陈师曾的作品已成为中华文化宝库中的瑰宝和中华文明中的精神财富。中华人民共和国成立以后,特别是改革开放以来,对陈师曾论著和作品的搜集整理,成绩斐然,择其要者有:《北京风俗图》,中国美术馆、北京古籍出版社编辑,1986年北京古籍出版社印行;《北京风俗》,2003年北京出版社出版;《陈师曾画铜》,陈封雄、谷溪编,1996年人民美术出版社印行;《陈师曾书画精品集》,谷溪编,2004年人民美术出版社印行;《陈师曾画论》,李运亨、张圣洁、闫立君编注,2008年中国书店印行;《陈师曾印存》,谷溪编,2009年文物出版社印行;《陈师曾印谱》,任彤、周晓陆编,2007年中国书店出版社出版;《陈衡恪诗文集》,刘经富辑注,2009年江西人民出版社印行;《陈师曾漫画集》,郭长海、郭群兮编,2009年黄山书社印行;《染仓室印存》,2013年人民美术出版社印行;《中国文人画之研究》,2016年浙江人民美术出版社出版;《陈师曾全集》,朱良友、邓锋主编,2016年江西美术出版社印行;《中国绘画史》,多家出版社出版甚夥。对陈师曾的史料挖掘、理论研究以至作品收藏,也都达到了前所未有的高度。当下和今后,陈师曾对中国传统绘画的发展和革新,对中国画的现代转型,都已发挥并将继续发挥其无可替代的作用。

朽者,确乎不朽!

注释:

[1]《染仓室印存序》,《姚茫父画论》,第37页。

第四章　永生

魂兮归来

1937年"七七"事变后，平津沦陷，由寅恪夫妇和师曾夫人黄国巽侍奉的散原老人，严词拒绝日寇的威逼利诱，忧愤疾发，拒不服药，于八月初十日在北平弃世，享年85岁。

十月，散原老人灵榇暂厝北平首刹长椿寺，棺外以沙袋堆围。

散原老人丧事办理完毕，寅恪一家仓促逃离北平，兄弟辗转各地，旅食四方。直至民国三十七年（1948）五月，因次婿俞大维任国民政府教育部部长，有舟车之便，散原老人灵榇始由次女新午从南京赴北平迎榇，由师曾次子封怀等护送，经天津乘招商局轮船海运至沪，时任南昌邮政储金汇业局副理的隆恪，在南京的方恪，在武汉大学任教的登恪以及俞大维等均赶到上海奉迎。6月16日，灵榇在上海转车，次日，经沪杭公路运抵杭州牌坊山落葬于俞淑人墓左侧生圹。墓碑"诗人陈散原先生之墓"为清末翰林、商务印书馆创办人张元济书写，立于俞淑人墓碑旁，与陈衡恪墓后有石砌墓围。墓地面积约半亩，墓前有宽大的拜坪、放祭品的长石桌、供人歇息的石桌石凳，还有拜台。另有一栋十余间房的墓庐。

此后，散原父子墓园三历沧桑。

陈师曾墓原碑及陈封怀像

1951年，据墓园主家、看墓人应品森告，解放军海军拟征用该地百亩建疗养院，限20日内迁葬。方恪即代表四兄弟上书时任华东军区司令员、上海市市长的陈毅恳求保留墓地；同时，隆恪又致函世交、挚友李一平设法挽救。李一平曾协助龙云策划滇军起义和云南起义，是著名的民主人士，中华人民共和国成立后任国务院参事，即向周总理报告。据李一平的后人说，"周总理以中央名义令华东局保护好陈墓。令（解放军）某部撤销占用墓地的计划，并批准在陈墓若干距离范围内，不准建造任何建筑物"。后来华东局领导请李一平吃饭，陈毅说："接到总理电报,我立即将那些人狠狠地批评了一顿;如果我们共产党人把陈三立墓都挖了,那我们将何以谢天下!"[1]

1956年,散原父子墓园定为浙江省二级文物保护单位(1962年复审时被撤销)。

第二次是"文化大革命"中,墓园内石砌墓围、碑石、石桌石凳、墓前拜台等一切建筑被毁,所幸地下三副灵椁丝毫无损。1979年8月2日,"李一平参事分别致信国务院副秘书长吴庆彤、国务院参事室主任刘毅和副主任白光涛,建议修复在'文化大革命'中被捣毁的一代诗人陈三立(散原)先生及其子、名画家陈师曾墓。有关领导对李一平参事的建议非常重视,及时做了批示。陈氏父子之墓因之得以修复"[2]。此次修复,系1986年10月由中共中央统战部拨款8000元,由浙江省有关部门实施。墓碑由时任浙江省文史馆馆长的著名书法家郭仲达书写,一为"诗人陈散原先生暨夫人俞氏之墓",一为"陈衡恪先生之墓"。墓为圆拱形,水泥砌筑,紧挨两墓之后,围以半月形砖墙。因墓地已辟为茶园,墓园面积约在15平方米左右。

这次重修,师曾次子封怀、隆恪之女小从、寅恪之女美延参加了复墓典礼,封怀伏在祖父和父亲的坟头放声痛哭。

第三次在1990—1991年间。报载西湖风景区开始清理墓葬,凡未重新登记者均以无主坟论处。远在成都的寅恪长女流求闻讯于1991年年底专程赴杭,所幸已由友人嘱其学生代办了登记。但是散原老人夫妇墓碑惨遭腰斩,仅存"之墓"二字,流求又再度赴杭,将旧碑照片放大,摹写勒石,重新竖立墓前。

值得庆幸的是:2007年7月,杭州市已对散原父子墓园重新进行修缮,旁立石碑,上刻"杭州市文物保护单位",并立有"墓园简介"碑,对散原父子做了简明的中、英文介绍。而陈师曾墓前重达七八百斤的老青石碑则早在20世纪五六十年代由杨梅岭应家妥善保管,并在此次修缮墓园时,无偿上交杭州西湖风景名胜区钱江管理处。

魂兮归来。散原父子的英灵将与美丽的西子湖同在!

注释:

[1]《陈方恪年谱》,第192页。
[2]国务院参事室《1979年大事记》。

附录

陈师曾未任江西教育司长考

李国葆

陈师曾是民国初一位杰出的文人画家、美术理论家和美术教育家。关于他的生平,21世纪以来,一些陈师曾年表和有关论著,几乎众口一词,都说他1909年秋留日"归国"后,"被聘为江西教育司长"。

出身于官宦之家的陈师曾,有着从世家子弟到自称"外家"(业余画家)的颠覆性人生经历,廓清陈师曾是否任过江西教育司长,对于理解他的人品和画品,以及其在文人画史上的历史地位,都具有重要而深刻的意义。笔者愿就眼界所及,考述如下。

史无此说

陈师曾(1876—1923),名衡恪,号朽道人。生前仅有弘一法师(李叔同)为他撰写《朽道人传》,刊于1920年7月上海《美育》杂志第4期。传文共70字,涉及陈师曾生平的,仅"执政教育部十年"7字[1]。李叔同留日和在沪编辑《太平洋报》副刊《太平洋文艺》期间,与陈师曾是书画知己,但他已于1918年削发为僧,远离尘俗。李叔同撰写《朽道人传》时,陈师曾在北洋政府教育部任职届七年。

陈师曾逝世以后,最早为他写传的是姚茫父(华)。供职于北洋政府邮传部的姚茫父,工词曲,擅书画,富学养,与陈师曾声气相通。他们艺事频,交游广,影响大,人称"姚陈",是公认的京城画坛领袖。陈师曾逝世一月后,王梦白画陈师曾遗像,姚茫父书陈师曾传略,称陈师曾留日,"归充南通师范及中学教员,民国二年应教育部之聘,任教育部之聘任教育部编审员,兼高等师范、女子师范教员,后任美术专门学校教员"[2]。

20世纪30年代连载于南京《中央周刊》副刊《中央时事周报》（后由《学海》第6卷补完）的《花随人圣庵摭忆》，有《画家陈师曾》一则[3]。作者黄濬（秋岳）曾先后任职北洋政府交通部、财政部，其时是陈师曾的诗友。此文仅记述了陈师曾居京期间的交游和绘事。

著名教育家、史学家、画家王森然，1942年在所著《陈三立先生评传》中，对陈三立长子陈师曾的诗画成就也有较多述评。王森然与齐白石为忘年之交，对陈师曾亦颇有研究。评传中说陈师曾"归国后应教育部之聘，充编纂职，历充北大、师大、美专教授"[4]。

较详细介绍和评述陈师曾一生的第一本专著，是两度师从陈师曾的高弟子画家、美术史家俞剑华1981年所撰《陈师曾》。其中说，陈师曾"宣统二年（1910）35岁时归国，任江苏南通师范学校教员。1913年任湖南第一师范教员。不久即辞职赴北京。1914年任教育部编审，兼任女子高等师范及北京女子师范博物教员。1916年兼任北京高等师范手工图画专修科国画教员。1919年任北京美术学校及美术专门学校国画教员"[5]。

陈师曾病卒，他的父亲陈三立（字伯严，晚号散原）撰写了《长男衡恪状》。其中说，陈师曾"还国，南通州、长沙先后延课学徒。寻入都，充教育部不列为官者，主图书编辑累十年"[6]。

陈师曾的长子陈封可，亦善画能篆刻。封可撰《陈衡恪传略》，刊于开明书店1934年版《第一次中国教育年鉴·戊编》。其中，陈师曾"归国后，历任南通、长沙师范学校教员。民国二年秋，教育部聘为编审，复兼任北京高等师范学校及美术学校博物、图画科教授"[7]。

经过以上梳理可知，无论书画知己、及门弟子或乃父其子，又无论记述繁简、同中见异，甚至有讹误之处，并无一人一说，称陈师曾留日归国后，曾"被聘为江西教育司长"。

空穴来风

按照清末的教育体制，1905年废止科举制度以后，各省教育行政机构改称"提学使司"，学政改称"提学使"；辛亥革命以后，1912年年底，各省改设"教育司"，1914年后又改在政务厅下设"教育科"。据此，说陈师曾1909年留日归国后"被聘为江西教育司长"，应属子虚乌有。

但是，陈师曾任江西教育司长一说，也并非无中生有。此说或受以下《名录》和《汇录》的误导。

1919年，日人田源天南所编印的《清末民初中国官绅人名录》"陈衡恪"条中说：

江西の名族陈三立の子にして前清中日本に留学し高等师范学校を卒业セリ，第一革命后一时江西教育司长に推さしが[8]。

（译文：江西名门望族陈三立之子，前清期间，曾留学日本，毕业于高等师范学校，第一次大革命（辛亥革命）之后，被推任为一段时间的江西教育司长。——译者吕作舟，谨致谢意。）

1920年7月，国内出版的《最近官绅履历汇录》"陈衡恪"条中说：

日本高等师范学校卒业，江西教育司长，教育部编纂处编纂股员[9]。

以上《名录》和《汇录》所说陈师曾任江西教育司长的时间，当指1912年年底各省改设教育司之后；《名录》亦指"第一次革命"（辛亥革命）之后，而并非指陈师曾归国的1909年。

不过，这也是空穴来风。

图书编纂，本来就不是官职，但在《长男衡恪状》中，陈三立说陈师曾任教育部"图书编辑"，特别强调了"不列为官者"，这说明确有人拟请陈师曾"为官"。1925年，陈师曾灵柩落葬杭州牌坊山前，陈三立门弟子袁思亮（伯夔）据《长男衡恪状》所撰《陈君师曾墓志铭》就说得明白：

归为南通州、长沙校师。教育部欲官之，不可，礼罗焉。乃往主图书编辑[10]。

那么，教育部是谁"欲官之"呢？

朱德裳（师晦）是齐白石的乡党，陈师曾是朱德裳的九友之一。齐白石得识陈师曾，就是朱德裳供职北洋政府交通部时引陈相见的。他在《九君咏》之三"陈师曾"的诗序中说：

汤济武长教育，将畀以司长，辞曰："不见任命，乃为佳耳。"或问之，曰："恐伤父心也。"[11]

按汤济武即汤化龙，1914年5月（至1915年10月）任北洋政府徐世昌内阁教育总长兼学术委员长，但此时，陈师曾已到部任职。此前，1913年9月至1914年2月，系汪大燮（伯唐）任熊希龄内阁教育总长[12]。据此，汤济武应为汪大燮之误。虽说朱德裳并未具体指出总长欲"畀以"（给以）陈师曾何处任司长，但其时，各省教育司长均由教育部任命。陈师曾婉拒司长之职后，汪大燮才又以礼罗致陈师曾"往主图书编辑"。

其实，早在陈师曾1913年秋赴京前，熊希龄已邀他"入官于京"。时任众议院议员的陈师曾业师周大烈（印昆）说：

师曾在上海时，熊秉三先生为内阁总理，缄约师曾入官于京。师曾答书有"以官俸甘旨，恐不能得亲欢"之语却之。师曾非好名之流亚，此实本自真而发也[13]。

这说明，拟任陈师曾司长一事，确发生在熊秉三任内阁总理期间。

熊秉三即熊希龄，是陈师曾祖父陈宝箴任湖南巡抚时推行新政的得力助手之一。1913年7月，袁世凯任熊希龄为国务总理，9月1日，熊希龄组成"第一流人才内阁"，1914年2月，名流内阁倒台。组阁期间，熊希龄致函在上海家中的陈师曾，约他"入官于京"，为陈师曾回信所婉拒。这就是说无论什么官职，陈师曾都不会受任，即使后来汪大燮不留他在教育部任司长而外放江西。《名录》和《汇录》所载，并未成为事实。

陈师曾弃官不为，不"以官俸甘旨"，有其深刻的政治和历史原因。祖父陈宝箴先于"戊戌变法"数年在湘推行新政，"治称天下最"；父亲陈三立虽授吏部主事，但"未尝一日居官"，襄佐乃父，多有赞画，但他们都忠而获咎，在"戊戌政变"中双双被"即行革职，永不叙用"。此后，陈宝箴留下了"不治产，不问政"的遗言；陈三立也再未出山，而以诗歌自遣。光绪三十年（1904），诏令被革职者开复原衔，陈三立无意仕进；光绪三十三年（1907），资政院初设，陈三立被推举为议员，推卸不就；清帝逊位，其座师陈宝琛为帝师，欲引陈三立相佐，陈三立以"不能操京语"婉辞。周大烈说他："其不仕也，恶政治之不良也！有以'遗老'而称伯严先生者，斯不知伯严先生矣。"[14]据此可知，陈师曾弃官不为是恪守祖训，而且他"遗外声名，不与权要人通"[15]，人品极高，周大烈甚至说他"处世接物无一不可谓为真如中国古代之高士隐者"[16]。陈师曾所谓"恐伤父心""恐不能得亲欢"，只是一种对父挚、挚友的委婉表达而已。

行迹可追

据《清末各省官费自费留日学生姓名表·毕业生籍贯学校证书号次表》载：陈师曾"毕业学校：东京高师博物科。给证年月：宣统二年四月十三日"[17]。

但事实是：陈师曾在宣统元年（1909）夏就提前回国了。这年二月，还在日本的陈师曾，有画作《逾墙》寄赠从青年时代就与他结为诗友的蔡公湛[18]，蔡随即写了《谢陈师曾寄画》作答。待到陈师曾作《公湛以诗酬我之画，复以诗报之》，他从日本回到江宁（今南京）家中已经半个月了。诗中说："暑风入深闼，欹枕得少卧。东海方归休，半月忽已过。"[19]可知陈师曾是在这年夏天回国的。时在江宁任教的陈师曾另一诗友胡朝梁，听说陈师曾留日归来，喜赋《赠陈师曾，时师曾自日本归》一首[20]。八月，陈师曾的父挚和忘年之交著名诗僧八指头陀（寄禅上人）来游江宁，也写下了《陈师曾自日本归，遇于金陵，感而有作》诗[21]。

陈师曾为什么要提前归国呢？从他离日前写的一首五言绝句《归鸟》，可见端倪：

浩荡辞沧海，从容返故林。

拣枝回病影，啸侣动悲音。[22]

陈师曾以"归鸟"自喻，从尾联看，他是因患病而提前归国将养的。回到江宁以后，他"无田事躬耕，聊以画自课"[23]，为蔡公湛先后画了《花卉册页》（四开）[24]和《枯木八哥》[25]，《映日红荷》也是这一时期的作品[26]。他还应邀与妻堂兄汪森宝兄弟泛游镇江焦山；1910年盛夏，又与七弟方恪随同父挚陈锐、夏敬观有玄武湖之游，他们分韵填词，其乐融融。

陈师曾将养期间，确有一次南昌之行，那是随同父亲陈三立南归扫墓，时在庚戌十一月二十二日（1910年12月23日）冬至后。南昌西山崝庐，是陈师曾祖父罢官之后的隐居之所，也是其祖父母逝后的长眠之地。陈师曾的原配夫人范孝嫦也落葬于附近的赵家塘。他们都已离世10年，陈师曾也是10年之后再次来到旧地拜谒祖父母墓茔，并祭祀范孝嫦。他写下的诗篇《崝庐晚眺》二首和《至前妻范氏墓所》，抒发了对亲人的深深怀念。庚戌十二月上旬，父子俩即匆匆回到了江宁。

以上行迹可证，陈师曾1909年夏因病提前归国后，一直在江宁家中将养，并未受任江西教育司长。

宣统三年（1911）二月，陈师曾应张謇之邀，携继妻汪春绮和年已12岁的次子封怀，前往通州直隶州（今江苏南通市），任教于南通师范学校和南通中学，直至1912年11月辞去教职，离开南通。

1913年，陈师曾又身在何处呢？

他在辞去南通教职以后，立即回到了在上海的家中。

原来，他在南京的家，因避辛亥革命江浙联军进攻，已于1911年10月，由父亲陈三立携老小客居上海虹口区塘山路妻舅俞明颐宅。据《郑孝胥日记》载，壬子十二月二十六日（1913年2月2日）："访陈仁先，同过李梅庵，遇恽禹九、陈师曾，乃伯严之子也，小坐即去。"癸丑正月人日（初七，1913年2月12日）："诸贞壮、陈师曾来；"癸丑三月初七日（1913年4月13日）："夏剑丞、诸贞壮、陈师曾来。"[27] 又据《夏敬观年谱》：1913年3月初，陈师曾往访卜居沪上车埭角（义袋角）的夏敬观（剑丞），夏有《寓园辛夷遭风雨摧谢，师曾始来，作诗叹惋，答和一篇》记其事（陈师曾诗今已不存）[28]。郑孝胥是陈师曾的父挚，李梅庵、夏剑丞、诸贞壮与陈三立父子都有深交。此外，3月他还为画家颜伯龙画了山水。

据此可知，陈师曾癸丑新春前后都在沪探视访友。

1913年4月中下旬，陈师曾离沪赴湘，任教于湖南第一师范。这年夏，他在长沙晤见留日老同学杨钧（重子，杨度之弟），向他借临了清梅清（瞿山人）的山水册页8帧，题记中说："癸丑夏客游长沙，假杨重子所藏瞿山人画册，留观数日。"[29] 后来还说："曾于长沙见杨补之卷子。"[30]

秋初，陈师曾离湘回沪。7月，他学画了石涛的作品向吴昌硕请益。8月1日，吴昌硕七十寿诞，陈师曾作山水条幅为贺[31]。吴画了大幅横批设色《花果折枝》赠爱弟子，跋曰："师曾老兄以坚硬之笔学苦瓜和尚，古意独绝。予未有奇想，涂抹而已，老态可愧，奈何奈何。癸丑孟秋，吴昌硕，时年政七十。"[32]

正是在沪期间，陈师曾收到了熊希龄组阁时请他"入官于京"的信函。

陈师曾赴京时间，据其妻春绮之弟汪东回忆："癸丑秋末，余迎姊同赴北京，侍先君杨仪宾胡同，即伯兄衮甫（按即荣宝）处也。师曾方任职教育部，亦来就甥馆。"并说：与师曾"退食之暇，谈画刻印，于时最乐"[33]。按此前陈师曾虽已到京,但尚未在教育部任职。

以上行迹可证,陈师曾1913年亦未到江西任教育司长之职。

夫子自道

1914年初,陈师曾在北洋政府教育部亲笔填写了自己的一份履历表,其"资格"一栏,所填相关部分为:

宣统二年三月东京高等师范学校毕业,宣统三年充江苏南通县师范学校及中学校教员,民国三年一月派充编审处编审员[34]。

将陈师曾本人自道,与其书画知己、及门弟子、乃父其子所述,和业师周大烈、挚友朱德裳所说,以及其行迹相互印证,可以确信陈师曾从未任过江西教育司长。

需要补充的是:民国三年(1914)二月十四日(3月10日),陈师曾曾致书范伯子夫人、岳母姚蕴素(倚云),信中说:

甥已得教育部编审处事,现审定教科书,尚未有所编也[35]。

可知陈师曾在教育部的工作,是编审(博物)教科书。据《北洋政府教育部档案·一九一四年职员薪簿册》载:"编审员陈衡恪,一月二十八日到部。"[36]

综上所述,陈师曾留日归国后行实如下:

1909年夏因病提前归国;1909年夏—1911年2月江宁家中将养(1910年4月日本东京高等师范学校博物科毕业);1911年3月—1912年年底南通师范学校和南通中学任教;1912年年底—1913年4月上海家中待职;1913年4月—1913年秋湖南第一师范学校任教;1913年秋赴北京;1914年元月—1923年任北洋政府教育部编审处编审员。

注:

[1]郭长海等编著《陈师曾漫画集》,黄山书社,2009年,第4页。

[2]故宫博物院藏近现代书画名家作品集《陈师曾》,紫禁城出版社,2006年,第12页。

[3]《花随人圣庵摭忆》(二),山西古籍出版社、山西教育出版社,1999年,第785页。

［4］《近代名家评传》（二集），三联书店，1998年，第79页。

［5］《中国画家丛书·陈师曾》，上海人民美术出版社，1981年，第1页。

［6］《散原精舍诗文集》（下），上海古籍出版社，2003年，第1026页。

［7］《陈衡恪传略》，录自强英良《关于陈师曾之死——〈鲁迅与陈师曾〉补叙》，《鲁迅研究资料》第15辑，天津人民出版社，1986年，第438页。

［8］《近代中国史料丛刊》第三编，（台）文海出版社，第417页。

［9］《近代中国史料丛刊》第一编，（台）文海出版社，第249页。

［10］［15］《陈君师曾墓志铭》，《民国人物碑结集》，凤凰出版社，2011年，第599页。

［11］《三十年闻见录》，岳麓书社，1985年，第214页。

［12］孙瑛：《一九一二年至一九二六年教育部总次长的更迭情况》，《鲁迅研究资料》，第15辑，第165页。

［13］［14］［16］周印昆"在陈师曾追悼会上的演说"，《晨报》，民国十二年十月十八日，第六版。

［17］参见刘经富《陈隆恪先生年表》，《陈隆恪分体诗选》，江西人民出版社，2009年，第224-225页。

［18］《花卉山水人物册页》之七，《陈师曾书画精品集》，人民美术出版社，2004年，第2图。

［19］［22］《陈师曾先生遗诗·上》，石印本，1903年。

［20］《近代诗钞》（三），江苏古籍出版社，2001年，第1845页。

［21］《八指头陀诗文集》，岳麓书社，1984年，第421页。

［23］《公湛以诗酬我之画，复以诗报之》，《陈师曾先生遗诗·上》。

［24］《陈师曾书画精品集》（上），第3图。

［25］现藏江西省博物馆。

［26］朱万章：《陈师曾》，河北教育出版社，2003年，第187页。

［27］《郑孝胥日记》第三册，中华书局，1993年，第1451、1453、1460页。

［28］陈谊：《夏敬观年谱》，黄山书社，2007年，第71页。

［29］《山水册页》《陈师曾书画精品集》，人民美术出版社，2004年，

第10图。

［30］《梅花》，《陈师曾书画精品集》，第127图。

［31］《山水》，《陈师曾书画精品集》，第9图。

［32］徐文治《陈师曾艺术年表》，《新美域》，2007年，第2期，第116页。

［33］《寄庵随笔》，上海书店，1987年，第25页。

［34］《陈衡恪登记表》，《北洋政府教育部档案》，第63号。

［35］刘经富主编《义宁陈氏文献史料丛书·陈衡恪诗文集》，江西人民出版社，2009年，第197页。

［36］参见《致岳母姚倚云函》注，《陈衡恪诗文集》，第197页。

（该文原载中华书局《书品》2017年第三辑）

后记

像许多老人一样,退休以后,我也选择了"老有所学"。学,是对智睿的撷取,对心灵的丰润,对精气神的滋养。我从"学"中收获了心与身的健康,同时,也渐渐有了一种希冀:探索文人画家陈师曾匆匆一生却卓然不朽之谜。

也是机缘巧合。2004年4月的一天,我偶然读到了一篇介绍中国台湾籍著名作家、学者许地山和他的夫人周俟松的爱情故事。我感兴趣的当然是因为周俟松是周大烈的六女,而周大烈又是陈师曾对之长期执弟子礼的恩师。读下去,我知道了他们的女儿许燕吉在落实政策以后,是江苏省农科院的副研究员,是南京市政协委员、市台盟委员和台联理事。她曾因一时生活无着,不得不以一个北京农大的毕业生而嫁给我们陕西关中一位地道的农民,并且相伴终生。这既令我唏嘘叹服,又顿时拉近了我同她的距离。我迅即冒昧地给她写了一封信,请她介绍她所知道的外祖父周大烈。令我大为惊喜的是:她告诉我,她的胞兄周苓仲出生以后,就是周大烈的继孙,而他,就在距西安咫尺之遥的泾阳县,是陕西省家畜改良站的高级畜牧师。这真是所谓"踏破铁鞋无觅处,得来全不费工夫"。

兴奋之余,我随即与苓仲先生取得了联系。2005年10月,他移居西安,我们的来往就更多了。苓仲先生也毕业于北京农大,落实政策以后,他是陕西省政协常委、省台联副会长和台盟副主任。他们兄妹两人,都是那样旷达而真诚。

还是机缘巧合。因了苓仲先生兄妹与陈师曾六弟、史学大师陈寅恪长女流求、次女小彭幼时交好,至今尚有联系,我得以获知陈师曾另一位侄女陈小从先生(陈师曾五弟诗人陈隆恪之女)的地址而有了来往。同时与陈流求先生及寅恪先生三女陈美延先生有过联系,得到她们的帮助。她们都对"陈学"贡献至巨。

与南昌大学教授刘经富先生的相识则另有一段机缘。他是从义宁(今修水)陈氏老家走出来的"研陈"专家,我倾慕已久。2006年5月28日美延先生电话嘱我与他联系,并告诉了他的宅电。但我深知自己还远在"陈学"大门之外,颇为踌躇。意想不到的是:2007年5月11日下午,经富先生居然屈驾与我通了电话，此后就飞鸿不断。他坚持要我称他为"乡小弟"，他总是有求必应，有问必答，他的谦虚和有教无类，是我始料所未及的。

多年来，我在与以上诸位先生的问学、交流中获益良多。他们将周大烈《夕红楼诗集》《陈师曾先生遗诗》、陈师曾遗照、从北洋政府教育部档案中查出的有关资料、台版《槐堂摹印浅说》等复印件以及《陈方恪编年辑事》等等研究陈师曾必备的原作和珍贵的文献史料寄赠给我，使我十分感动；他们的热情和大度，尤令我感佩。

由衷地感谢义宁陈氏后裔陈小从先生、陈流求先生、陈美延先生、湘潭周大烈继孙周苓仲先生、周大烈外孙女许燕吉先生和南昌大学教授刘经富先生的鼎力支持和无私相助。没有他们的支持和相助，不可能写成这一本书；没有他们的硕德宏识作为精神支撑，我或许也不能坚持下来。

令我深感愧疚的是：燕吉先生已于2014年、小从先生已于2017年、苓仲先生已于2018年先后辞世，我连向他们道一声"谢谢"的机会都没有了。

由衷地感谢江苏凤凰美术出版社的青睐和几位编辑先生的辛劳。王煦编辑几次向我提出了压缩文字，增加陈师曾画作的想法，所以我把文稿中所涉及的陈师曾画作都罗列给了他，他的繁忙紧张是可想而知的。

还有我家人以及亲友为我查找史料、觅借画册等多方面的支持和帮助，也是我所不能忘怀的。

本书也吸收了前人和今人的许多研究成果，这也是毋庸讳言的。

翔实、可读，是我的创作初衷。现在，这本《陈师曾画传》终于面世，诚望方家通人不吝指谬匡正。

《陈师曾未任江西教育司长考》，是我的一个研究成果。该文厘清了陈师曾一生中至关紧要的最后15年的行迹，谨附录于后。

李国葆

2021年10月于西安